TRADE

应用型本科财经类规划教材

新编国际贸易实务教程

刘妤　主编

厦门大学出版社
XIAMEN UNIVERSITY PRESS
国家一级出版社
全国百佳图书出版单位

图书在版编目(CIP)数据

新编国际贸易实务教程/刘好主编.—厦门:厦门大学出版社,2018.6
应用型本科财经类规划教材
ISBN 978-7-5615-7012-8

Ⅰ.①新…　Ⅱ.①刘…　Ⅲ.①国际贸易-贸易实务-高等学校-教材　Ⅳ.①F740.4

中国版本图书馆 CIP 数据核字(2018)第 122151 号

出 版 人　郑文礼
责任编辑　吴兴友
封面设计　李嘉彬
技术编辑　朱　楷

出版发行　厦门大学出版社
社　　址　厦门市软件园二期望海路 39 号
邮政编码　361008
总 编 办　0592-2182177　0592-2181406(传真)
营销中心　0592-2184458　0592-2181365
网　　址　http://www.xmupress.com
邮　　箱　xmupress@126.com
印　　刷　厦门市金凯龙印刷有限公司

开本　787 mm×1 092 mm　1/16
印张　15.25
字数　353 千字
版次　2018 年 6 月第 1 版
印次　2018 年 6 月第 1 次印刷
定价　35.00 元

厦门大学出版社
微信二维码

厦门大学出版社
微博二维码

前　言

随着国家“一带一路”的提出，系列区域国际合作将整合升级，多边跨境贸易和国际交流合作将不断推进，新一轮扩大对外开放将加速实施。我国作为贸易大国的地位必将迅速崛起并不断巩固和提高，对外贸易发展迅猛，所处的国际经济贸易环境也必将发生重大变化。这对从事国际经济贸易的人才素质和知识结构提出了更高和更新的要求。

为了更好地适应新时期的建设需要，加大对国际经济与贸易专业人才的培养力度，本书针对新形势、新问题、新做法和更有效地满足培养高素质国际贸易人才的需求，加入电子商务与国际贸易、信息时代的国际贸易方式和《2010 国际贸易术语解释通则》等内容，编排上按照重点难点、案例导入、正文、本章小结和课后习题的结构安排各章节内容以及解释相关知识点。全书共分三篇、十二章。主要围绕着国际货物买卖合同的内容、商定和履行而展开。同时，为了方便教学与实践，还配套了课件、习题集、习题答案、综合练习题集、综合练习答案、模拟试题以及模拟试题答案等相关材料。

“国际贸易实务”是一门实践性较强的课程。在教学中，我们也深刻体会到联系实际业务、培养学生动手能力的重要性。因此，重新编写《新编国际贸易实务教程》的目的就是希望在这方面寻求突破，力求深入浅出，突出技能培养，提高学生分析能力。本书的编写具有以下特点与创新之处：

1.完整性和系统性。在体例安排上，强调知识的系统性和完整性。在内容安排上，着力体现理论与实践结合。在理论评价中难度适当，在政策介绍中简洁明了，在实务运用中加强操作。不仅能够使学生理解国际贸易的基本原理，更重要的是使学生在操作中能灵活运用。

2.新颖性和丰富性。以最新修订的国际贸易惯例（如《2010 国际贸易术语解释通则》）、UCP600 和我国的最新外贸政策进行解释。同时，还在各章各节中穿插案例导入、示例等，以便加深学生对抽象的理论和实务知识的消化理解，增强可读性和趣味性。

3.突出高校“创新创业教育”改革与“能力培养”。注重学生技能水平的训练及解决实际问题的创新能力的培养，在每章结束后，根据每章内容不同安排不同类型的练习题，如名词解释、单选题、多选题、简答题、案例分析题等，以利于学生通过练习巩固所学知识，同时通过这些题目强化其对基础知识和综合知识的理解，提高其综合分析能力及处理业务环节的技巧（见本书配套的《〈新编国际贸易实务教程〉教师参考用书及配套练习册》。

4.提供配套教学(学习)材料。为方便教师授课和学生的学习与实践,本书配套教学说明、教学内容与要求、案例导入及答案要点、各章练习试题及答案要点、综合复习试题及答案要点、综合模拟试题及答案要点等训练材料。

本书由国际经济与贸易专业一线教师合作而成,具体分工如下:

编写:刘妤,负责一、二、四、五、六、七、八、九、十、十一章;房冰,负责第三章;王学梅,负责第十二章。

校对:殷琪,负责一、二、三、四章;张敏,负责五、六、七、八章;张世雯,负责九、十、十一、十二章。总校对:刘妤。

资料收集和整理:王慧一、王晓慧、王爽、刘权、王亚芳、郭记胜、唐强强。

感谢为本书及配套用书付出辛勤劳动和提供过帮助的每一位老师、同学。首先,特别要感谢西藏民族大学财经学院郭宏伟教授、陈爱东教授、魏小文教授的高瞻远瞩、运筹帷幄以及对青年教师的精心培育和正向引导,才使得本书得以顺利完成。其次,要感谢西藏民族大学财经学院张志恒教授、黄林教授等诸位专家的悉心指导与鼎力支持。最后,要感谢为本书资料收集和整理做了大量工作的研究生学生。

由于编者理论水平与能力有限,书中纰漏之处在所难免,恳请广大读者提出宝贵意见和建议,使之更臻完善。

目　录

第一篇　导论

第二篇　国际货物买卖合同的基本内容

第三篇　国际货物买卖合同的商订和履行

第一篇　导论

第一章　国际贸易实务概述

重点难点

(1)国际贸易的基本概念和特点。
(2)进出口业务的基本流程。
(3)国际货物买卖合同及其基本内容。
(4)国际货物买卖合同适用的法律与惯例。
(5)国际贸易电子商务化的发展趋势。

第一节　国际贸易的概念、特点和流程

案例导入 1

美国某公司曾经有一个很高级别的副总裁经常出入巴林——一个准许携带酒精进出的国家,他后来被派往邻国卡塔尔去进行一个长期谈判。基于对成功的信心,他放了两瓶白兰地在他的背包里,准备在仪式后与他的同事庆祝。结果,他不但被立刻赶走,而且使公司成为在该国不受欢迎的公司。除此之外,这个国家还下令,该美国人永不得入境。

请问:这位副总裁失败的原因在哪里?为什么国际经济与贸易专业的学生要学习"国际贸易实务"课程呢?应该怎么学习这门课程呢?

一、国际贸易的基本概念

(一)国际贸易

国际贸易(international trade)是世界各国之间货物和服务交换的活动,是商品、劳务和技术的国际转移。它反映了各国在经济上的相互共存。国际贸易由进口贸易(import trade)和出口贸易(export trade)两部分组成,有时也称为进出口贸易。

(二)对外贸易

对外贸易是指一国(或地区)同其他国家(或地区)所进行的商品、技术和服务的交换活动。提到对外贸易时要指明特定的国家,如中国的对外贸易、美国的对外贸易等。

(三)国际贸易实务

国际贸易实务是指国家间商品交换或买卖的作业活动,包括进口业务和出口业务。国际贸易的对象包括各种有形商品(如货物),也包括无形商品(如服务、技术等)。本书中所指的国际贸易货物即有形商品交换的实务操作。

二、国际贸易的特点

国际贸易与国内贸易有一些共同点,例如,在社会生产中的地位相同;有共同的商品运输方式;基本职能相同,且都受商品经济规律的影响和制约。但与国内贸易相比,国际贸易又有很大不同,其交易过程、交易条件、贸易做法及所涉及的其他问题,都远比国内贸易复杂。

(一)国际贸易难度大

主要体现在以下几个方面:

1.国际贸易障碍多。交易双方处于不同国家,交易的洽商和履行要受各自国家政府的不同制度、法规、禁令、管制措施等因素的制约,还要考虑进出口手续和关税方面的差异。

2.比国内贸易更复杂。由于各种语言、法律和风俗习惯不同,国际贸易的复杂程度要比国内贸易大得多。如在国际贸易中一旦发生贸易纠纷,就需要根据国际规则进行解决;此外,交易受有关国家风俗习惯、宗教信仰的影响等,这些远比国内贸易纠纷的解决复杂得多。

3.调查对方资信更困难。国际贸易本身中间环节多、涉及面广、从业人员复杂,交易双方又相距遥远,所以容易在贸易环节上出现各种问题,进而引发法律纠纷,同时也容易产生各种欺诈行为。因此,为降低风险并避免恶意索赔的发生,贸易商必须对交易对方进行资金和信用调查,但这种调查也相当困难。

4.不稳定性明显。国际贸易受国际政治、经济和其他客观条件变化的影响较大,国际市场上商品价格波动频繁,国际贸易的不稳定性更为明显,从而使国际贸易交易难度加大。

(二)国际贸易风险多

主要体现在以下几个方面:

1.信用风险。信用风险是指由于交易对手不履行契约或履行不完全所产生的风险。在交易过程中,买卖双方的财务状况可能发生变化,有时甚至危及履约,出现信用危机。

2.汇兑风险。汇兑风险是指在交易期限内,因合同计价货币汇率变动所产生的风险。交易期限越长,汇兑风险越大。

3.政治风险。由于有些国家出现的内部政局变动,导致经济贸易政策的不断修改,使国际贸易商承担许多国内贸易无须承担的政治风险。

4.价格风险。对外贸易大多是大宗交易,贸易双方签约后,货价可能上涨或下跌,对买卖双方而言存在价格风险。

5.商业风险。国际贸易中,买卖双方成交量一般较大,需要在合同中具体规定双方的责任、义务及风险的划分。如果在订立合同前没有进行充分磋商导致进口商履约时以各种理由拒绝收货，如货样不详、交货期晚、单证不符，这些对出口商而言就是商业风险。

6.其他外来风险。国际贸易中，通常要经过长途运输，在运输过程中可能会遇到自然灾害、意外事故和各种意想不到的外来风险。

三、国际贸易的流程

(1)交易前的准备工作阶段。主要包括业务调研、制定进出口商品经营方案、资信状况调查和建立业务关系。

(2)交易磋商和签订合同阶段。交易磋商主要有口头磋商和书面磋商两种。主要通过买卖双方磋商取得一致意见，达成交易。一般通过询盘、发盘、还盘、接受四个阶段，双方反复磋商达成一致，最终签订合同。

(3)签订合同后的履行阶段。双方在自愿平等的基础上签订合同后，必须严格履行合同条款，对合同中规定的各自义务和责任必须加以落实。卖方必须按照合同规定备货、发货、通知买方以及履行合同规定的其他责任；买方则按合同规定接受货物、支付货款以及履行合同规定的其他责任。任何一方违反合同规定，并使对方遭受损失时，均应依法承担相应的责任。

第二节 国际货物买卖合同的概念、特征及其法律适用

案例导入 2

有一份 CIF 合同在美国订立，由美国商人出售一批 IBM 计算机给中国香港商人，按 CIF 中国香港条件成交，双方在执行合同的过程中，对合同的形式及有关条款的解释发生了争议。

请问：解决此项纠纷应适用中国香港地区法律还是美国法律？

一、国际货物买卖合同的概念

国际货物买卖合同(contract on the international sale of goods)，也称为国际货物销售合同，是指营业地处于不同国家或地区的当事人之间所达成的以买卖货物为目的的协议。就一国而言，国际货物买卖合同是该国企业与他国企业订立的有关货物进口或出口的合同。

国际货物买卖合同是具有国际因素的买卖合同。《联合国国际货物销售合同公约》以当事人的营业地位于不同的国家或地区作为国际标准。也有的采用与一个以上的国家有重要联系、合同涉及不同国家之间法律的选择或影响国际贸易的利益等标准。《国际商事合同准则》虽然没有具体确定标准，但却对“国际”给予尽可能广义的解释，排除了根本不含有国际因素的情形。我国《合同法》尽管并没有具体规定什么是国际的和涉外的货物买卖合同，却规定了涉外合同的法律适用条款。

二、国际货物买卖合同的特征

国际货物买卖合同属于商品交换范畴，虽与国内贸易并无实质差别，但由于它是在国（或地区）与国（或地区）之间进行的，所以具有国际性。与一般的国内货物买卖合同相比，国际货物买卖合同具有如下的特征：

（一）合同当事人的营业地处于不同的国家或地区

要判断某项合同是国际货物买卖合同还是国内货物买卖合同，其鉴别标志是双方当事人的营业地，而不是他们的国籍。即使双方当事人具有相同的国籍，只要他们的营业地设在不同的国家，他们之间订立的合同也应看作是国际货物买卖合同。

（二）合同的标的是进出口货物

进出口货物是有形动产，而不是股票、债券、证券投资、流通票据或其他财产，也不包括不动产和提供劳务的交易。由于国际货物买卖合同当事人的营业地在不同的国家或地区，其所买卖的标的需要出入国境，所以国际货物买卖合同也被称为进出口合同。

（三）合同的内容具有涉外因素

合同的出口方是为了取得金钱上的对价（consideration）才把有形动产及其所有权转移给进口方的。因为合同当事人的营业地分别处于不同的国家或地区，合同关系的产生、变更或灭失的法律行为可能在不同国家或地区的境内完成。同时，作为合同标的货物要越过国境，由一个国家（或地区）运往另一个国家（或地区），会涉及长距离运输过程中可能发生的各种风险，货款的支付会涉及外币的使用，其结算方式与国内货物买卖的结算方式也不相同。合同签订后，还可能因为标的物的毁灭、战争的爆发、有关国家政府政策的变化以及“非他所能控制的障碍”的发生等原因而导致各种风险或争议，所以有关国际货物买卖合同在订立和履行中会碰到许多国内货物买卖合同不大涉及的法律问题。

（四）合同的法律适用涉及国际公约或条约、国际贸易惯例或各国国内法

交易的顺利进行，不仅需要当事人的配合，还需要法律的保障，以保障合同的履行或违约的救济。法律规则不同，当事人的权利和义务不同。而国际货物买卖合同当事人的营业地分别处于不用的国家或地区，因此可能适用的法律规范包括国际公约或条约、国际贸易惯例或各国国内法等，此亦为区别于国内货物买卖合同的特征。

三、国际货物买卖合同的法律适用

订立和履行国际货物买卖合同，必须使其符合法律规范，只有这样，它才能既受到法律的约束，又受到法律的保护。国际货物买卖合同当事人的营业地既然分别处于不用的国家或地区，而不同的国家或地区的有关法律规定又常常不一致，一旦发生争议，到底应当按照哪个国家或地区的法律进行裁决就成为双方当事人所关心的问题。因此，买卖双方需在合同中订立有关的法律适用条款作为解决国际贸易中法律冲突的依据。

（一）国内法

国内法是指由国家制定或认可并在本国主权管辖范围内生效的法律。国际货物买卖合同必须符合国内法，即符合某个国家制定或认可的法律。国际货物买卖合同一般都离不开国内法的调整，在选择某一国内法作为买卖合同的适用法律时更是如此。世界上许

多国家都有单独的买卖法调整买卖合同，但一般很少对国外合同与国际合同区别对待。如我国规定，订立合同(包括涉外合同)必须遵守中华人民共和国的相关法律。即使依照法律规定适用外国法律或者国际惯例的，也不得违反中华人民共和国的社会公众利益。

(二)与合同有最密切联系国家的法律

为了解决“法律冲突”，以利于正常的国际往来，通常采用在国内法中规定冲突规范的办法。我国法律对涉外经济合同的冲突规范也采用了上述国际上的通用原则，并在我国《合同法》第 126 条中做了原则规定：“涉外合同的当事人可以选择处理合同争议所适用的法律，但法律另有规定的除外。涉外合同的当事人没有选择的，适用与合同最有密切联系的国家法律。”据此，除法律另有规定外，我国当事人只要与国外当事人取得协议，就可在合同中选择处理合同争议所适用的法律或国际条约，既可以选择按照我国法律，也可以选择按照对方所在国法律或双方同意的第三国法律或者有关的国际条约来处理本合同的争议。如果当事人未在合同中做出选择，则当发生争议时由受理合同的法院或仲裁机构依照法院或仲裁机构视交易具体情况认定的“与合同有最密切联系的国家”的法律进行处理。

(三)国际条约或公约

国际货物买卖合同的订立和履行还必须符合当事人所在国缔结或参加的与合同有关的双边或多边国际条约。国际条约是两个或两个以上主权国家为确定彼此的政治、经济、贸易、文化和军事等方面的权利和义务而缔结的诸如公约、协定、议定书等各种协议的总称。目前与我国进行货物进出口贸易关系最大化亦是最重要的一项国际条约，即是自 1988 年 1 月 1 日起正式生效的《联合国国际货物销售合同公约》(*United Nations Convention on the Contracts for the International Sale of Goods*，缩写为 CISG)。此公约于 1980 年在维也纳召开的外交会议上通过，并于 1988 年 1 月 1 日起生效，是迄今为止一项最全面、最详尽的关于国际货物买卖的统一法律规范，它关于合同成立和买卖双方权利、义务的各项规定，基本上是公平合理的、可以接受的。

我国 1986 年向联合国秘书长递交了对《公约》的核准书，是《公约》首批参加国之一。

我国在核准《公约》时，根据我国当时的具体情况对该公约提出了两项保留：其一是关于公约适用范围的保留，我国只承认该公约的适用范围限于营业地分处于不同缔约国的当事人之间所订立的货物买卖合同；其二是关于合同形式的保留，我国认为，订立、变更或终止国际货物买卖合同都应当采取书面形式。

(四)国际贸易惯例

国际贸易惯例(International Trade Practice)，或称为国际商业惯例(International Commercial Practice)，也是国际货物买卖合同应当遵守的重要的法律规范。

国际贸易惯例是国际贸易法的主要渊源之一，它是指在国际贸易的长期实践中逐渐形成的一些有较为明显和固定内容的贸易习惯和一般做法。国际贸易惯例通常是由国际性的组织或商业团体制定的有关国际贸易的成文的通则、准则和规则。

但是，国际贸易管理不是法律，它对合同当事人没有普遍的强制性，只有当事人在合同中规定加以采用时，才对合同当事人有法律约束力。所以，当事人在采用时可以对其中的某项或几项具体内容进行更改或补充。如果在国际货物买卖中做了与国际贸易惯例不同的规定，再解释合同当事人的义务时，应以合同规定为准。

在实践中，国际贸易惯例通常能够被大多数国家的贸易界人士所熟知，并能普遍地被他们接受、应用，在实践中经常得到遵守。例如，国际商会制定的《国际贸易术语解释通则》和《托收统一规则》《跟单信用证统一惯例》就是被世界上大多数国家的贸易商和银行广泛使用的国际贸易惯例。

第三节　电子商务和国际贸易

案例导入 3

我国每年的出口贸易规模在 10 万亿人民币级别，市场空间巨大。2013 年，我国出口贸易金额达到 2.2 万亿美元，进出口贸易总额约 4.2 万亿美元。根据商务部发布的信息显示，2013 年我国跨境电商交易额达 3.1 万亿元人民币。海量的市场需求为跨境贸易的电商发展带来巨大的成长空间。

请问：针对以上案例提供的信息，试分析电子商务对国际贸易的影响。

一、电子数据交换技术在国际贸易中的应用

电子数据交换技术（EDI）是英文 Electronic Data Interchange 的缩写，是指按照商定的协议，将商业文件标准化和格式化，并通过计算机网络，在贸易伙伴的计算机网络系统之间进行数据交换和自动处理，又称“无纸化贸易”。

在国际贸易中，由于买卖双方地处不同的国家或地区，因此在大多数情况下，不是简单地直接地面对面地买卖，而必须以银行进行担保，以各种纸面单证为凭证，方能达到商品与货币交换的目的。这时，纸面单证就代表了货物所有权的转移，因此从某种意义上讲，“纸面单证就是外汇”。

全球贸易额的上升带来了各种贸易单证、文件数量的激增。虽然计算机及其他办公自动化设备的出现可以在一定范围内减轻人工处理纸面单证的劳动强度，但由于各种型号的计算机不能完全兼容，实际上又增加了对纸张的需求。此外，在各类商业贸易单证中有相当大的一部分数据是重复出现的，需要反复地键入。且重复输入也使出差错的概率增高，同时重复录入浪费人力、浪费时间、降低效率。因此，纸面贸易文件成了阻碍贸易发展的一个比较突出的因素。

另外，市场竞争也出现了新的特征。价格因素在竞争中所占的比重逐渐减小，而服务性因素所占比重增大。销售商为了减少风险，要求小批量、多品种、供货快，以适应瞬息万变的市场行情。而在整个贸易链中，绝大多数的企业既是供货商又是销售商，因此提高商业文件传递速度和处理速度成了所有贸易链成员的共同需求。而现代计算机的大量普及和应用以及功能的不断提高，已使计算机应用从单机应用走向系统应用；通信条件和技术的完善、网络的普及又为 EDI 的应用提供了坚实的基础。

正是在这样的背景下，以计算机应用、通信网络和数据标准化为基础的 EDI 应运而生。EDI 一经出现便显示出了强大的生命力，迅速地在世界各主要工业发达国家和地区得到广泛的应用。

二、电子商务国际贸易

电子商务划分为广义和狭义的电子商务。广义的电子商务定义为，使用各种电子工具从事商务活动；狭义电子商务定义为，主要利用 Internet 从事商务或活动。无论是广义的还是狭义的电子商务的概念，电子商务都涵盖了两个方面：一方面离不开互联网这个平台，没有了网络，就称不上电子商务；另一方面通过互联网完成的是一种商务活动。

电子商务国际贸易(e-trade)，简称为电子贸易，指的是企业利用现代信息技术，特别是国际互联网技术来开拓市场，达成交易，以及进行交易管理的过程和做法，简而言之就是企业通过利用电子商务运作的各种手段所从事的商业活动，它所反映的是现代信息技术所带来的贸易过程的电子化。

电子贸易属于国际贸易和电子商务结合的重点交叉学科。利用电子网络信息技术和商务的结合叫作电子商务，而商务则分为对外贸易，即国际贸易，也叫外贸；对内贸易，即内贸。电子商务和国际贸易的结合，叫作电子贸易，也称为外贸网络营销方向。电子商务和国内贸易的结合，称为网络营销。

电子贸易主要是针对从事国际贸易的企业在国际贸易活动中采用国际互联网等现代信息技术开展国际贸易的实践做法。这种做法也可以被称为国际电子贸易(international e-trade)。随着中国企业参与国际分工，从事国际贸易的深度和广度不断延伸，特别是进入 21 世纪后，国际互联网技术普及，为企业提供了开拓国际市场、从事国际贸易的新的平台和新的手段。

三、电子商务国际贸易的发展趋势

(一)有形贸易下降，无形贸易增加

近年来，随着电子技术的发展和电子商务的广泛应用，不少实物交易都由有形贸易转化为无形贸易。比如纸张、CD、VCD、磁带、电影胶片、录像带等这些可以看得见的实物产品可以转化成数字形式，并在网络上以电子的方式进行传输，被称为数字产品。因而，数字化产品贸易属于无形贸易。由于互联网本身的特性和电子商务的发展，使得知识的生产、分配、交换、传播和消费非常迅速。同时，信息流和技术流的规模和发展速度都将大大超过以往的商品流和物流。

(二)高科技产品和信息产品贸易快速增长

随着世界各地电子商务的快速发展，全球高科技产品和信息产品贸易在国际贸易中所占比例增长较快。在互联网上，一些如软件制品、多媒体音像制品、书籍、杂志、报纸等的实物产品都可以以电子形式通过网络的传输达成交易，一方面拓宽了国际贸易商品的范畴，另一方面也加快了贸易双方的交易速度。互联网技术、通信技术和计算机技术的不断发展，逐渐加强各个国家、企业的信息化广度和深度，所以各国对高科技产品和信息产品的需求快速增长。与此同时，在互联网广泛普及的环境下，各国居民对信息产品的需求

也在逐年增长。因此,很多高科技产品和信息就逐渐成为国际贸易商品市场中需求量较大的商品。高科技产业和信息产业已经成为全球发展速度最快和最强大的行业。

(三)制定新的贸易规则

由于电子商务与传统国际贸易的运作方式大不相同,所以很多适用于传统贸易的贸易规则已经不再适用于电子商务贸易。与此同时,电子商务贸易新增了许多非实物贸易的交易,所以在贸易纠纷的问题上,也会与传统贸易有所不同。这样,制定新的贸易规则也就势在必行。适合新的商品形态的贸易规则包括:

1.适合电子合同的贸易规则。包括电子合同的缔结地、合同的履行地、交易所在地、电子合同的信用如何认证、电子合同的有效性等。

2.适合电子商务贸易仲裁的规则。包括计算机中保留的数据是否具备法律效力,数据电文的法律效力,电子数据的发送时间、接收时间、电子单据的数字签名等。

(四)电子商务向移动商务演变

移动商务会是21世纪初继电子商务后最大的商机,其原因就是移动商务的发展速度比有线要快得多。移动商务凭其无线的特点,很大程度上减少了交易活动的限制,使交易活动变得更为便利。移动互联真正实现了互联网可以随时随地传输信息的梦想,它重构了基于互联网的商业生态系统。移动商务作为电子商务的新引擎,它将向用户提供快捷的购物、付款和寻求产品的途径。

第二章　国际贸易方式

重点难点

(1)传统的国际贸易的方式、特点以及异同;

(2)跨境电子商务的概念、特点、模式。

第一节　传统的国际贸易方式

案例导入 4

某地A公司与台湾地区的B公司签订了独家经销协议,授予该公司W产品的独家经销权,但该产品并非A公司的自产商品,而是由国内C公司生产,由A公司销往台湾地区的B公司。C公司在向A公司供货的同时,也自营进出口业务,又向台湾地区的D公司授予了该产品的独家经销权。这样,在台湾地区就有了同种产品的两个独家经销商,这两家经销商得知该情况后,都向A公司和C公司提出索赔的要求。

请问:这起案件应如何处理?

一、经销

(一)定义和特点

经销(Distribution)是指进口商(即经销商)与出口商(即供货商)达成协议,承担在规定的期限和地域内购销指定商品义务的贸易方式。与通常的单边逐笔进出口贸易不同,经销商与供货商通过签订经销协议来确定一种长期稳定的供销关系。

经销关系实际上是一种买卖关系,供货商是出口商,经销商是进口商。经销商承担在规定的期限和地域内购销指定商品的义务,且自筹资金、自负盈亏、自担风险。从法律上讲,供货商与经销商之间是本人对本人的关系,经销商以个人的名义购进货物并转售。购买商品的当地用户与供货商之间不存在合同关系。

(二)经销的方式

按经销商权限的不同,经销方式分为独家经销和一般经销两种:

1.独家经销(Sale Distribution),也称包销(Exclusive Sale),指经销商在协议规定的

期限和地域内对指定的商品享有独家专营权的经营方式。

2.一般经销也称定销,指经销商不享有独家专营权,供货商可在同一时间、同一地区内确定几家经销商经销同类商品。

二、代理

(一)定义和特点

国际贸易中的销售代理(Agency)是指出口商即委托人(Principal)通过协议授权国外代理人(Agent),在约定的时间和地区内代表出口商向第三方招揽生意、签订合同或办理与交易相关的各项事宜,并由委托人直接负责由此产生的权利与义务。委托人与代理人通过签订代理协议建立委托代理关系。

相对经销,代理有着明显不同,其性质和特点体现在以下几个方面。

1.在代理业务中代理人只是代表委托人行为,二者是委托代理关系。

2.代理人只能在委托人的授权范围内代表委托人从事商业活动。

3.代理人通常运用委托人的资金从事业务活动,并且不担风险、不负盈亏,只居间介绍生意、招揽订单,从而获得佣金。

4.代理人一般不以自己的名义与第三方签订合同。

(二)代理的方式

1.总代理(General Agent)是指在指定地区和时间内,代理人不仅有权独家代销指定的商品,而且还有权代表委托人从事商务活动和处理其他的事务。对总代理的选择应特别谨慎。

2.一般代理(Agent) 又称普通代理或佣金代理,是指代理人不享有独家代销专营权的代理。

3.独家代理 (Exclusive Agent 或 Sole Agent)是指委托人授予代理人在规定期限和规定地区内代销指定商品的专营权,委托人在该期限、该地区内只能委托该代理人推销指定商品,而不能委托其他客商;同时即使委托人在该期限、该地区内直接同客户进行了交易,也要向独家代理人支付佣金。

(三)独家包销与独家代理的区别

1.性质不同。代理人和委托人之间是委托代理关系。包销人与出口人之间是买卖关系。

2.风险不同。独家代理不承担经营风险;包销人自担风险,自负盈亏。

3.专营权不同。独家代理人在特定地区和期限内,享受代销指定商品的专营权;包销商拥有包销的专营权包括专买权和专卖权。

4.目的不同。独家代理人赚取的是佣金,而包销商赚取的是商业利润。

三、寄售

(一)寄售的含义

寄售(Consignment)是指寄售人(Consignor)即货主先将货物运往国外寄售地,委托国外一个代销人(Consignee)即受托人,按照寄售协议规定的条件,由代销人代替货主进行销售,在货物售出后,由代销人向货主结算货款的一种贸易方式。寄售人和代销人通过签订寄售协议确定双方法律关系。

(二)寄售方式的特点

1.寄售人与代销人之间是委托代售关系而不是买卖关系。

2.寄售人出运货物在先,与买主成交在后。

3.寄售属于现货买卖,受买主欢迎。

4.寄售方式下,代销人不承担任何风险和费用,寄售商品售出前的一切风险与费用都由寄售人承担。

四、期货交易

(一)期货交易的定义和特点

期货交易是指在商品交易所或期货交易所内,按照一定的规章制度进行的期货合同的买卖。期货合同是标准化的商品远期购销合同,其特点如下:

1.期货合同涉及的商品都具有统一的品级。

2.期货合同代表的商品都有规定的数量。

3.期货合同中规定了指定的交割月份。

4.期货合同到期履行时,一般并不交割实际商品。

(二)期货交易与现货交易的区别

1.从交易的标的物看:现货交易买卖的是实际货物;期货交易买卖的是期货交易所签订的标准期货合同。

2.从成交的时间和地点看:现货交易中的交易双方可以在任何时间和任何地点来达成交易;期货交易必须在期货交易所内,按照规定的开市时间进行交易。

3.从成交的形式来看:现货交易是在封闭或半封闭的双边市场上私下达成的,按照"契约自主"的原则签订买卖合同;期货交易是在交易所计算机上以竞价的方式达成。

4.从履约方式看:现货交易中,无论是即期的还是远期的,双方都要履行买卖合同所规定的义务,即卖方交付实际货物,买方支付货款;期货交易多数不实际交割货物,而是进行对冲平仓或货币交割。

5.从交易双方的法律关系看:在现货交易中,买卖双方产生直接的货物买卖的法律关系;期货交易的双方没有直接的合同关系,而是由清算所对交易双方负责。

6.从交易的目的看:现货交易转移的是货物所有权;期货交易主要是套期保值或投机。

7.从交易商品的范围看:现货交易的品种是一切进入流通的商品;而期货交易的品种是有限的,主要是农产品、石油、金属商品以及一些初级原材料和金融产品。

(三)期货交易的种类

一般而言,期货交易主要有套期保值和投机交易两种类型。

1.套期保值

套期保值(Hedging)又称海琴或对冲交易。是指将期货交易和现货贸易结合起来,在买进(或卖出)现货的同时或前后,在期货交易所卖出(或买进)相等数量的期货合同,以转移价格波动的风险,保持原拥有值不变的交易方式。由于期货市场和实物市场的价格趋势一般来说是一致的,现货市场的亏(盈),可以从期货市场的盈(亏)得到弥补或抵消。因此,现货交易和反向的期货交易相结合,可以达到保值的目的。其目的就是通过期货交易转移现货交易的价格风险,并获得这两种交易相配合的最大利润。

2.投机交易

投机交易(Speculation)是指以盈利为目的而买卖期货合约的行为。当投机者预期价格会出现上涨,便大量买进期货合同,待价格真的上涨后,就卖出期货合同,这种做法被称为"买空",或"多头"(Bull);反之,当他们预测价格将会下跌,便在市场上大量抛出期货合同,待价格下跌后低价补进冲销,这就是"卖空",也称为"空头"(Bear)。投机交易是期货市场上的重要组成部分,投机交易增强了市场的流动性,承担了套期保值交易转移的风险,是期货市场正常运营的保证。

3.套期保值与投机交易的区别

(1)套期保值是和实物交易联系在一起的。

(2)从目的上看,套期保值是为了转移价格风险,虽然在运作过程中也会带来盈利或亏损;投机的目的在于追求两次交易的差价,从中牟取投机利润。

(3)从经营上看,从事套期保值的都是企业家、农场主或中间商,而从事投机的主要是一些投机商。

(4)从规章上看,投机交易受交易量的限制,而套期保值却不受限制。

五、拍卖

(一)拍卖的定义与特点

拍卖是指由经营拍卖业务的拍卖行接受货主的委托,在规定的时间和场所,按照一定的规章和规则,以公开叫价的方法,把货物卖给出价最高的买主的一种贸易方式。其具有以下特点:

1.拍卖是在一定的机构内有组织进行的,一般是在拍卖中心,在拍卖行的统一组织下进行。拍卖有自己遵循的独特的法律和规章。

2.拍卖是一种公开竞买的现货交易,采用事先看货、当场叫价、落槌成交的做法。

3.适于拍卖的商品:通过拍卖成交的商品通常是品质难以标准化或难以久存,或按传统习惯以拍卖方式出售的商品,如裘皮、茶叶、烟草、羊毛、木材、水果以及古玩和艺术品等。

(二)拍卖的方式

1.增价拍卖

增价拍卖也称买方叫价拍卖,是最常用的一种拍卖方式。拍卖时,由拍卖人(Auctioner)提出一批货物,宣布预定的最低价格,估价后由竞买者(Bidder)相继叫价,竞相加价,有时规定每次加价的金额额度,直到拍卖人认为无人再出更高价格。

2.减价拍卖

减价拍卖也称卖方叫价拍卖,或称荷兰式拍卖,是指拍卖标的的竞价由高到次依次递减直到第一个竞买人应价(达到或超过底价)时击槌成交的一种拍卖。

3.密封递价拍卖

密封递价拍卖也称招标式拍卖。采用这种方法时，先由拍卖人公布每批商品的具体情况和拍卖条件等，然后由竞买者在规定时间内将自己的出价密封递交拍卖人，以供拍卖人进行审查比较，决定将该货物卖给哪一个竞买者。

六、招标投标

招标与投标是一种传统的贸易方式，常用于政府机构、国有企业或公共事业单位采购物资、器材或设备的交易中，更多的用于国际承包工程上。招标和投标是一种贸易方式的两个方面。招标是货物买卖中的招标式招标人(买方)在规定时间和地点发出招标公告或招标单，提出准备买进商品的品种、数量和有关买卖条件，邀请卖方投标的行为；投标是指投标人(卖方)应招标人的邀请，根据招标公告或招标单的规定条件，在规定投标时间内向招标人递盘的行为。

(一)招标投标的特点

1.招标的方式下，投标人是按照招标人规定的时间、地点和条件进行的一次性报盘，这种报盘是对投标人有约束力的法律行为，一旦投标人违约，招标人可要求得到补偿。

2.招标与投标属于竞卖方式，即一个买方面对多个卖方，卖方之间的竞争使买方在价格及其他条件上有较多的比较和选择，从而在一定程度上保证了采购商品的最佳质量。

(二)招标投标的一般程序

1.招标

招标人要做好以下工作：

(1)编制招标文件和发出招标通告；

(2)对投标人进行资格预审；

(3)对资格预审合格的投标人发放招标文件。

2.投标

投标人收到招标通告后要做好以下工作：

(1)努力取得投标资格；

(2)对招标文件(标书)进行认真分析研究；

(3)编制投标文件，提供其他各种必要文件；

(4)向招标人递送投标文件。

3.开标

招标人在规定的时间和地点，将收到标书所列标价与交易条件进行比较，择优选定中标人。

开标分为公开开标与不公开开标两种。对于比较复杂的招标项目，常需要给招标人一段评标时间，若招标人对所有投标人的发盘都不满意，可宣布招标失败。招标失败的原因可能有：

(1)报价与国际市场平均价格相差太大；

(2)所有投标内容与招标要求不符；

(3)投标人太少，缺乏竞争性。

4.签订合同

签约时若市场情况有较大变动,双方可讨价还价。招标与投标的交易过程比较简单,没有反复磋商的过程,属于竞卖性质。

七、对销贸易

对销贸易(Counter Trade)是包含易货以及易货的衍生物,如互购、产品回购,转手贸易和抵消等多种贸易方式的总称。这些贸易方式基本上具备进出结合,以进口抵补出口的特征,但又不是易货的简单重复,而是具有时代的烙印和更为复杂的内涵。对销贸易的买卖标的除有形货物外,也可包括劳务、专有技术和工业产权等无形财产。

(一)易货贸易

1.一般易货。是指买卖双方各以一种能为对方所接受的货物直接进行交换,两种货物的买卖往往体现在同一个合同中,而且要求它们价值相等、交货时间相同,交易中也没有第三方参加。

2.综合易货。又称一揽子易货,指交易双方都承诺购买对方等值的商品,从而将进出口结合在一起。在具体做法上比一般易货更灵活。

3.易货方式有两个优点:解决了外汇紧张国家的支付困难;利用这种方式既可以从国外获得一些紧缺的重要物资,也可以对外推销一些过剩的商品。同时,也有以下四个缺点:难以找到合适的易货伙伴;交易过程相对复杂;双方都不愿积极向对方提供货物;易货的开展要受双方国家经济互补性的制约。

(二)补偿贸易

补偿贸易 (Compensation Trade)又称产品回购。指贸易的一方进口设备,然后以回销产品和劳务所得价款,分期偿还进口设备的价款和利息。

1.补偿贸易的特征

(1)以信贷为基础,这是补偿贸易的前提条件。

(2)设备供应方必须同时承诺回购设备进口方的产品或劳务。

2.补偿贸易的形式

(1)直接产品补偿。即双方在协议中规定,由设备与技术的进口方以该设备与技术直接生产出来的产品来偿还设备和技术款的本息。

(2)间接产品补偿。被用来偿还设备与技术款本息的不是直接产品,而是交易双方商定的其他商品。

(3)劳务补偿。双方根据协议,由进口技术、设备的一方从工缴费(加工费)中分期偿还所欠的款项。这种做法多见于来料加工或来件装配相结合的小型补偿贸易。

3.补偿贸易的作用

(1)对设备进口方的作用。

①利用外资;

②引进先进技术和设备,发展和提高本国生产能力,增强出口产品竞争力;

③通过对方的回购扩大出口,并得到稳定的销售市场和销售渠道。

(2)对设备供应方的作用

①突破进口方支付能力的不足,扩大出口;

②以承诺回购加强自己的竞争力;

③在回购中取得较稳定的原材料来源;

④通过转售所回购的产品获得利润。

(三)对销贸易的其他形式

1.互购贸易(Counter Purchase),又称互惠贸易和平行贸易。是指出口的一方向进口一方承担购买相当于其出口货值一定比例的产品。即双方签订两份既独立又有联系的合同:一份约定先由进口的一方现汇购买对方的货物;另一份则由先出口的一方承诺在一定期限内购买对方的货物。

2.转手贸易(Switch Trade),又称三角贸易。这是一种特殊的贸易方式,在记账贸易的条件下,人们采用转手贸易作为取得硬通货(即现金等形式的外汇)的一种手段。

3.抵消贸易(Offset Trade)是指一方在进口国诸如国防、航空或宇航、计算机、信息交流等设备时,以先期向另一方或出口方提供的某种商品和/或劳务、资金等抵消一定比例进口价款的做法。

八、加工贸易

加工贸易是指一国的企业利用自己的设备和生产能力,对国外的原材料、零部件或者元器件进行加工、制造或装配,然后再将成品或半成品销往国外的一种贸易方式。目前我国主要采用的加工贸易方式为对外加工装配、进料加工和境外加工。

1.对外加工装配是来料加工与来件装配的合称,指由国外厂商提供一定的原材料、辅助材料、零部件、元器件、包装材料和必要的机器设备及生产技术,委托我方企业按国外厂商要求进行加工、装配,成品由国外厂商负责销售,我方按合同规定收取工缴费的一种贸易方式,其中包括来料加工、来件装配和来样加工三种形式。

2.进料加工一般是指从国外购进原料,加工生产出成品再销往国外的一种贸易方式。相对其他贸易方式,进料加工有以下几个特点:

(1)进料加工属于商品贸易,进口时需对外付汇,原材料的进口和成品的出口均发生了所有权的转移。

(2)进料加工的原料进口和成品出口是两笔不同的交易,原料供应者和成品购买者之间没有必然的联系。

(3)进料加工的加工方主要赚取由原材料到成品的附加值,要自筹资金、自寻销路、自担风险、自负盈亏。

3.境外加工贸易是指我国企业在国外进行直接投资,利用当地劳动力开展加工装配业务,以带动和扩大国内设备、技术、原材料、零配件出口。开展境外加工贸易的意义在于:有助于绕过贸易壁垒;有助于我国产业结构的调整;有助于我国企业利用当地较低的生产和运输成本及现有的市场销售渠道,获取较高的经济效益。

4.来料加工和进料加工的区别

(1)从贸易性质上看,来料加工属于劳务贸易,不发生所有权的转移;进料加工属于商品贸易,发生所有权的转移。

(2)从原料提供和成品接受方面看,来料加工的原料提供者就是成品的接受者,二者是一笔业务;进料加工的原料提供者和成品的接受者之间没有必然的联系,二者不是同一笔业务。

(3)从加工经营目的上看,来料加工赚取工缴费;进料加工赚取从原材料到成品的附加值。

(4)从加工承担的风险上看,来料加工不负责成品的销售,风险较小;进料加工承担成品销售的风险,风险更大。

第二节　电子商务下的国际贸易方式

案例导入 5

2014 年 7 月 23 日,时任东莞市市委副书记、市长袁宝成主持召开政府常务会议,会议审议通过了《东莞市跨境电子商务公共服务平台规划方案》(以下简称《方案》)等多个事项。《方案》的通过,标志着东莞市跨境电子商务公共服务平台建设正式启动。

请问:案例中提到的跨境电子商务怎么理解?

伴随着现代信息技术的发展,以国际互联网为媒介进行的商务活动在全球范围逐渐兴起。在发达国家,电子商务发展尤为迅速,电子商务的发展极大地改变了传统的国际贸易方式,对国际贸易的发展起着重要的作用。近年来,跨境电子商务快速发展,已成为国际贸易的新方式,对我国企业扩大海外营销渠道、实现外贸转型升级具有重要意义。

一、跨境电子商务的定义和特征

(一)跨境电子商务的定义

跨境电子商务是指分属不同关境的交易主体,通过电子商务平台达成交易、进行支付结算,并通过跨境物流送达商品、完成交易的一种国际商业活动。

跨境电子商务是基于网络发展起来的,网络空间相对于物理空间来说是一个新的空间,是一个由网址和密码组成的虚拟但客观存在的世界。网络空间独特的价值标准和行为模式深刻地影响着跨境电子商务,使其不同于传统的交易方式而呈现出自己的特点。

(二)跨境电子商务的特点

1.全球性

网络是一个没有边界的媒介体,具有全球性和非中心化的特征。依附于网络发生的跨境电子商务也因此具有了全球性和非中心化的特性。电子商务和传统的交易方式相比,其一个重要特点在于电子商务是一种无边界的交易,丧失了传统交易所具有的地理因素。

2.无形性

网络的发展使数字化产品和服务的传输盛行。而数字化传输是通过不同类型的媒介,例如数据、声音和图像在全球化网络环境中集中而进行的,这些媒介在网络中是以计算机数据代码的形式出现的,因而是无形的。

3.匿名性

由于跨境电子商务的非中心化和全球性的特性,因此很难识别电子商务用户的身份和其所处的地理位置。在线交易的消费者往往不显示自己的真实身份和自己的地理位置。

4.即时性

对于网络而言,传输的速度和地理距离无关。传统交易模式,信息交流在信息的发送和接受间,存在着长短不同的时间差。而电子商务中的信息交流接受,无论实际时空距离远近,几乎是同时的。

5.无纸化

电子商务主要采取无纸化操作的方式,这是以电子商务形式进行交易的主要特征。在电子商务中,用户发送或接受电子信息,整个过程实现了无纸化。

6.快速演进

基于互联网的电子商务活动处于瞬息万变的过程中,短短的几十年中电子商务交易经历了从电子数据交换到电子商务零售业的兴起过程,而数字化产品和服务更是花样出新,不断地改变着人类的生活。

二、跨境电子商务的模式

跨境电子商务从进出口方向分为出口跨境电子商务和进口跨境电子商务。从交易模式分为 B2B 跨境电子商务和 B2C 跨境电子商务。我国的跨境电子商务主要分为企业对企业(B2B)和企业对消费者(B2C)的贸易模式。

(一)企业对企业(B2B)的电子商务

企业与企业之间的电子商务简称 B to B,是企业间通过因特网或专用网方式进行的电子商务活动。B2B 模式下,企业运用电子商务以广告和信息发布为主,成交和通关流程基本在线下完成,本质上仍属于传统贸易,已纳入海关一般贸易统计。

(二)企业对消费者(B2C)的电子商务

企业与消费者之间的电子商务简称 B to C,主要是借助于因特网为消费者提供在线销售式服务。消费者可在网上购买各种商品,支付货款等。B2C 模式下,我国企业直接面对国外消费者,以销售个人消费品为主,物流方面主要采用航空小包、邮寄、快递等方式,其报关主体是邮政或快递公司,目前大多未纳入海关登记。

第二篇　国际货物买卖合同的基本内容

第三章　贸易术语

重点难点

(1)了解贸易术语的含义、发展及作用。

(2)了解贸易术语的三种主要国际贸易惯例。

(3)掌握《2010年国际贸易术语解释通则》中11种贸易术语的解释以及关于各种贸易术语买卖双方的责任、风险、费用的划分。

(4)掌握在实际业务中应如何选用贸易术语。

第一节　贸易术语的含义、作用及相关国际贸易惯例

案例导入6

某企业通过铁路运输方式出口一批电子产品。该企业按约定出货时间,将备好货物装箱发出,并取得了铁路承运人签发的运输单据。但买方提货并验收后,发现货物数量短少,遂以卖方违约为由,向卖方提出索赔。卖方则出具承运人签发的运输单据,表明自己是按合同规定数量发运的,并未违约。而买方则认为自己所提供的货物数量短少的证明文件是由双方认可的检验机构出具的,是合法有效的凭证。经协商不能取得一致意见后,买方向合同中约定的仲裁地提出仲裁。仲裁庭在受理该争议时发现双方在买卖合同中对于交货地点和风险转移的界限问题均未作出明确规定,合同自始至终没有出现国际货物买卖合同中普遍采用的贸易术语。询问当事人时,其答复是"缺乏经验,做法不规范"。正是这种不合规范的做法给解决合同争议带来了很大的困难。

请问:案例中的做法对我们学习和使用贸易术语有何启示?

国际货物贸易的货物一般要经过长途运输,涉及运输、保险、清关等多方面的问题。为了明确买卖双方各自的权利和义务,双方当事人在商订合同时,必然要考虑很多实际的问题,比如:卖方在什么地点、以何种方式来完成交货?货物发生损坏或灭失的风险怎么处理?何时由卖方转移给买方?由谁负责办理货物的运输、保险及清关手续?由谁负担办理上述手续所需的各种费用?买卖双方需要交接哪些相关的单据?如果买卖双方在每笔交易中都对上述问题逐一协商,将耗费大量的时间和费用,并可能影响交易的达成。为

了避免这些情况的发生，在长期的国际贸易实践中就形成了贸易术语。

一、贸易术语的含义和作用

（一）贸易术语的含义

贸易术语（Trade Terms），又称贸易条件，是用简短的概念或英文缩写字母来表示商品的价格构成，说明货物交接过程中有关的风险、责任和费用划分等问题，确定卖方交货和买方接货应尽的义务。

贸易术语具有双重性：一方面它用来确定交货条件，即说明买卖双方在交接货物时各自承担的责任、风险和费用；另一方面又用来表示该商品的价格构成因素。因此，使用贸易术语，既可节省交易磋商的时间和费用，又可简化交易磋商和买卖合同的内容，有利于交易的达成和贸易的发展。

（二）贸易术语的作用

1.有利于买卖双方洽商交易和订立合同。由于每一种贸易术语对买卖双方的权利和义务都有统一的解释，使用贸易术语，有利于买卖双方明确各自的权利和义务，早日成交。

2.有利于买卖双方核算价格和成本。各种贸易术语对于成本、运费和保险费等各项费用由谁负担都有明确的界定。因此，使用贸易术语，买卖双方比较容易核算价格和成本。

3.有利于解决履约当中的争议。买卖双方商订合同时，如对合同条款考虑得不周全，可能使某些事项规定得不明确或不完备，致使履约当中产生的争议不能依据合同的规定解决。在此情况下，可以援引有关贸易术语的一般解释来处理，因为贸易术语的一般解释已成为国际惯例，并被国际贸易界从业人员和法律界人士所理解和接受，从而成为国际贸易中公认的一种类似行为规范的准则。

综上所述，国际贸易术语是用来表示国际货物买卖的交货条件和价格构成因素的专门用语。了解国际贸易中各种现行的贸易术语，不仅有利于正确约定交货条件和合理确定成交价格，而且有利于在履约中正确运用和解释贸易术语，并按国际贸易惯例行事以维护国际贸易的正常秩序。

二、与国际贸易术语相关的国际贸易惯例

（一）国际贸易惯例的定义和性质

国际贸易惯例（International Trade Practice）是指在国际贸易的长期实践中所形成的若干具有普遍意义的一些习惯性做法和解释。国际贸易惯例具有以下性质：

1.非强制性和可改动性。这是因为，它是在国际通商往来中根据合同当事人意思自治的原则采用，国际贸易惯例本身不是法律，它不具有强制性，合同当事人是否采用某项国际贸易惯例，完全根据自愿的原则。因此，当事人完全可以根据自己的意愿，决定采用或排除某项国际贸易惯例，也可以根据双方当事人的约定，对某项惯例进行修改。

2.一定条件下有强制性和适用性。尽管国际贸易惯例本身不具有法律效力，但通过政府立法和国际立法，可赋予国际贸易惯例法律效力。有些国家的法律明文规定，凡本国法律没有规定的，则适用国际贸易惯例。此外，各国法院和仲裁机构处理涉外争议案时，

也往往参照国际贸易惯例。足见国际贸易惯例有重要的法律地位。

(二)与贸易术语相关的国际贸易惯例

1.《1932 年华沙—牛津规则》(*Warsaw-Oxford Rules* 1932)是国际法协会专门为解释 CIF 合同而制定的,它仅对 CIF 合同的性质、特点及其主要内容作了解释。19 世纪中叶,CIF 贸易术语开始在国际贸易中得到广泛采用,然而对使用这一术语时买卖双方各自承担的具体义务,并没有统一的规定和解释。对此,国际法协会于 1928 年在波兰首都华沙开会,制定了关于 CIF 合同的统一规则,称之为《1928 年华沙规则》,共包括 22 条。其后,将此规则修订为 21 条,并更名为《1932 年华沙—牛津规则》,沿用至今。这一规则对于 CIF 的性质,买卖双方所承担的风险、责任和费用的划分以及所有权转移的方式等问题都作了比较详细的解释。

2.《1941 年美国对外贸易定义修订本》(*Revised American Foreign Trade Definitions* 1941)是由美国几个商业团体制定并经美国商会等商业团体所组成的联合委员会通过后公布实施。它最早于 1919 年在纽约制定,原称为《美国出口报价及其缩写条例》,1941 年美国第 27 届全国对外贸易会议对该条例作了修订,命名为《1941 年美国对外贸易定义修订本》。它主要在北美国家采用,由于对贸易术语的解释与《国际贸易术语解释通则》有明显的差异,所以,在同北美国家进行交易时应加以注意。它对 FAS、FOB、CFR、CIF 等六种贸易术语作了解释,分别为:

(1)Ex(Point of Origin,产地交货)。

(2)FOB(Free on Board,在运输工具上交货)。

(3)FAS(Free Along Side,在运输工具旁边交货)。

(4)C&F(Cost and Freight,成本加运费)。

(5)CIF(Cost,Insurance and Freight,成本加保险费、运费)。

(6)ExDock(Named Port of Importation,目的港码头交货)。

3.《国际贸易术语解释通则》(*International Rules for the Interpretation of Trade Terms*)

该通则由国际商会于 1936 年制定,是对各种贸易术语解释的正式规则。目的在于便利国际贸易的进行,目前在国际贸易实务中应用最为广泛。最新版本于 2011 年 1 月 1 日正式生效。是国际商会于 2010 年 9 月 27 日在巴黎召开的国际贸易术语解释通则 2010 全球发布会上,正式推出修订的 Incoterms 2010。该通则经历了 1936 年、1953 年、1967 年、1976 年、1980 年、1990 年、2000 年和 2010 年多个版本的修订和实施。通过不断地进行修订,对各种问题加以总结和修改,更能准确地反映国际贸易实务中的现象,有利于在国际贸易中更好地加以运用。

《2000 年通则》共解释了 13 种贸易术语,并分为 E、F、C、D 四组,见表 3.1。

表 3.1 《2000 年通则》贸易术语表

组别	代码	中文名	交货地点	风险转移界限	运输手续办理及运费	保险手续办理及费用	出口报关责任及费用	进口报关责任及费用	适用运输方式
E 组	EXW	工厂交货(……指定地点)	商品产地、所在地	买方处置货物后	买方	买方	买方	买方	任何
F 组	FCA	货交承运人(……指定地点)	指定的装运地点	货交承运人	买方	买方	卖方	买方	任何
	FAS	船边交货(……指定装运港)	指定的装运港	货物到达船边	买方	买方	卖方	买方	水上运输
	FOB	船上交货(……指定装运港)	指定的装运港口	货物越过船舷	买方	买方	卖方	买方	水上运输
C 组	CFR	成本加运费(……指定目的港)	装运港	货物越过船舷	卖方	买方	卖方	买方	水上运输
	CIF	成本、保险费加运费(……指定目的港)	装运港	货物越过船舷	卖方	卖方	卖方	买方	水上运输
	CPT	运费付至(……指定目的地)	指定的装运地点	货交承运人	卖方	买方	卖方	买方	任何
	CIP	运费、保险费付至(……指定目的地)	指定的装运地点	货交承运人	卖方	卖方	卖方	买方	任何
D 组	DAF	边境交货(……指定地点)	两国边境指定地点	买方处置货物后	卖方	卖方	卖方	买方	任何
	DES	目的港船上交货(……指定目的港)	目的港船上	买方在船上收货后	卖方	卖方	卖方	买方	水上运输
	DEQ	目的港码头交货(……指定目的港)	目的港码头	买方在码头收货后	卖方	卖方	卖方	买方	水上运输
	DDU	未完税交货(……指定目的地)	进口国国内	买方在指定地点收货后	卖方	卖方	卖方	买方	任何
	DDP	完税后交货(……指定目的地)	进口国国内	买方在指定地点收货后	卖方	卖方	卖方	卖方	任何

《2010年通则》共有11种贸易术语，按照所适用的运输方式划分为两大类，见表3.2。

表3.2 《2010年通则》贸易术语表

组别	代码	中文名	交货地点	风险转移界限	运输手续办理及运费	保险手续办理及费用	出口报关责任及费用	进口报关责任及费用	适用运输方式
第一组	EXW	工厂交货（……指定地点）	商品产地、所在地	商品产地、所在地	买方	买方	买方	买方	任何
	FCA	货交承运人（……指定地点）	指定的装运地点	货交承运人	买方	买方	卖方	买方	任何
	CPT	运费付至（……指定目的地）	指定的装运地点	货交承运人	卖方	买方	卖方	买方	任何
	CIP	运费、保险费付至（……指定目的地）	指定的装运地点	货交承运人	卖方	卖方	卖方	买方	任何
	DAT	目的地或目的港的集散站交货（……指定地点）	指定目的地	指定目的地	卖方	卖方	卖方	买方	任何
	DAP	目的地交货（……指定目的港）	指定目的地	指定目的地	卖方	卖方	卖方	买方	任何
	DDP	完税后交货（……指定目的地）	指定目的地	指定目的地	卖方	卖方	卖方	卖方	任何
第二组	FAS	船边交货（……指定装运港）	装运港船边	装运港船边	买方	买方	卖方	买方	水上运输
	FOB	船上交货（……指定装运港）	装运港船上	货物在装运港装上船	买方	买方	卖方	买方	水上运输
	CFR	成本加运费（……指定目的港）	装运港船上	货物在装运港装上船	卖方	买方	卖方	买方	水上运输
	CIF	成本、保险费加运费（……指定目的港）	装运港船上	货物在装运港装上船	卖方	卖方	卖方	买方	水上运输

《2010年通则》与《2000年通则》的关系在于：虽然Incoterms 2010于2011年1月1

日正式生效,但是 Incoterms 2010 实施之后并非 Incoterms 2000 就自动作废。因为国际贸易惯例本身不是法律,对国际贸易当事人不产生必然的强制性约束力。国际贸易惯例在适用的时间效力上并不存在"新法取代旧法"的说法,即 2010 年通则实施之后并非 2000 年通则就自动废止,当事人在订立贸易合同时仍然可以选择适用 Incoterms 2000 甚至 Incoterms 1990。相对于《2000 年通则》,《2010 年通则》的主要变化体现在以下几个方面:

(1) 术语分类的调整由原来的 EFCD 四组分为适用于两类,贸易术语的数量也由原来的 13 种变为 11 种,分别适用于各种运输方式和水运。

(2)删除《2000 年通则》中四个 D 组贸易术语,即 DDU、DAF、DES、DEQ,只保留了《2000 年通则》D 组中的 DDP。新增加两种 D 组贸易术语,即 DAT 与 DAP。

(3)E 组、F 组、C 组的贸易术语基本没有变化,只是取消了"船舷"的概念,FOB、CFR、CIF 买卖双方风险划分的界限为货物在装运港装上船。

(4)《2010 通则》不仅适用于国际销售合同,也适用于国内销售合同。

第二节 《2010 年通则》中的 FOB、CFR、CIF 贸易术语

案例导入 7

以 FOB 成交的合同,货物在装船时因吊钩不牢掉在船甲板上摔破的,因包装破裂导致里面的货物被水浸泡。

请问:这种货物受损应由谁负责?

一、FOB 术语

FOB(装运港)是 Free on Board(...named port of shipment)的缩写,含义是装运港船上交货(……指定装运港)。装运港船上交货是指卖方必须在合同规定的装运期内在指定的装运港将货物交至指定的船上,并负担货物在装运港装上船之前的一切费用和货物灭失或损坏的风险。买方则承担货物在装运港装上船之后的一切责任、费用和货物灭失或损坏的风险。采用这一贸易术语必须在后面注明货物装运港名称,如 FOB Shanghai。该术语只适用于海运和内河运输。

(一)买卖双方基本义务的划分

1.卖方的主要义务

(1)一般义务。负责在合同规定的装运港和日期或期间内,将符合合同的货物按港口惯常方式装上买方指定的船只,并给予买方充分的通知。

(2)费用和风险。负担货物装上船之前的一切费用和风险。

(3)手续。卖方自担风险和费用,取得出口许可证或其他官方许可,并办理货物出口所需的一切海关手续。

(4)交货。卖方必须将货物运到买方所指定的船只上,若没有的话,就送到买方指定的装运港或由中间商获取这样的货物。在这两种情况下,卖方必须按约定的日期或期限内按照该港习惯方式运输到港口。如果买方没有明确装运地,卖方可以在指定的装运港中选择最合目的的装运点。

(5)通知。在由买方承担风险和费用时,卖方必须给予买方说明货物已按照规定交货或者船只未能在约定的时间内接收上述货物的充分通知。

2.买方的主要义务

(1)一般义务。负责租船订舱、支付费用,并将船名、装船点和装船时间通知卖方。

(2)费用和风险。负责货物装上船之后的一切费用和风险。

(3)手续。自负费用和风险办进口许可证或其他核准书,办理货物进口以及必要时经由另一国国境运输的一切海关手续。

(4)收货。按照合同规定支付货款,并收取符合合同规定的货物和单据。

(二)使用 FOB 术语应注意的问题

1.装船的概念与风险划分的界限

《2000 年通则》及以前的通则规定:FOB 是以装运港船舷作为划分风险的界限,即"船舷为界"。

《2010 年通则》中关于 FOB 条件下风险划分的界限问题,不再规定以"船舷为界",而规定货物装到船上后,风险才由卖方转移给买方。

2. 关于船货衔接的问题

按照 FOB 术语成交的合同属于装运合同,这类合同中卖方的一项基本义务是按照规定的时间和地点完成装运。在 FOB 条件下是由买方负责安排运输工具,即买方负责租船订舱,所以存在一个船货衔接问题。

如果买方未能按时派船,这包括未经对方同意提前将船派到和延迟派到装运港,卖方都有权利拒绝交货,并且由此产生的各种损失,如空舱费、滞期费等均由买方承担。如果买方指派船只按时到达装运港,而卖方却未能备妥货物,那么由此产生的上述费用则由卖方承担。如果双方已经按 FOB 价格成交,但后来买方委托卖方办理租船订舱,卖方也可酌情接受。但是这属于代办性质,风险和费用由买方承担。如果卖方租不到船,不承担后果,买方无权撤销合同或索赔。

按 FOB 术语成交,对于装运期和装运港要慎重规定,签约之后,有关备货和派船事宜,也要加强联系、密切配合,保证好船货的衔接。

3.惯例对 FOB 的不同解释

《1990 年美国对外贸易定义修订本》(下称《定义》)和《2010 年通则》对 FOB 的解释有比较大的区别,主要体现在:

(1)交货地点不同。对美国、加拿大等美洲国家和部分拉丁美洲国家采用《定义》——将 FOB 概括为六种,前三种是在出口国内陆发货地点的内陆运输工具上交货,第四种是在出口地点的内陆运输工具上交货,第五种是在装运港船上交货,第六种是在进口国指定内陆地点交货。买方要求在装运港口的船上交货(即第五种),则应在 FOB 和港名之间加上"Vessel",例如在旧金山交货为"FOB Vessel San Francisco "。否则,卖方也有可能按第四种情况交货。

(2)办理出口手续的费用由谁承担不同。《2010年通则》——FOB条件下，卖方义务之一是“自负风险及费用，取得出口许可证或其他官方批准证件，并办理货物出口所必需的一切海关手续”。《定义》——卖方只是“在买方请求并由其负担费用的情况下，协助买方取得由原地产及或装运地国家签发的，为货物出口或在目的地进口所需的各种证件”。

4.FOB术语的变形

采用班轮运输，船方管装管卸，装卸费打入班轮运费之中，自然由负责租船的买方承担；如果采用程租船运输，船方一般不负担装卸费用，这就必须明确装船过程中的各种费用应由谁负担。为了解决这个问题，FOB的变形产生：

(1)FOB Liner Terms(FOB班轮条件)：卖方不负担装船的有关费用。

(2)FOB Under Tackle(FOB吊钩下交货)：卖方负担费用将货物交到买方指定船只吊钩所及之处，而吊钩装入舱以及其他各项费用由买方承担。

(3)FOB Stowed(FOB理舱费在内)：卖方负责将货物装入船舱承担包括理舱费在内的装船费用。

(4)FOB Trimmed(FOB平舱费在内)：卖方负责将货物装入船舱并承担包括平舱费在内的装船费用。

(5)FOB ST(FOB理舱费、平舱费在内)：卖方负责将货物装入船舱并承担包括理舱费、平舱费在内的装船费用。

二、CFR术语

CFR(目的港)是Cost and Freight(…named port of destination)的缩写。含义是成本加运费，是指卖方将货物交至船上，或取得已如此交付的货物，完成交货。卖方须负担货物至指定目的港为止所需的费用及运费，但货物灭失或毁损的风险及货物在船上交付后由于事故而生的任何额外费用，则自货物在装上船舶时起，由卖方移转至买方负担。本规定只适用于海路及内陆水运。

适用CFR术语，卖方的基本义务是在FOB的基础上增加了租船订舱并支付运费。

(一)买卖双方基本义务的划分

1.卖方的主要义务

(1)一般义务。卖方应当提供符合销售合同规定的货物和商业发票，以及其他任何合同可能要求的证明货物符合合同要求的凭证。如果买卖双方达成一致或者依照惯例，任何所要求的单据都可以具有同等作用的电子讯息(记录或手续)出现。

(2)手续。若可能的话，卖方应当自担风险和费用，取得任何出口许可证或者其他官方授权，并办妥一切货物出口所必需的海关手续。

(3)运输。卖方货物运输费用及因运输合同而产生的一切其他费用。

(4)交货。卖方应当通过将货物装至船舶之上或促使货物以此种方式交付进行交付。在任何一种情形下，卖方应当在约定的日期或期间内依惯例交付。

(5)风险转移。卖方承担货物在装运港装上船前的一切费用和风险。

(6)通知买方。卖方应当给予买方必要的通知，以便买方能够采取通常必要的提货措施。

2.买方的主要义务

(1)买方的一般义务。买方应当依销售合同支付商品价款。如果买卖双方达成一致或者依照惯例,任何所要求的单据都可以具有同等作用的电子讯息(记录或手续)出现。

(2)手续。若可能的话,买方有义务在自担风险与费用的情况下获得任何进口许可或其他的官方授权并为货物进口以及其在国内的运输办妥一切海关报关手续。

(3)收货。买方必须在卖方按照规定交货时受领货物,并在指定目的港从承运人处收受货物。

(4)风险转移和费用。负担货物在装运港装上船后的一切风险和费用。

(二)使用 CRF 术语应注意的问题

1.以"装运港船上"为交货点,亦即"风险划分点"。卖方装船后,应及时发出装船通知,以便买方及时办理投保手续。否则,卖方应承担货物在运输途中的风险和损失。

2.按 CFR 进口应慎重选择资信好的国外客户成交,并对船舶提出适当要求,以防外商与船方勾结,出具假提单,租用不适航的船舶,或伪造品质证书与产地证明。

3. CFR 术语的变形。在 CFR 术语的附加条件,只是为了明确卸货费由何方负担,其交货地点和风险划分的界线,并无任何改变。具体有:

(1)CFR Liner Terms (CFR 班轮条件):由卖方承担装卸货费用。

(2)CFR Landed(CFR 卸至岸上):由卖方承担卸货费用。

(3)CFR Under Ex Tackle (CFR 吊钩下交货):由卖方承担卸货费用。

(4)CFR Ex Ship's Hold (CFR 舱底交货):由买方承担卸货费用。

三、CIF 术语

CIF(目的港)是 Cost Insurance and Freight (…named port of destination),即成本加保险费和运费(……指定目的港),又称成本加运保费或保险费、运费在内价及离岸加保险费、运费,使用此条款要注明目的港,如 CIF Rotterdam。

采用 CIF 术语成交时,卖方的基本义务是,负责按通常条件租船定舱,支付到目的港的运费,并在规定的装运港和规定的期限内将货物装上船,装船后及时通知买方。卖方还要负责办理从装运港到目的港的货运保险,支付保险费。

使用 CIF 术语,卖方的基本义务是在 CFR 的基础上增加了负责办理货物运输保险,支付运费和保险费。

(一)买卖双方基本义务的划分

1.卖方的主要义务

(1)卖方的一般义务。卖方必须提供符合销售合同的货物和商业发票,以及买卖合同可能要求的、证明货物符合合同规定的其他任何凭证。

(2)费用和风险。负责货物在装运港装船之前的一切费用和货物灭失损坏的风险。负责办理货物运输保险,支付运费和保险费。

(3)手续。一些重要货物或国家间的运输办理海关手续。在适用的时候,卖方须自负风险和费用,取得一切出口许可和其他官方许可,并办理货物出口所需的一切海关手续。

(4)交货。卖方必须将货物装船运送或者(由承运人)获取已经运送的货物,在上述任一情况下，卖方必须在合意日期或者在达成合意的期限内依港口的习惯进行交付。

2.买方的主要义务

(1)一般义务。买方必须按照买卖合同规定支付价款。

(2)费用和风险。负担货物在装上船之后的一切费用和风险。

(3)手续。买方需在自负风险和费用的前提下获得进口执照或其他政府许可并且办理所有进口货物的海关手续。

(4)收货。买方在货物已经以规定的方式送达时受领货物，并必须在指定的目的港受领货物。

(二)使用CIF术语应注意的问题

1.CIF术语的性质

CIF合同属于“装运合同”，卖方将货物在装运港装上船时，即完成了交货义务。即，货物在海上运输中的风险，由买方承担。但由于在CIF术语后所注明的是目的港，常被误解为“到货合同”。实际上，CIF术语的风险划分点与费用划分点相分离。在CIF下，卖方虽然必须承担货物运至目的港的运费、保险费及其他正常费用，但货物灭失和货物装上船之后因意外事故而发生的额外费用由买方承担。另外，需要注意的是，如果卖方承诺了货物送达目的港的时间，则改变了CIF合同的性质，在此情况下，卖方必须按合同规定时间将货物送达目的港。

2.象征性交货的问题

从交货方式来看，CIF是一种典型的象征性交货。所谓象征性交货是针对实际交货而言。指卖方只要按期在约定地点完成装运，并向买方提交合同规定的包括物权凭证在内的有关单证，就算完成了交货义务，而无须保证到货。可见，在象征性交货方式下，卖方是凭单交货，买方是凭单付款。只要卖方如期向买方提交了合同规定的全套合格单据(名称、内容和份数相符的单据)，即使货物在运输途中损坏或灭失，买方也必须履行付款义务。反之，如果卖方提交的单据不符合要求，即使货物完好无损地运达目的地，买方仍有权拒绝付款。但是，必须指出，按CIF术语成交，卖方履行其交单任务，只是得到买方付款的前提条件，除此之外，他还必须履行交货义务。如果卖方提交的货物不符合要求，买方即使已经付款，仍然可以根据合同的规定向卖方提出索赔。

3.货运保险问题

由于CIF术语在装运港装上船后，风险由买方承担，故海运中的风险主要由买方承担。卖方办理投保手续属于代办性质，即卖方在货物运输保险的问题上，只是联系到保险公司，按合同规定的保险险别投保并支付保险费，货物装上船后损害赔偿由买方找保险公司。

CIF术语中的“I”表示Insurance，即保险。从价格构成来看，这是指保险费，就是说货价中包括了保险费；从卖方的责任讲，他要负责办理货运保险。办理保险须明确险别，不同险别，保险人承担的责任范围不同，收取的保险费率也不同。按CIF术语成交，一般在签订买卖合同时，在合同的保险条款中明确规定保险险别、保险金额等内容，这样，卖方就应按照合同的规定办理投保。但如果合同中未能就保险险别等问题作出具体规定，那就要根据有关惯例来处理。按照《2010年通则》对CIF的解释，卖方只需投保最低的险别，但在买方要求，并由买方承担费用的情况下，可加保战争、罢工、暴乱和民变险。

4.CIF 术语的变形

在 CIF 术语的附加条件,只是为了明确卸货费由何方负担,其交货地点和风险划分的界线,并无任何改变。班轮运输下:卖方付卸货费,因为卖方支付的班轮运费含装卸费。租船运输下:通常采用 CIF 术语的变形表示卸货费用的负担,具体有:

(1) CIF Liner Terms (CIF 班轮条件):卖方付卸货费;

(2) CIF Ex Ship's Hold(CIF 舱底交货):买方付卸货费;

(3) CIF Ex Tackle(CIF 吊钩交货):双方共同负担卸货费;

(4) CIF Landed(CIF 卸到岸上):卖方付卸货费。

四、FOB、CFR 和 CIF 三种常用贸易术语的比较

(一)FOB、CFR、CIF 三种贸易术语的相同点

1.适用的运输方式相同。FOB、CFR、CIF 三种贸易术语都只适合于海运或内河航运。因此,这三种贸易术语是国际贸易中常用且主要的三种贸易术语。

2.交货地点相同。FOB、CFR、CIF 三种贸易术语的交货地点都是在装运港船上。

3.风险划分点相同。卖方在装运港船上完成交货任务时,货物损失或灭失的风险也就由卖方转移给买方。

4.合同性质相同。FOB、CFR、CIF 三种贸易术语成交的合同均属于装运合同,即只管货物按时装运,不管货物何时到达的合同。

5.交货性质相同。FOB、CFR、CIF 三种贸易术语都是象征性交货。即"卖方凭单交货、买方凭单付款",只要卖方提交的单据没有问题,买方就应该承担相应的付款责任,而无须保证到货。但对于货物本身固有的问题,卖方也难辞其咎,只不过是货物有关状况不作为卖方付款的前提条件。对于货物的问题,卖方可就合同中的索赔去进行相应的处理。

6.报关手续的办理相同。《2010 年通则》对 11 种贸易术语的解释中,只有 EXW 与 DDP 的报关手续比较特殊,其他的 9 种都是卖方办理出口报关手续,买方办理进口报关手续。

(二)FOB、CFR、CIF 三种贸易术语的不同点

FOB、CFR、CIF 三种贸易术语的不同点,主要表现在买卖双方承担的责任及费用不同。FOB 术语由买方负责租船订舱和支付运费;CFR 和 CIF 术语由卖方负责租船订舱和支付运费;CIF 术语由卖方负责租船订舱、支付运费、办理货运保险和支付保险费。

第三节 《2010 年通则》中的 FCA、CPT、CIP 贸易术语

案例导入 8

有一份 CIP 合同,货物已按合同规定的期限在装运港装船,但受载船只在运输过程中因触礁沉没。事后当卖方凭有关单证要求买方付款时,买方以货物全部损失为由,拒绝接受单证和付款。

请问:买方做法是否合理?

一、FCA 术语

FCA(指定地点)是 Free Carrier(…named place)的缩写,含义是指卖方只要将货物在指定的地点交给买方指定的承运人,并办理了出口清关手续,即完成交货。需要说明的是,FCA 交货地点的选择对于在该地点装货和卸货的义务会产生影响。若卖方在其所在地交货,则卖方应负责装货,若卖方在任何其他地点交货,卖方不负责卸货。

(一)买卖双方基本义务的划分

1.卖方的主要义务

(1)一般义务。卖方应当提供符合销售合同规定的货物和商业发票以及合同可能要求的、证明货物符合合同规定的其他任何凭证。

(2)手续。卖方应当取得任何出口许可证或其他官方许可,而且在办理海关手续时办理货物出口所需要的一切海关手续并支付有关的税费。

(3)交货。若有约定具体的交货点,卖方应按照约定,在指定的地点于约定的日期或者期限内,将货物交付给承运人或者买方指定的其他人,并及时通知买方。

(4)风险转移和费用承担。承担货物交给承运人处置之前的一切费用和风险。

2.买方的主要义务

(1)一般义务。买方应当支付销售合同中规定的货物价款。

(2)手续。买方应当取得一切进口许可证或其他官方许可,以及办理货物进口的海关手续和从他国过境的一切相关手续,并支付有关的税费。

(3)负责指定承运人,签订运输合同,支付运费,并通知卖方。

(4)风险转移。承担货物交给承运人处置之后的一切风险。

(5)收货。接受卖方提供的有关单据、受领货物。

(二)使用 FCA 术语应注意的问题

1.交货地点选择

在 FCA 术语后面要写明指定交付点,如果没有写明,且有不止一个交付点可供使用时,卖方可以选择对其来说最方便的交付点。

2.交货义务及装卸货责任

在卖方所在地交货,卖方要负责将货物装上买方指定的承运人或代表买方的其他人提供的运输工具上,交货义务才算完成;在其他指定地点交货时,当货物在卖方的运输工具上可供卸载,并交由承运人或代表买方指定的其他人处置时,卖方则算完成交货,即卖方不负责卸货。

3.风险转移

买卖双方风险转移以货交承运人处置时为界。如果买方未能及时给予卖方有关承运人名称和其他事项的通知,或者指定的承运人未能接受货物,则自规定的交付货物的约定期限届满之日起,买方承担货物灭失或损坏的一切风险。

4.费用划分

采用 FCA 术语,买方应自付费用订立从指定地点承运货物的运输合同,并指定承运人,如果卖方被要求协助与承运人订立合同时,只要买方承担费用和风险,卖方也可以办理。

二、CPT 术语

CPT(指定目的地)是 Carriage Paid To(…named place of destination)的缩写,含义是运费付至(指定目的地)。CPT 术语是指卖方当货物交给指定的承运人时即完成交货,用于所选择的任何一种运输方式以及运用多种运输方式的情况。该术语买卖双方当事人应在买卖合同中尽可能准确地确定风险发生转移地和买方的交货地点。

使用 CPT 术语,卖方的基本义务是在 FCA 的基础上增加指定的承运人,与承运人签订运输合同并支付运费。

(一)买卖双方基本义务的划分

1.卖方的主要义务

(1)一般义务。卖方必须提供与销售合同规定一致的货物和商业发票,以及合同可能要求的证明货物符合合同规定的凭证。

(2)负责订立运输契约并支付货物运至目的地的运费。

(3)手续。卖方应当取得任何出口许可证或其他官方许可,而且在办理海关手续时办理货物出口所需要的一切海关手续并支付有关的税费。

(4)交货。卖方必须在约定的日期或期限内依照规定向订立合同的承运人交货,并及时通知买方。

(5)风险转移和费用。卖方承担货物在约定地点交给第一承运人处置之前的一切费用和风险。

2.买方的主要义务

(1)一般义务。买方必须按照销售合同规定支付货物价款。

(2)手续。买方应当取得一切进口许可证或其他官方许可,以及办理货物进口的海关手续和从他国过境的一切相关手续,并支付有关的税费。

(3)风险转移。买方承担货物在约定地点交给第一承运人处置之后的一切风险。

(4)收货。接受卖方提供的有关单据、受领货物。

(二) 使用 CPT 术语应注意的问题

1.风险划分的界限问题

按照 CPT 术语成交,虽然卖方要负责订立从起运地到指定地的运输合同,并支付运费,但是卖方承担的风险并没有延伸至目的地。按照《2010 年通则》的解释,CPT 条件下,存在两个关键点,即风险转移点和费用转移点。风险转移点在先,而费用转移点在后。所以,货物自交货地点至目的地的运输途中的风险由买方承担,而不是卖方,卖方只承担交给承运人控制之前的风险。在多式联运情况下,卖方承担的风险自货物交给第一承运人控制时即转移给买方。

2.责任和费用的划分问题

采用 CPT 术语时,买卖双方要在合同中规定装运期和目的地,以便于卖方选定承运人,自费订立运输合同,将货物由通常路线和惯用方式运往指定的目的地,当买方有权决定发货时间或目的地时,买方要及时通知卖方,以便于卖方交货。卖方将货物交给承运人之后，应向买方发出货已交付通知，以便于买方办理保险。在目的地受领货物的具体地点，卖方可以在目的地选择最适合其要求的地点。

按 CPT 术语成交，卖方只是承担从交货地点到指定目的地的正常运费。正常运费之外的其他有关费用，一般由买方承担。货物的装卸费用可以包括在运费中，统一由卖方承担，也可以由双方在合同中另行规定。

三、CIP 术语

CIP(指定目的地)是 Carriage and Insurance Paid to(…named place of destination)的缩写，含义是运费、保险费付至(指定目的地)。该术语可适用于各种运输方式，也可以用于使用两种以上的运输方式时。

“运费和保险费付至”含义是在约定的地方(如果该地在双方间达成一致)卖方向承运人或是买方指定的另一个人发货，以及卖方必须签订合同和支付将货物运至目的地的运费。卖方还必须订立保险合同以防买方货物在运输途中灭失或损坏风险。

由于风险和费用因地点之不同而转移，该术语有两个关键点。买卖双方最好在合同中尽可能精确地确认交货地点，即风险转移至买方的交货所在地，以及卖方必须订立运输合同所到达的指定目的地。

使用 CIP 术语，卖方的基本义务是在 CPT 的基础上增加了负责办理货物运输保险，支付保险费。

(一)买卖双方基本义务的划分

1.卖方的主要义务

(1)一般义务。卖方必须提供符合销售合同规定的货物和商业发票，以及合同可能要求的其他任何凭证。

(2)负责订立运输契约并支付货物运至目的地的运费。

(3)负责办理保险手续及支付保险费。

(4)手续。卖方应当取得任何出口许可证或其他官方许可，而且在办理海关手续时办理货物出口所需要的一切海关手续并支付有关的税费。

(5)交货。卖方必须在约定的日期或期限内依照规定向订立合同的承运人交货，并及时通知买方。

(6)风险转移和费用。卖方承担货物在约定地点交给第一承运人处置之前的一切费用和风险。

2.买方的主要义务

(1)一般义务。买方必须按照销售合同规定支付货物价款。

(2)手续。买方应当取得一切进口许可证或其他官方许可，以及办理货物进口的海关手续和从他国过境的一切相关手续，并支付有关的税费。

(3)风险转移。买方承担货物在约定地点交给第一承运人处置之后的一切风险。

(4)收货。接受卖方提供的有关单据、受领货物。

（二）使用 CIP 术语应注意的问题

1.风险和保险问题

按 CIP 术语成交的合同，卖方要负责办理货运保险，并支付保险费，但货物从交货地点运往目的地的运输途中的风险由买方承担。所以，卖方的投保仍属于代办性质。

根据《2010 年通则》的解释，一般情况下，卖方要按双方协商确定的险别投保，如果双方未在合同中规定应投保的险别，则由卖方按惯例投保最低的险别，保险金额一般是在合同价格的基础上加成 10%，即 CIF 合同价款的 110%，并以合同标的投保。

2.应合理确定价格

与 FCA 相比，CIP 条件下卖方要承担较多的责任和费用。要负责办理从交货地至目的地的运输，承担有关运费；办理货运保险，并支付保险费，这些都反映在货价之中。所以，卖方对外报价时，要认真核算成本和价格。在核算时，应考虑运输距离、保险险别、各种运输方式和各类保险的收费情况，并要预计运费和保险费的变动趋势等方面问题。

3.象征性交货问题

CIP 术语后标明的目的地，是卖方运费付至的地点，不是卖方完成交货的地点，CIP 的交货地点在卖方营业处所或承运人所在地。即卖方只要按期在约定地点完成装运，并向买方提交合同规定的有关单证，就算完成了交货义务，而无须保证到货。

四、FCA、CPT、CIP 与 FOB 、CFR 和 CIF 两组贸易术语的比较

1.适用的运输方式不同

FOB、CFR、CIF 只适用于海洋运输和内河航运，其承运人一般是船运公司，而 FCA、CPT、CIP 则适用于包括海运在内的各种运输方式以及多式联运方式，其承运人可以是船运公司、航空公司或多式联运的联合运输经营人。

2.风险转移的界限不同

FOB、CFR、CIF 三种贸易术语的风险转移是以货物在装运港上船为界，而 FCA、CPT、CIP 的风险则自货物交付承运人处置时转移。

3.装卸费用负担不同

采用租船运输时，FOB 条件下需要明确装货费用由何方负担，在 CFR、CIF 条件下要明确卸货费用由何方负担。而采用 FCA、CPT、CIP 术语，因为装卸货费用通常已经包括在运费中，所以买卖双方一般不需要在合同中规定装卸货费用由何方负担。

4.使用的运输单据不同

按 FOB、CFR、CIF 条件成交，卖方应提供与海运有关的运输单据（通常为海运提单），而 FCA、CPT、CIP 术语下，卖方向买方提供的运输单据视运输方式而定，可以是与海运有关的运输单据，也可以是铁路运单或航空运单等。

5.交货的地点不同

FOB、CFR、CIF 三种贸易术语，买卖双方交货的地点是在装运港的船上，而 FCA、CPT、CIP 三种贸易术语，买卖双方交货的地点是在卖方与承运人办理货物交接的装运地。承运人接管货物的装运地地点，可以在其提供的运输工具上，也可以为约定的运输站或收货站。

第四节 《2010年通则》中的其他贸易术语

案例导入9

内地A贸易公司与香港T公司签订一份出口茶叶合同,EXW交货条件,数量5公吨,总值12600美元,合同规定买方应于5月份提取货物。卖方于5月1日如期将提货单交付给买方,买方按合同规定付清了货款。但是,买方直到5月31日尚未提取货物,于是卖方将货物搬移至另一处不适当的地方存放。由于茶叶和牛皮合存在同一地方,当T公司于6月15日提货时,发现有20%的茶叶已与牛皮串味而失去原有价值。双方因此发生争执。

请问:上述情况下,各方应负何种责任?为什么?

一、EXW术语

EXW是Ex Works(...named place)的缩写,含义是工厂交货(……指定地)。EXW术语是指当卖方在其所在地或其他指定的地点[如工场(强调生产制造场所)、工厂(制造场所)或仓库等]将货物交给买方处置时,即完成交货。卖方无须将货物装上任何运输工具,在需要办理出口清关手续时,卖方亦不必为货物办理出口清关手续。双方都应该尽可能明确地指定货物交付地点,因为此时(交付前的)费用与风险由卖方承担。买方必须承当在双方约定的地点或在指定地受领货物的全部费用和风险。

EXW是卖方承担责任最小的、风险最低,因而价格也是最低的贸易术语。它应遵守以下使用规则:

1.卖方没有义务为买方装载货物,即使在实际中由卖方装载货物可能更方便。若由卖方装载货物,相关风险和费用亦由买方承担。如果卖方在装载货物中处于优势地位,则使用由卖方承担装载费用与风险的FCA术语通常更合适。

2.买方在与卖方使用EXW术语时应知晓,卖方仅在买方要求(更符合术语特质)办理出口手续时负有协助的义务,(但是)卖方并无义务主动(更强调最小义务,吸收进2010年本身的意义)办理出口清关手续。因此如果买方不能直接或间接地办理出口清关手续,建议买方不要使用EXW术语。

3.买方承担向卖方提供关于货物出口之信息的有限义务。但是,卖方可能需要这些用作诸如纳税(申报税款)、报关等目的的信息。

4.采用产地交货方式时,卖方可只提供惯常包装。对于提供出口包装所需的费用,若合同没有特别说明,一般应由买方承担。

二、FAS术语

FAS是Free Alongside Ship (...named port of shipment)的缩写,含意是船边交货

(……指定装运港)。FAS术语仅适用于海运和内河运输。“船边交货”是指卖方在指定装运港将货物交到买方指定的船边(例如码头上或驳船上),即完成交货。从那时起,货物灭失或损坏的风险发生转移,并且由买方承担所有费用。使用FAS贸易术语应注意:

1.FAS的卖方负责办理出口结关手续和提供出口国政府所签发的有关证件。

2.FAS条件成交,如果买方指派船只不能靠岸,卖方要负责用驳船把货物运至船边,仍在船边交货。

3.与《定义》中FAS的区别。《2010年通则》中的FAS只适用于海运和内河运输,而《定义》中的FAS适用于任何运输方式。只有“FAS VESSEL”才表示“船边交货”。如“FAS VESSEL NEWYORK”。

三、DAP术语

DAP(Delivered At Place)中文含义为“目的地交货”,是指卖方在指定的目的地交货,只需做好卸货准备无须卸货即完成交货。术语所指的到达车辆包括船舶,目的地包括港口。卖方应承担将货物运至指定的目的地的一切风险和费用(除进口费用外)。该术语适用于任何运输方式。使用DAP贸易术语应注意:

1.“Place”可理解为港口或陆地的地名,因此该术语适合于任何运输方式。

2.DAP与DAT的主要区别在于DAP卖方只负责将货物运至指定的目的港并做好卸货准备即可,卸货费用由买方承担。

3.卖方不承担办理进口一切手续和费用,包括支付所有进口关税。

4.卖方对买方没有订立保险合同的义务,是否投保由买方决定。

四、DAT术语

DAT(Delivered At Terminal)中文含义为“目的地或目的港的集散站交货”,是指卖方在指定的目的地或目的港的集散站卸货后将货物交给买方处置即完成交货。该术语不需要考虑特定的运输方式,可适用一种或者多种运输方式。使用DAT贸易术语应注意:

1.“终点地(Terminal)”指任何地方,包括但不限于:码头、仓库、集装箱堆场、公路、铁路或者空港。

2.“卸货后”意指卖方应承担将货物在目的地的运输工具上卸下的费用。

3.卖方不承担办理进口的一切手续和费用,包括支付所有进口关税。

4.卖方对买方没有订立保险合同的义务,是否投保由买方决定。

五、DDP术语

DDP贸易术语是Delivered Duty Paid(… named place of destination)的缩写,即“完税后交货(……指定目的地)”。使用该术语时,卖方负责将货物运至进口国的指定地点,负责办理货物进口的清关手续,并承担交货前的一切风险和费用,包括关税等。使用DDP贸易术语应注意:

1.如果卖方不能直接或间接地取得进口许可证,则不应使用DDP术语。

2.卖方对买方没有订立保险合同的义务,是否投保由买方决定。

3.在全部11个贸易术语中,DDP贸易术语承担的风险、费用和责任最大,因而价格最高。

4.使用DDP贸易术语,卖方是在办理了进口结关手续后在指定目的地交货,因此,卖方实质是将货物运进进口方的国内市场。

第五节 贸易术语的选用

案例导入10

1.出口一批水产品,拟采用空运,我方负责将货物运至对方机场的空运港并办理保险。

2.货物在卖方仓库处交付后适用公路运输方式,卖方负担货物装上卡车的费用。

3.一批货物从北京出口,从天津走海运,出口商不想要承担天津到北京陆运的风险。

请问:根据《2010年通则》,以上拟采用的贸易术语分别是什么?

一、选用贸易术语应考虑的因素

贸易术语的选用问题直接关系到买卖双方的经济利益。因此,在交易磋商时,贸易双方都从自身的利害得失考虑,都希望采用对自己有利的贸易术语。为了顺利执行合同和提高经济效益,根据经验教训,选用贸易术语时应注意考虑以下几个因素:

(一)贯彻平等互利、多创汇、少用汇原则

一般说来,在出口业务中,外贸企业应争取选用CIF(CIP)术语,以便于船货的衔接,更能促进我国远洋运输和货物保险事业的发展,增加运费和保险费收入。进口业务中,对于大宗买卖应争取选用FOB(FCA)术语,可节省外汇运费和保险费支出,促进我国的运输和保险业。但一切都应从实际出发,综合考虑,灵活选用贸易术语,在适当情况下,也可做一些让步。

(二)货物特性及运输条件

国际贸易中的货物品种很多,不同类别的货物具有不同的特点,它们在运输方面各有不同要求,故安排运输的难易不同,运费开支大小也有差异,这是选用贸易术语应考虑的因素。此外,成交量的大小,也直接涉及安排运输是否有困难和经济上是否合算。当成交量太小,又无班轮通航的情况下,负责安排运输的一方势必会增加运输成本,故选用贸易术语时也应予以考虑。例如,在大宗货物出口贸易中,如果我方组织船源有实际困难的,而买方为了获取较低的运价和保险费用上的优惠,要求自行租船装运货物和办理保险,为了达成该笔交易,我方也可按FOB术语与之成交。

(三)考虑运价动态

运费是货价构成因素之一,在选用贸易术语时,应考虑货物经由路线的运费收取情况和运价变动趋势。一般来说，当运价看涨时，为了避免承担运价上涨的风险，可以选用由对方安排运输的贸易术语成交，如按C组术语进口，按F组术语出口。在运价看涨的情况下，如因某种原因不得不采用由自身安排运输的条件成交，则应将运价上涨的风险考虑到货价中去，以免遭受运价变动的损失。

（四）考虑运输方式

不同的贸易术语都有其所适用的运输方式，如FOB、CFR、CIF只适用于海运和内河航运，而FCA、CPT和CIP能适用各种运输方式。不顾贸易术语所适用的运输方式，而盲目地选用，则会给交货带来诸多不便，严重的可致使贸易的某一方陷入困境并遭受损失。目前由于集装箱运输和多式运输的广泛运用，使贸易术语的选用由以前传统的FOB、CFR、CIF发展到现在的FCA、CPT和CIP。

（五）考虑海上风险程度

在国际贸易中，交易的商品一般需要通过长途运输，货物在运输过程中可能遇到各种自然灾害、意外事故等风险，特别是当遇到战争或正常的国际贸易容易遭到人为障碍与破坏的时期和地区，则运输途中的风险更大。因此，买卖双方洽商交易时，必须根据不同时期、不同地区、不同运输线路和运输方式的风险情况，并结合购销意图来选用适当的贸易术语。

（六）考虑办理进出口货物结关手续的难易

在国际贸易中，关于进出口货物的结关手续，有些国家规定只能由结关所在国的当事人安排或代为办理，有些国家则无此项限制。因此，当某出口国政府当局规定，买方不能直接或间接办理出口结关手续时，则不宜按EXW条件成交；若进口国当局规定，卖方不能直接或间接办理进口结关手续，此时则不宜采用DDP。

综上所述，选用贸易术语要考虑的因素是多方面的，我们应根据不同贸易对象、不同商品、不同贸易条件，全盘考虑，最终选择出能维护企业和国家最大利益的贸易术语。

二、《2010年通则》对我国贸易从业者的指导意义

作为全球经贸界广泛采用的国际贸易规则，Incoterms 2010中的术语每天被大量应用于全球贸易实务操作中。然而遗憾的是，很多企业由于对该通则缺乏正确理解，错误引用某些术语，从而导致了不必要的损失及争议。为正确运用通则中的术语，需注意以下几点：

（一）选择适当的贸易术语

贸易术语的选择是把双刃剑，所选术语不仅要适合于合同标的、运输方式，更重要的是要适合于各方当事人是否有意将更多的责任赋予到对方身上，比如哪方安排运输、办理保险等责任。因此，在选用贸易术语时，除了考虑经济利益以外，还应考虑当事人自身其他方面条件，比如是否能租到合适的船等。

（二）在买卖合同中注明适用“Incoterms © 2010”

虽然Incoterms 2010已于2011年1月1日生效，但是并非意味着Incoterms 2000就自动作废。因为国际贸易惯例本身不是法律，对当事人不产生必然的强制约束力，它在适用的时间效力上并不存在“新法取代旧法”的说法。当事人在订立贸易合同时仍然可以选

择适用 Incoterms 2000。另外，Incoterms 2010 是 ICC 已在很多国家注册的驰名商标，因此，如果贸易当事人欲接受新通则的约束，应当在合同中的贸易术语和指定地点之后附“Incoterms © 2010”这一形式构成一个整体符号，这是新通则区别于旧版通则的标志。

（三）《2010 年通则》不能代替货物买卖合同条款

与以往版本的《通则》一样，《2010 年通则》只限于有形货物销售合同当事人的权利义务中与交货有关的事项，包括货物的进出口清关、货物的包装、买方受领货物的义务以及提供履行各项义务的凭证等。但是，货物买卖涉及的当事人的权利义务远不止于此，还包括诸如标的物描述、货物运输和保险、价格和支付、货物所有权和其他产权的转移、违约、违约行为的后果以及某些情况下的免责等。为此，当事人不应期望《通则》能解决与货物买卖有关的所有问题，而应通过在合同中详尽列明各项条款来明确双方的权利义务。

（四）尽可能对地点和港口作详细说明

贸易实践中，买卖双方只有在完全理解各种贸易术语的解释后，才能在综合考虑运输方式、成本、风险、货物控制权和港口条件等因素的基础上选用适当的贸易术语。与以往版本不同的是，《2010 年通则》特别强调买卖双方要尽可能地在合同中明确具体交货地点，对港口或地区写得尽量确切，才更能凸显国际贸易术语的作用，使选用的贸易术语发挥作用。

此外，在《2010 年通则》指导性解释下，货物的买方、卖方和运输承包商有义务为各方提供相关资讯，知悉涉及货物在运输过程中能否满足安检要求，此举将帮助船舶管理公司了解船舶运载的货物有否触及危险品条例，防止在未能提供相关安全文件下，船舶货柜中藏有违禁品。新通则亦因应国际贸易市场的电子货运趋势，指明在货物买卖双方同意下，电子文件可取代纸张文件。

（五）重视“使用指南”选择合适的贸易术语

每种术语的使用指南都对买卖双方如何选择合适的术语有较清晰的指导，比如选用贸易术语要考虑所采用的运输方式和货物的种类（是否是集装箱货物）等。买卖双方除了要熟悉每种术语下双方责任义务的规定外，不要忽视了使用指南。

（六）具体实务操作中风险划分的问题

此次修订删除了传统术语下的船舷界限，但在装运港作业时的意外风险仍可能存在，那么风险如何划分的所谓临界点的问题仍不可避免。新版本意图将具体问题留待当事人自行解决，这就需要双方在订立合同时要考虑到该问题，必要时可在协商的基础上另行规定双方认可的风险界点。

（七）国际货物多式联运对贸易术语选择的具体影响应予以考虑

集装箱在国际物流中越发充当主流角色，很多货物即便使用海洋运输方式也往往在集装箱堆场或者货运站进行交接，甚至进行“门到门”的交接。因此，新版本删除了 DEQ、DES，而增加了 DAT 和 DAP。对于进出口商来说，尤其是欧盟成员国之间的进出口货物贸易，可多采用 D 组的术语以便更加明晰风险和费用，毕竟在 C 组的术语中始终存在两个临界点，即风险和费用的临界点分别在装运地和目的地。

第四章　商品的品名、品质、数量和包装

重点难点

(1)掌握品名、品质的基本知识以及国际货物买卖中表示品名、品质的方法。

(2)掌握订立国际货物买卖合同中的品名、品质技巧和注意事项。

(3)掌握数量和包装的基本知识。

(4)掌握计算单位和计量方法、包装分类及包装标志的相关知识。

(5)掌握订立国际货物买卖合同中数量和包装条款的技巧和注意事项。

第一节　商品的品名和品质

案例导入 11

我某食品进出口公司向意大利某客商出口苹果酒一批,CIF 条件,不可撤销即期信用证付款。国外开来信用证上货名描述为"Apple Wine",于是我方为单证一致起见,所有单据上均填写为"Apple Wine"。不料货到国外后遭意大利海关扣留罚款,因该批酒的内、外包装上均写为"Cider"字样。外商因此要求我方赔偿其罚款损失。

请问:我方对此有无责任?

一、商品的品名

商品的品名(Name of Commodity),是指能使某种商品区别于其他商品的一种称呼或概念。商品的品名在一定程度上体现了其自然属性、基本用途以及性能特征。商品的品名与商标实际上既有联系,又有区别,不能混为一谈。因此,恰当地选择和运用命名方法是非常重要的。

商品的品名必须有明确的描述,根据《公约》的规定,若卖方交付货物不符合约定的品名或说明,买方有权提出损害赔偿要求,直至拒收货物或撤销合同。

(一)品名条款的规定方法

1.直接规定商品的品名,如大米、小麦等。

2.为了明确起见,也可在商品品名前加具体的品种、等级或型号等概述性描述词,如

一级籼米、TR－3U－AE27/B255W 节能灯等。

(二)规定品名条款的注意事项

1.品名条款的内容必须明确、具体，避免空泛、笼统。如电视机不能简称为家用电器、衬衫不能简称为服装、汽车玩具不能简称为玩具。

2.条款中规定的品名，必须是卖方力所能及而买方需要的商品，凡是做不到或不必要的描述性词语，都不应加入。

3.尽可能使用国际通用的名称，若使用地方性的名称，交易双方应事先达成共识。同一商品在一个国家的不同地区名称不同，更不要说在不同的国家了。例如蔬菜中，椰菜学名结球甘蓝，其别名有洋白菜、卷心菜、圆白菜、包菜、茴子白等。对于凭样品或实物交货还好说，对于凭文字说明交货的商品，使用的名称要尽可能规范。

4.注意选用合适的品名，以利于减少关税、方便进出口和节省运费开支。如工艺品出口，采用的原材料多种多样，若名称不同，报关时征税有可能不同。

二、商品的品质

商品的品质(Quality of Goods)，是指商品的内在素质和外观形态的综合，前者包括商品的物理性能、机械性能、化学成分和生物特征等自然属性；后者包括商品的外形、色泽、款式和透明度等。

根据《公约》的规定，卖方交货必须符合约定的质量，若卖方的交货不符合约定的品质条件，买方有权要求赔偿损失，也可要求修理或交付替代货物，甚至拒收货物和撤销合同。

(1)表示商品品质的方法

在国际贸易中，由于交易的商品种类繁多，特点各异，加上市场交易习惯各不相同，因而表示品质的方法多种多样，概括起来主要有以下两种，归纳如表 4.1 所示。

表 4.1 表示商品品质的方法

大类	细类	适用商品
以实物表示	看货买卖	只适合具有独特性质的商品，如珠宝、首饰等
	凭样品买卖	难以规格化和标准化的商品，如工艺品等
以说明表示	凭规格买卖	大多数商品，尤其是能用科学的指标说明其质量的商品
	凭等级买卖	能用科学指标说明其质量的商品
	凭标准买卖	能用科学指标说明其质量的商品
	凭商标或牌号买卖	品质稳定的工业制造品或经过科学加工的初级产品，拥有名优商标或品牌
	凭说明书和图样买卖	技术性能复杂的制成品
	凭产地名称买卖	具有地方风味和特色的产品

1.以实物表示的品质

国际贸易中，表示商品品质的方法主要是该商品的性质、特点以及该商品品质在国际贸易中的习惯表示。总的来说，可以分为两大类：

(1)看货买卖

若买卖双方根据成交货物的实际品质进行交易，通常是先由买方或其代理人在卖方所在地验货，达成交易后，卖方即应按验看过的货物交付。只要卖方交付的是验看过的货物，买方就不得对货物的品质提出异议。看货买卖多用于寄售、拍卖和展卖等贸易业务中。

(2)凭样品买卖

样品通常是指从一批货物中抽出来的或由生产、使用部门设计、加工出来的，足以反映和代表整批货物质量的少量实物。凡以样品表示商品质量并以此作为交货依据的买卖，又称为凭样品交货。凭样品买卖适用于工艺品、服装、土特产品、轻工业品等商品的买卖。根据提供样品者的不同，可以分为以下三类：

①凭卖方样品成交。当样品由卖方提供时，称为“凭卖方样品成交”。

凭卖方样品成交时，卖方选择的样品品质应具有充分的代表性，并以此样品提供给买方。首先，将样品即原样，或称标准样品送交买方的同时，应保留与送交样品质量完全一致的另一样品，即留样对之用。其次，卖方应在原样和留存的复样上编制相同的号码，注明样品提交买方的具体日期，以便日后联系、洽谈交易时参考。最后，留存的复样应妥善保管，对于某些易受气候环境影响而改变质量的样品，还应采取适当的措施，诸如密封、防潮、防虫、防污染等，储藏保存好，以保证样品质量的稳定。

②凭买方样品成交。当样品由买方提供时，称为“凭买方样品成交”。在我国也称为“来样成交”或“来样制作”。买卖合同中应订明：品质以买方样品为准，卖方所交整批货的品质，必须与买方样品相符。

③凭对等样品成交。在实际业务中，为避免日后履约困难，卖方可以根据买方的来样仿制或选择质量相近的自产品作为样品提交买方确认，这种经确认后的样品即“回样”或称“对等样品”，也称“确认样品”，而并不直接按买方样品成交。买方一旦确认以“回样”或“对等样品”作为双方交易的依据，就等于把“凭买方样品成交”变成了“凭卖方样品成交”。实际上，对等样品改变了交易的性质，使卖方处于较有利的地位。

在出口业务中，凡以买方样品作为交接货物的品质依据时，为防止发生意外纠纷，一般还应在合同中明确规定，如果发生由买方来样引起的工业产权等第三者权利问题，与卖方无关，概由买方负责等内容。样品无论是由买方提供，还是由卖方提供，一经双方确认便成为履行合同时交接货物的品质依据。因此。一些质量稳定、容易掌握的产品可以采用凭样品销售，而一些质量不易稳定的产品以及某些交货质量无法与样品绝对相同的产品，如木材、煤炭、矿产品等天然品则不宜使用凭样品销售。对于那些必须采用凭样品销售，而在某些制造、加工技术上确实有困难，难以做到货样一致或无法保证批量生产时质量稳定的产品，则应在订立合同时特别规定一些弹性条款。例如，“质量与样品大致相同”，或“质量与样品近似”。

由于卖方对目标市场的需求状况熟悉，卖方提供的样品往往更能直接地反映出当地消费者的需求。买方出样在我国对外贸易中时有采用，但在确认按买方提交样品成交之前，卖方应充分考虑该样品所代表的货物在原材料、加工生产技术、设备和生产时间安排等方面的可行性，以防止日后交货的困难。

为了避免买卖双方在履约过程中产生质量争议，必要时还可以使用封样，即由第三方或商检部门或公证机构在一批产品中抽取同样质量的样品若干份，每份样品采用铅丸、钢卡、封条、封识章、不干胶印纸以及火漆等各种方式加封识别，由第三方或公证机构留存一份备案，其余供当事人使用。有时，封样也可以由出样人自封或买卖双方会同加封。在当前的国际贸易中，有一些样品往往只是被用来反映某种产品的一个或几个方面的质量指标而不作为全部质量的反映。如，只表示商品色彩的色彩样品，表示纺织品质地、花样款式的花样款式样品等，该商品其他的质量内容则通过文字说明来补充。卖方将根据样品及文字说明的品质内容，提交买方确认，凭以成交，并作为日后制作成品、履行交货义务的品质依据。

2.以说明表示的品质

(1)凭规格买卖

商品规格是指用来反映商品品质的主要指标，如成分、含量、纯度、大小、长短、粗细、容量、性能等。由于各种商品有其特定的结构和用途，所以规格也各不相同。用规格确定商品的品质而进行的交易，称为“凭规格销售”。这种方法简明、方便、准确、具体，在国际贸易中广泛使用。

例	漂白棉布	纱支	30 支×36 支
		密度	72×69
		幅阔	38 英寸×121.5 码
例	我国出口大米	水分	≤1%
		碎米粒	≤35%
		杂质含量	≤1%

(2)凭等级买卖

商品等级是指同一类商品，按其质地的差异，或尺寸、形状、重量、成分、构造、效能等的不同，用文字、数字或符号所做的分类。如大、中、小；重、中、轻；一、二、三或 1、2、3；甲、乙、丙；A、B、C 等。这种表示商品品质的方法，对简化手续，促进成交和体现按质论价等方面都有一定的作用。但应当说明的是，由于不同等级的商品具有不同的规格，当双方对等级内容不熟悉时，最好明确每一等级的具体规格，以便于履行合同和避免争议。当然，在交易双方都熟悉每个级别的具体规格或理解一致时，则只需列明等级即可。

例 出口鲜鸡蛋，蛋壳呈浅棕色、清洁，品质新鲜，大小均匀。

特级	每枚蛋净重 60～65 克
超级	每枚蛋净重 55～60 克
大级	每枚蛋净重 50～55 克
一级	每枚蛋净重 45～50 克
二级	每枚蛋净重 40～45 克
三级	每枚蛋净重 35～40 克

(3)凭标准买卖。商品标准是指货物规格的标准化。例如，买卖德国工业品时，常常使用《德国工业品标准》；买卖美国小麦时，往往使用美国农业部指定的小麦标准。

需要指出的是，在国际贸易中，有些农副土特产品及水产品的品质变化较大，难以确定统一的标准，一般采用"良好平均品质"和"上好可销品质"来表示。所谓"良好平均品质"，是指在一定时期内某地出口货物的平均品质水平，一般是指中等货。所谓"上好可销品质"，是指卖方必须保证其交付的货物品质良好，合乎销售条件，在成交时无须以其他方式证明产品的品质。但是，这种方法有些抽象笼统，在执行中容易引起争议，因此应尽量少用。

我国许多产品有国家标准或部颁标准，如我国出口的生丝规定有6A、5A、4A、3A、2A、A、B、C、D、E、F、G12个品级。在进出口业务中，我们应根据具体情况，并权衡利弊，采用国际上通行的标准或我国自己规定的标准。

(4)凭商标或牌号销售买卖

牌号是指厂商或销售商所生产或销售产品的品牌；商标则是牌号的图案化，是特定商品的标志。在国际贸易中，市场上行销已久、质量稳定、信誉良好，并为买方或消费者所熟悉喜爱的产品，可以凭牌号或商标来规定商品品质，这种方法称为"凭牌号或商标买卖"。如红双喜乒乓球拍、中华牌香烟、欧米茄手表等。凭牌号或商标销售，通常是凭卖方的产品或包装上使用买方指定的牌号或商标，这就是"定牌"。使用定牌，卖方可以利用买方的经营渠道和声誉，提高售价并扩大销售量。

(5)凭说明书和图样买卖

在国际货物买卖中，有些机器、电器、仪表、大型设备、交通工具等技术密集型产品由于其结构复杂，制作工艺不同，无法用样品或简单的几项指标来反映其品质。对于这类产品，买卖双方除了要规定其名称、商标、牌号、型号等之外，通常还必须采用说明书来介绍该产品的构造、原材料、产品形状、性能、使用方法等，有时还需附上图样、图片、设计图纸、性能分析表等用来完整说明其具有的品质特征。

(6)凭产地名称买卖

有些国家或地区的产品，尤其是一些传统农副产品，具有独特的加工工艺，在国际上享有盛誉，对于这类产品的销售，可以采用产地名称来表示其独特的品质和信誉。如以一个国家为名称的"法国香水""德国啤酒""中国梅酒""泰国香米"；以某个国家的某一地区为名称的"中国东北大米"；以某个国家某一地区的某一地方为名称的"四川榨菜""绍兴花雕酒""庐山云雾茶"等。这些名称不仅标注了特定产品的产地，更重要的是无形中对这些产品的特殊质量和品位提供了一定的保障。

在实际交易中，用文字说明规定商品品质的方法，常常与凭样品表示商品品质的方法结合使用。这样，卖方既要承担交货品质符合文字说明的规定，又要承担样品品质完全一致的责任。

(二)规定品质条款的注意事项

1.品质条款必须明确、具体、切合实际

在品质条款中，一般要写明商品的名称和具体品质。但由于表示品质的方法不同，合同中品质条款的内容也不尽相同。在凭样品销售时，合同中除了要列明商品的名称外，还应订明凭以达成交易的样品的编号,必要时还要列出寄送和确定的日期。在凭文字说明销售时,则针对不同交易的具体情况,在买卖合同中明确规定商品的名称、规格、等级、标准、牌号、商标或产地名称等内容。在以图样和说明书表示商品品质时,还应在合同中列明图样、说明书的名称、份数等。

国际货物买卖合同中的品质条款是买卖双方交接货物时的品质依据。按照《联合国国际货物销售合同公约》第 35 条的规定,卖方所交货物的质量如果与合同规定不符,卖方要承担违约责任,买方则有权对由此而遭受的损失向卖方提出索赔或解除合同的要求。为了防止纠纷的发生,合同中的品质条款应尽量做到具体,避免笼统含糊。在规定品质指标时尽量不用诸如“大约”“左右”“合理误差”等含义不清的用语,所涉及的数据应力求明确,而且要切合实际,避免订得过高、过低、过繁或过细。

2.品质条款应注意必要的灵活性和科学性

在国际贸易中,卖方交货品质必须严格与买卖合同规定的品质条款相符。但是,某些产品由于生产过程中存在着自然损耗以及受生产工艺、产品本身的特性等诸多因素的影响,难以保证交货品质与合同规定的内容完全一致。为此,订立合同时可在品质条款中规定一些灵活条件。常见的规定方法有以下两种。

(1)质量机动幅度

质量机动幅度是指对特定质量指标在一定幅度内可以机动。它主要适用于初级产品,以及某些工业制成品的质量指标的确定。规定质量机动幅度主要有以下三种方法。

①规定范围。例如,面部幅阔 35/36 英寸,而布的幅阔只要在 35 英寸(1 英寸=2.54cm,后同)到 36 英寸的范围内,都算符合要求。

②规定极限。对有些产品的品质规格,表明上下极限的字样,如最大、最多、最高和最小、最少、最低。例如,东北大豆,水分<15%,含油量>17%,不完善<7%,杂质<1%。

③规定上下差异。例如,C708 中国灰鸭绒,含绒量为 90%,允许±1%。

(2)品质公差

品质公差是指允许交付货物的特定质量指标有在公认的一定范围内的差异。在工业品生产过程中,对产品的质量指标产生一定的误差有时是难以避免的,如手表走时每天误差若干秒;某一圆形物体的直径误差若干毫米。这种误差若为某一国际同行业所公认,即成为“品质公差”。

对于国际同行业公认的“品质公差”,可以不在合同中明确规定。但如果国际同行业对特定指标并无公认的“品质公差”,或者买卖双方对“品质公差”理解不一致;或者由于生产原因,需要扩大公差范围时,也可在合同中具体规定品质公差的内容,即买卖双方共同认可的误差。

卖方交货质量在质量机动幅度或品质公差允许的范围内,即可以认为交货质量与合同相符,买方无权拒收,并且一般均按合同单价计价,不再另做调整。但有些产品,也可按交货时的质量状况调整价格,这时就必须在合同中规定质量增减价条款。

3.正确运用品质的表示方法

(1)根据商品的特性选择商品品质的表示方法

品质条款的内容,必然设计商品品质的表示方法。而究竟采用何种表示方法,应根据商品的特性而定。一般来说，凡能用具体的指标说明商品品质的，则适合采用凭规格、等级或标准销售；有些难以规格化和标准化的商品，如手工制作的工艺品等，则适合于凭样品销售；某些质量好并具有一定特色的名优产品，适于凭商标或牌名销售；某些性能复杂的机器、电器和仪表，则适于凭说明书和图样销售；而具有地方风味和特色的产品，则可凭产地名称销售。以上这些表示品质的方法，不能随意滥用，而应当进行合理选择。此外，凡能用一种方法表示商品品质的，一般就不宜用两种或两种以上的方法来表示。如同时采用凭样品和凭规格销售，则要求交货品质既要与样品一致，又要符合约定的规格，给履行合同带来一定的困难。

(2)依据科学性和合理性规定品质条件

为了便于合同的履约和维护自身的利益，在规定品质条件时，应注意其科学性和合理性。一是要从实际出发，根据需要和可能，实事求是地确定品质条件，防止品质偏高或偏低；二是要合理地规定影响品质的各项重要指标，凡影响商品品质的重要指标应将其订明，不能遗漏，对于次要指标，则可以少列入，对于与品质无直接关系的内容，则不宜列入，以免烦琐；三是要综合考虑，注意各项指标之间的内在联系和相互关系，保持它们之间的一致性，避免由于某一项指标的规定不科学或不合理而影响其他指标，造成不应有的损失。

(3)明确确定商品品质的标准及检验标准

采用文字说明表示商品的品质时，大多数是通过定量技术指标说明商品的品质，如果采用的检验方法不同或检验的条件不同，其检验结果可能不同。如果贸易合同对商品品质的标准或方法没有说明，就可能引起买卖双方的误解，有时给外商可乘之机。

第二节　商品的数量

案例导入 12

我某农工商贸易公司经意大利一华侨介绍，从意大利某公司进口尿素，数量为 30 万公吨，单价为 USD169/公吨 CIF 厦门，允许溢短装 10%。而货到达目的港后，发现卖方共装运了 40 万公吨。

请问按《公约》规定，对卖方多交的 7 万公吨尿素，我方可以如何处理？

数量条款也是合同中的主要条款。如果说品质条款是按质交货的话，那么数量条款则要求卖方按量交货。它约定了买卖双方所交易的商品数量。而交易商品数量的多少，直接关系到商品成交总价值的大小，涉及买卖双方的利益。

《公约》第 51 条、第 52 条对买方能主张的权利和卖方需承担的责任都作了明确的规定：

如果卖方交货数量大于合同规定的数量，买方可以收取也可以拒收多交部分的货物。如果买方收取多交部分货物的全部或一部分，买方必须按合同价格付款。

如果卖方交货数量少于约定数量或交货数量中只有一部分符合合同规定，卖方应在规定的交货期届满前补交，但不得使买方遭受不合理的不便或承担不合理的开支，即使如此，买方也有保留要求损坏赔偿的权利。

一、国际贸易中的计量单位

在国际贸易中，由于商品的种类、特性和各国度量衡制度的不同，所以计量单位和计量方法也多种多样。了解各种度量衡制度、熟悉各种计量单位的特定含义和计量方法是十分重要的。

(一)常用的度量衡制度

1.米制(The Metric System)又称为公制，由法国 18 世纪最早使用，它以十进位制为基础，“度量”和“衡”之间有内在的联系，相互之间的换算比较方便，因此，使用范围不断扩大。

2.英制(The British System)曾在世界上有较大的影响，特别是在纺织品等交易中，但由于它不是采用十进制，换算很不方便，“度量”和“衡”之间缺乏内在联系，因此，使用范围逐渐减小。

3.美制(The U.S. System)以因客观之二为基础，多数计量单位的名称与英制相同，但含义有差别，主要体现在重量单位和容量单位中。

4.国际单位制(The International System of Units，SI)是 1960 年国际标准计量组织大会通过的，是在米制的基础上发展起来的，已为越来越多的国家所采用，它有利于计量单位的统一，标志着计量制度的日趋国际化和标准化，从而对国际贸易的进一步发展起到了一定的推动作用。

我国采用的是以国际单位制为基础的法定计量单位。《中华人民共和国计量法》第 3 条明确规定：“国家采用国际单位制。国际单位制计量单位和国家选定的其他计量单位为国家法定计量单位。”在对外贸易中，出口货物时，除合同有规定外，均应使用法定计量单位。一般不进口非法定计量单位的仪器设备。如有特殊需要，须经有关标准计量管理机构批准，才能使用非法定计量单位。

(二)计量单位

在国际货物中，通常采用的计量单位如下：

1.重量单位(weight)

主要有千克(Kilogram 或 kg)，克(gam 或 g)，吨(ton 或 t)，公吨(metric ton 或 m/t)，公担(quintal 或 q)，磅(pound 或 lb)，司(ounce 或 oz)，长吨(long ton 或 l/t)，短吨(short ton or s/t)。通常适用于一般天然产品以及部分工业制成品，如羊毛、棉花、谷物、矿山产品、油类、沙盐、药品等。

2.容量单位(capacity)

常用的有公升(litre 或 l)，加仑(gallon 或 gal)，蒲式耳(bushel 或 bu)等。一般适用于谷物类以及部分流体、气体物品，如小麦、玉米、煤油、汽油、酒精、啤酒、过氧化氢、天然瓦斯等。

3.个数单位(numbers)

包括件(piece 或 pc),捆(package 或 pkg),双(pair),台,套,架(set),打(dozen 或 doz),罗(gross 或 gr),大罗(great gross 或 gr),令(ream 或 rm),卷(roll 或 coil),辆(unit),头(head)。有些产品还可以按箱(case),包(bundle、bale),桶(barrel、drum),袋(bag),瓶(bottle)等计量。适用于一般日用工业制品,以及杂货类产品,如文具、纸张、玩具、成衣、车辆、活畜生等。

4.长度单位(length)

例如,码(yard 或 yd),米(mitre 或 m),英尺(foot 或 cm)。适用于纺织品、绳索、电线电缆等。

5.面积单位(area)

常见的有平方米(square metre 或 m^2),平方码(square yard 或 yd^2),平方英尺(square foot 或 ft^2),平方英寸(square inch 或 in^2)。主要适用于建材制品、皮质产品、塑料制品等,如地毯、玻璃、地板、皮革、铁丝网、塑料篷布等。

6.体积单位(volume)

例如,立方码(cubic yard 或 yd^3),立方英尺(cubic foot 或 ft^3),立方英寸(cubic inch 或 in^3),主要适用于化学气体、木材等。

二、国际贸易中计算重量的方法

在国际贸易中,使用的计量方法通常有 6 种:按重量计量;按容积计量;按个数计量;按长度计量;按面积计量;按体积计量。具体交易时究竟采用何种计量方法,要视商品的性质、包装、种类、运输方法以及市场习惯等情况而定。由于很多商品是采用按重量计量的方法,所以下面就重点介绍计算重量的方法。

(一)毛重

毛重(gross weight)指商品本身的重量加皮重(Tare),即包括包装材料重量的重量。在国际贸易中,有些低值产品常常以毛重作为计算价格的基础,称作“以毛作净”(Gross for Net)。

(二)净重

净重(Net Weight 或 Nt Wt)指毛重减去皮重后的重量,即商品的实际重量。在买卖合同中,如果商品是按重量计量或计价,但又未明确规定采用何种方法计算重量和价格时,根据惯例,应按净重计量。计算公式如下:

$$净重=毛重-皮重 \tag{4.1}$$

由净重的定义可以知道,毛重就是净重加上皮重。国际上计算皮重的方法有很多种,实际业务中,应根据产品的性质、使用包装的特点、合同数量的多少和交易习惯等,由当事双方先约定。例如:

1.按实际皮重(Real Tare 或 Actual Tare)计算。即取出该商品的所有包装材料后所称的重量。

2.按平均皮重(Average Tare)计算。在一批产品所使用的包装计较划一的情况下,抽出其中的若干件称其重量,然后以其平均值乘以全部商品的件数即得出全部皮重。20

世纪 80 年代以来，国际贸易中的产品包装用料和规格日益标准化，用平均皮重计算重量的做法已日益普遍。

3.按推定皮重(Computed Tare)计算。指按买卖双方事先约定的外皮重量计算全部商品的皮重。

4.按习惯皮重(Customary Tare)计算，有些产品包装的用料和规格比较标准化，其包装皮重已为市场所公认，无须一件一件地称重，只要按习惯的皮重乘以总件数即可。

(三)法定重量

法定重量(Legal Weight)指商品和销售包装加在一起的重量。有些国家的海关征收进口税时采用从量征收的方法，规定商品的重量必须包括直接接触产品的包装(如小瓶、小金属盒、纸盒等)材料在内。

(四)实物净重

实物净重(Net Net Weight)重，它是指从法定重量中扣除直接接触产品的包装物料的重量之后纯产品的重量。此种重量多为海关征收关税时计算之用。

(五)公量

公量(Conditioned Weight)指先用科学的方法从产品中抽出所含的实际水分，然后加入标准水分而求得的重量。这种计算方法较为复杂，主要用于羊毛、生丝、棉纱、棉花等少数容易吸潮，重量不太稳定而经济价值又较高的产品。国际上的通常做法是以该商品烘去水分后的重量(即干净重)加上标准的回潮率与干净重的乘积，其公式为：

$$公量=商品干净重+商品干净重\times标准回潮率 \quad (4.2)$$

$$商品干净重=商品的实际重量/(1+实际回潮率) \quad (4.3)$$

(六)理论重量

理论重量(Theoretical Weight)指对某些有固定规格、固定尺寸、重量大致相等的商品，以其单个重量乘其件数(或张数)而推算出来的重量，如马口铁、钢板等。

三、规定商品数量条款应注意的问题

(一)避免因度量衡制度不同而产生的争议

合同中的数量条款主要由交货的数量和计量单位两部分构成。按照《联合国国际货物销售合同公约》的规定，合同一经签订，卖方即按合同规定的数量交货。因此，在交易磋商和订立合同时，要特别注意所采用的度量衡制度。

如我国某出口公司在某次交易会上与外商当面谈妥出口大米 10000 公吨，每公吨 USD275 FOB 中国口岸，但我方公司招待签约时，合同上只笼统地写 10000 吨(ton)，我方当事人主观上认为合同上的“吨”就是公吨(Metric ton)。后来，外商来证要求按长吨(Long ton)供货。如果我方照证办理则要多付大米 160.5 公吨，折合美元为 44137.5 美元。于是，双方发生争执。

从以上案例可以看出，由于双方对数量条款中所使用的计量单位“吨”的理解不一致而发生争议。由此可见，数量条款中涉及的每一项内容都是十分重要的，是交易双方交接货物的依据。因此，在订立合同时，必须准确明确订明数量条款的各项内容。

（二）合理规定数量的机动幅度

对于某些成交数量大、计算不易精确的商品，如小麦、大豆、玉米、煤炭、矿石、原油等，买卖双方一般要规定交货数量的机动幅度。数量的机动幅度也称溢短装条款，是指合同中明文规定卖方交货时允许多交或少交合同数量的一定百分比。比如："5000M/T，with 5% more or less at seller's option." 5000公吨，卖方可溢装或短装5%。规定溢短装条款应注意以下问题：

1.溢短装条款。即在合同中规定，准许卖方所交货物的数量有一定的机动幅度。实务中一般规定5%。

2.溢短装的选择权。一般情况下，在溢短装条款允许的机动幅度内多交或少交的数量是由卖方决定的，但在FOB或FAS条件下，也可以由派船的买方决定多装或少装的数量。例如，合同中规定：买方有权决定多交或少交2%（2% more or less at buyer's option）。

3.溢短装的计价。在数量机动幅度范围内，多装或少装的商品，一般都按价格计算，即多交多收，少交少收。但是，对于价格波动频繁且变化幅度较大的商品，为防止对方利用数量机动幅度故意增加或减少数量以谋取额外利益，签订合同时，可以明确规定增减部分以商品装运时国际市场的价格计算。否则，容易引起争议。

（三）正确使用或理解约数

"约数"是指在交易数量的前面加上一个"约"字（About，Circa，Approximately）。按照一般的交易习惯，有了"约数"，即允许卖方交货的数量与合同约定的数量之间可以有一定的差异。

根据《跟单信用证统一惯例》（UCP600）第30条A款的规定："凡'约''近似''大约'或类似意义的词语用于信用证规定的数量或单价时，应解释为允许对有关金额或数量或单价有不超过10%的增减幅度。"不过国际上对"约"数并没有统一的解释，有的解释为5%，有的解释为9.5%。为防止日后引起纠纷，交易双方洽商时，应先取得一致的理解，并且在合同中明确下来。

而对于散装货，若合同和信用证中未明确规定可否溢短装，可根据UCP600第30条A款的规定处理："只要信用证未注明货物以包装单位或个数计数，并且总支付金额不超过信用证金额，货物数量准许有5%的增减幅度。"

第三节　商品的包装

案例导入13

我某出口公司向芬兰客户出口杏脯1.5公吨，合同规定纸箱装，每箱15千克，内装15小盒，每小盒1千克。交货时，由于此种包装的货物短缺，于是我方将包装更改为每箱仍为15千克，但内装30小盒，每小盒0.5千克。货到目的港后，对方以包装不符为由拒绝收货。我方则认为数量完全相符，要求买方付款。

在国际货物贸易中，大多数商品都需要有一定的包装，以保护商品在流通和销售过程中质量完好、数量完整，并为货物的运输、交接和保管等环节的操作提供方便。而且，在现代化的国际市场经济下，商品对包装的依赖性也越来越强，包装本身的商品性也在不断增强，成为部门间买卖的对象。精美的销售包装，不仅在销售过程中能有效地保护商品，而且能美化商品。可以说，商品包装已成为实现商品生产、流通、销售乃至销售良性循环的目标的重要因素之一，而与此相应，包装的生产部门也成为重要的工业部门之一。

除了散装货（如煤炭、矿石、大豆等）和裸装货（如汽车、轮船、飞机、钢材等）外，商品一般都需要包装。根据在流通过程中所起的作用，包装可分为销售包装和运输包装两大类。

一、销售包装

销售包装（Selling Packing）又称内包装（Inner Packing）、小包装（Small Packing）、直接包装（Immediate Packing）或陈列包装（Packing for Display），是直接接触商品，随着商品进入零售市场并与消费者见面的一种包装。除了保护商品外，销售包装还具有便于消费者识别、选购、携带和使用的功能，更具有美化宣传和无声推销的作用，即具有保护、美化、宣传、促销产品等作用。

（一）销售包装的分类

1.挂式包装。该包装采用挂钩、网袋、吊袋设计，便于商品的悬挂、陈列和展销等。

2.便携式包装。该包装上有提手装置设计或附有携带包装，方便消费者携带，如5千克的大米袋等。

3.易开式包装。该包装带有手拉盖等设计的易拉罐、易开瓶和易开盒等，如啤酒罐、罐头等。

4.喷雾式包装。该包装带有自助喷出和关闭装置，对液体商品较适合，方便消费者使用，如香水、灭蚊水等。

5.堆叠式包装。采用包装的上边盖部和底部能吻合的造型设计以便商品堆叠陈列，节省包装。

6.配套包装。该包装将有关联的不同规格品种的商品搭配成套，如成套茶具包装盒等。

7.复用包装。除用作商品包装外，还可以提供消费者观赏、再使用等其他用途的包装。

8.礼品包装。该包装设计精美，专为送礼的包装，如名贵表、名贵酒等。

（二）销售包装的标志

在销售包装上，一般都附有装潢画面和文字说明，有的还印有条形码。对各种标志在设计和制作时有一定要求，具体如下：

1.包装的装潢画面：应力求美观大方，富有吸引力，突出商品的特点，其图案和色彩应适应有关国家和民族的规定。

2.文字说明：要与包装的装潢画面相协调，文字简明扼要。

3.条形码（Bar Code）：又称为物品条码（Product Code），是一种产品代码，它是由一组粗细间隔不等的平行线条及其相应的数字组成的标记。具体来说,就是在商品包装上打印上一组平行线条,下面配有数字的标记,一般是由一组黑白、粗细间隔不等的条纹所组成。这些线条与间隔空间表示一定的信息,通过光电扫描阅读装置输入相应的计算机网络系统,就可以准确地判断出该商品的产地、厂家、售价及商品的一些属性等一系列有关商品的信息。

目前,国际上通用的条码种类主要有两种:一种是美国统一代码委员会编制的 UCP 条码(Universal Product Code);另一种是由欧洲 12 国成立的欧洲物品编码协会,后改名为国际物品编码协会编制的 EAN 条码(European Article Number)。EAN 码由 12 位数字的产品代码和 1 位校验码组成。前 3 位为国别码,中间 4 位数字为厂商号,后 5 位数字为产品代码。目前使用 EAN 物品标识系统的国家(地区)众多,EAN 系统已成为国际公认的物品编码标识系统。物品条码在零售商业中,对于结算打单、缩短顾客等待时间、加快服务以及盘点存货和提高管理效益等方面,都有着良好的功能。采用这种技术,有利于发展国际贸易和实现现代化经营管理。因此,条码已成为商品能够流通于国际市场的一种通用的国际语言和统一编号,也是商品进入超级市场和大型百货商店的先决条件。

为了适应国际市场的需要和实现现代化管理,我国国务院于 1988 年批准成立了中国物品编码中心,该中心代表中国已于 1991 年 4 月正式加入国际物品编码协会,并成为正式会员,统一组织、协调、管理我国的条码工作。该协会分配给我国的国别号为"690、691、692"。凡销售包装上标有"690、691、692"国别代码的商品,即属我国生产的商品。

二、运输包装

运输包装(Shipping Package or Transport Packing)又称大包装(Giant Packing)、外包装(Outer Packing)。它是将商品装入特定容器,或以特定方式成件或成箱的包装。它具有保护商品安全,方便商品的装卸、储存或运输等作用。

(一)运输包装的分类

1.按包装方式分类,运输包装可分为单件运输包装和集合运输包装。单件运输包装是指在运输过程中作为一个计件单位的包装,可分为:箱(case),具体包括木箱、纸箱、板条箱、漏孔箱等,适合包装不能挤压的商品,如玻璃制品、水果等;包(bale、bundle),主要有棉布包、麻布包;袋(bag),常见的有麻袋、布袋、塑料袋、纸袋等;桶(drum、barrel),常用的有木桶、铁桶、塑料桶等。此外,还有瓶(bottle)、罐(can)、坛(demijohn、carboy)、篓(basket)、钢瓶(cylinder)、甏(jar)等。

集合运输包装是指将若干单件运输包装组合成一件大的包装,或装入一个大的包装容器内。常见的有集装箱(container)、托盘(pallet)、集装包和集装袋(flexible container)。集合运输包装适应运输和装卸现代化的要求,能更有效地保护商品,提高装卸效率,便于计算和节省仓租,减少运费。

2.按包装材料分类,包装可分为纸质包装、金属包装、塑料包装、木质包装、玻璃包装、陶瓷包装、复合包装等。

3.按包装层次分类,包装可分为外包装、中包装和小包装。如香烟、节能灯的包装。

(二)运输包装的标志

运输包装标志是指在商品的运输包装上用文字、图形、数字制作的特定记号和说明事项,用以提醒操作人员该货物的特性及在装卸、运输和保管货物的过程中应注意的问题。它也是某些货运单证上不可缺少的内容。包装标志按其作用不同,主要划分为运输标志、指示性标志和警告性标志。

1.运输标志

运输标志(Shipping Mark)又称唛头,是指书写、压印或刷制在外包装上的图形、文字和数字。运输标志通常由一个简单的几何图形和一些字母、数字及简单的文字组成,主要由以下基本内容组成:

(1)收/发货人名称的缩写或代号和简单的几何图形(也可以不用几何图形)。

(2)目的地或目的港的名称。如货物运至的目的地或目的港有同名的,还应注明所在国家或地区名称;如需经由某港口或某地转运的,还需标明转运地名称。

(3)件号,指本批每件货物的顺序号和总件数。有的运输标志还按照买方的要求列入合同号、发票号、信用证号、进口许可证号以及货物的花色、型号、色泽等有关内容。

完整的标准的运输标志举例如下:

ABC——收货人代号

1234——参考号

JAPAN——目的地

NO.1－400——件号

在制作运输标志时,应当注意:要简明清晰,易于辨认,选用的颜料要防止褪色、脱落;刷制部位要得当;不要加上任何广告性的宣传文字及图案。

2.指示性标志

指示性标志(Indicative Mark),又称“安全标志”“保护性标志”,是指示人们在装卸、运输和保管仓储过程中需要注意的事项,必须根据商品的特性提出,一般都是以简单、醒目的文字和图形在包装上标出,如图 4.1。

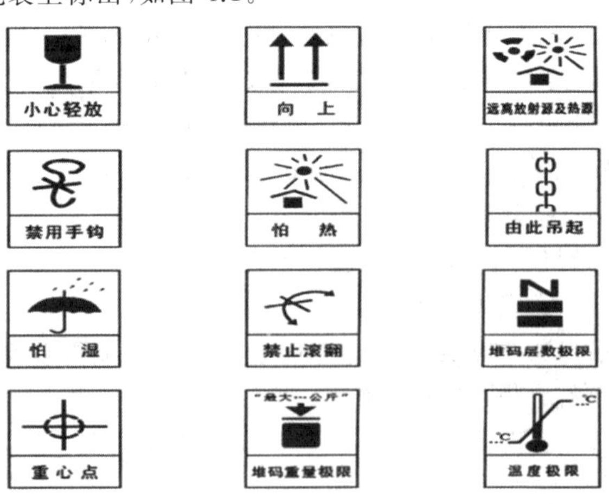

图 4.1　指示性标志图形

3.警告性标志

警告性标志(Warning Mark),又称危险品标志(Dangerous Cargo Mark),是指在装有易燃易爆品、腐蚀性物品、放射性物品等危险品的包装上刷制上一些提醒人们注意的图案、文字等,以示警告。国际海事组织制定的《国际海运危险货物规则》(简称《国际危规》)对危险品有专门的规定标志。《国际危规》规定,危险货物的所有标志均须满足至少三个月海水浸泡后,既不脱落又清晰可辨。有的国家在进口危险货物时,要求在运输包装上标打国际海事组织规定的危险品标志,否则,不准靠泊卸货。常见的警告性标志图形如图4.2所示。

图 4.2　常见的警告性标志

商品的运输包装除了刷制上述三种包装标志外,一般在运输包装上还刷制标有该件包装的毛重、净重、尺码和商品生产国别或地区。如

GROSS WEIGHT　　54kgs

NET WEIGHT　　52kgs

MEASUREMENT　　42×28×18

MADE IN CHINA

三、中性包装和定牌生产

(一)中性包装

中性包装(Neutral Packing)是指在商品上和内外包装上都不注明生产国别的包装、地名和厂名,也不注明原有商标和牌号,甚至没有任何文字,从而使商品来源不可识别。

中性包装有定牌中性和无牌中性之分。定牌中性是指在商品或包装上使用买方指定的商标或牌名,但不注明生产国别。无牌中性是指在商品和色装上均不使用任何商标或牌名,也不注明生产国别。

采用中性包装,是为了适应国外市场和交易的特殊需要。有助于出口商避开进口国家或地区的配额限制、关税壁垒和非关税壁垒等方面的一些歧视性、限制性乃至敌对性的贸易政策和贸易保护措施,达到扩大出口的目的。需要注意的是,采用中性包装,对于配额限制的商品和普惠制的受惠产品等不得使用,否则容易被对方指控,甚至进行贸易制裁,有关商品也会被对方没收。使用中性包装还要注意不违反与工业产权有关的法律和国际惯例。

(二)定牌生产

定牌生产是指买方要求卖方在出口商品或包装上采用买方指定的商标或牌名的做法。出口商采用定牌生产的目的是利用买方的经营能力及其商业信誉和品牌声誉,提高商品售价和扩大商品销路。但出口厂商应要求提供其得到合法授权或者是商标持有人的直接授权,以免发生侵权纠纷。需要注意的是, 除非另有约定,采用定牌生产时,在我国出口商品或包装上均须标明"中国制造"字样。

四、规定包装条款应该注意的问题

包装条款(Packing Clause)也称包装条件,主要包括包装材料、包装方式、包装费用和运输标志等基本内容。按照国际惯例和有关国家的法律规定,包装条款是买卖双方主要的交易条件之一。提供约定的或通用的货物包装,是卖方的主要义务之一。根据《联合国国际货物销售合同公约》第 35 条第(1)款的规定,"卖方须按照合同规定的方式装箱或包装"。卖方交付的货物,如未按合同规定的方式装箱或包装,就构成违约,必须承担相应的责任。

(一)包装的要求要考虑货物的特点和运输方式

对包装方式和包装材料的规定,一般是根据商品的性能、特点及采用的运输方式而定。如合同对包装事项无约定,则按《公约》第 35 条的要求,货物应按同类货物通用的方式装箱或包装;如果没有此种通用方式,则按足以保全或保护货物的方式装箱或包装。通常使用的有纸箱装、木箱装、麻袋装、铁桶装等。有时还须注明每件商品的重量或数量。如纸箱装,每箱 20 打。如有必要,还可注明内包装所采用的材料以及每件内包装所包含的数量,如木箱装,每箱 30 盒,每盒 1 套。

(二)包装的要求要明确具体

包装条款的规定必须明确、具体,不能含糊不清,不要笼统订有"适合海运包装"(Seaworthy Packing),"习惯包装"(Customary Packing)等术语,避免引起争议。

按照国际惯例,运输标志通常由卖方决定,且可不列入合同,或只订明"卖方标志",由卖方设计后通知买方。也可以由买方提供运输标志,但一般要在合同中规定买方提供的时间,如果超过此时间,卖方可自行决定。

(三)包装的费用要明确由谁负担

包装费用一般都包括在货价之内,不另计算。但如果买方提出特殊包装要求时,卖方也可以另算包装费用，一般由买方负担，并应在合同中具体订明。

（四）掌握各国对包装的具体要求

世界各国出于本国的环保和风俗习惯的要求，对包装的材料、大小、外观有一些不同的要求，交易双方必须准备掌握。如输往伊斯兰国家的商品，必须尊重他们的宗教信仰；出口到美国、澳大利亚的商品，对木质包装必须经过熏蒸处理。

第五章　商品的价格

重点难点

(1)进出口商品价格的构成。
(2)影响价格变化的因素。
(3)进出口商品作价方法。
(4)计价货币的选择。
(5)出口商品成本的核算方法。
(6)佣金与折扣的运用。

第一节　商品价格概述

案例导入 14

在国际贸易中,美元始终占据着主导地位,但欧元自诞生以来获得了巨大的空间。在我国进出口业务中,计价货币尽量选择进口用软货币,出口用硬货币。

请问:这是为什么?

一、商品价格的构成

在进出口货物贸易中,价格构成是制定进出口价格的基础和依据。运输距离的远近、交易条件的差别都是影响进出口商品价格的基本因素。同时,还必须详细考虑到货物在转移过程中可能发生的各项费用。

(一)出口价格的构成

出口价格一般包括商品成本、出口费用和预期利润三部分。

1.商品成本

出口商品的成本通常称原价或基价,一般是制造工厂交货价或仓库交货价,或者是专业出口商的购货成本,包括生产成本、加工成本和购货成本。生产成本指制造商生产某一产品所需的投入。加工成本指工厂对成品或半成品进行加工所需的成本。购货成本是贸易商向生产商购进商品的成本,也称进货成本,实际计算中应扣除出口退税收入。对出口商来讲，出口商品价格构成中主要是购货成本，因而其成为价格中的重要组成部分。

2.出口费用

出口费用是指货物从起运地到交付买方之前应由卖方支付的费用，是价格构成中最复杂的部分，通常包括国内费用和国外费用。具体有直接费用、间接费用、银行费用三部分。

(1)直接费用。国内费用有包装费、仓储费、国内运输费、认证费、港区港杂费、商检费、捐税(出口关税、增值税)，国外费用有出口运费、出口保险费、佣金等。

(2)间接费用指国内通信费、交通费、经营管理费等。

(3)银行费用指与每笔业务有关的银行利息、通知费、寄单费、电汇费、改证费等。

3.预期利润

预期利润指出口商出口每批商品想要达到的利润率或利润额。生产厂商自营出口，利润已包含在商品成本中；专业出口商在计算出口价格时要加上自己的预期利润。

在上面三项中，商品成本和预期利润是相对固定的，只有出口费用随商品转移过程中的变化而变化。

(二)进口价格构成

进口价格一般由原价、进口费用和预期利润三部分构成。原价和进口费是进口价格的基础。

1.原价

原价一般指卖方的报价，也称为基价。进口价格有 FOB、CFR、CIF 等多种，一般以进口 CIF 价格计算，FOB 和 CFR 要分别加上运费及保险费。

2.进口费用

进口费用随商品转移而变化。卖方如按责任最大的 EXW 术语成交，则要承担从出口地把货物运到买方仓库的全部费用。其中一部分责任及费用与出口费用相同。货物到达目的港后，买方一般承担的费用有以下几项：

(1)卸货费。货物用吊装机械从船上卸到岸上或驳船上的费用，但班轮运输已包含在运费中。

(2)上岸费用。由驳船运往岸上或码头仓库的费用。

(3)报关费。如缴纳进口关税、海关手续费等。

(4)进口地检验费用。

此外，进口费用还包括利息费、邮电费和其他杂费。

二、影响价格的各种具体因素

(一)商品的质量和档次

在国际市场上，一般都贯彻按质论价的原则，即好货好价、次货次价。品质的优劣，档次的高低，包装装潢的好坏，式样的新旧，商标、品牌的知名度，都会影响商品的价格。商品的知名度及包装装潢，有时对商品的价格有很大影响。

(二)运输距离

进出口货物买卖，一般要经过长途运输。运输距离的远近，影响运费和保险费的开支，从而影响商品的价格。因此，确定商品价格时，必须认真核算运输成本，做好比价工作，以体现地区差价。

（三）交货地点和交货条件

在进出口贸易中，由于交货地点和交货条件不同，买卖双方承担的责任、费用和风险有别，在确定进出口商品价格时，必须考虑这些因素。例如，同一运输距离内成交的同一商品，按 CIF 条件成交同按 DAT 条件成交，其价格应当不同。

（四）季节性需求的变化

在国际市场上，某些节令性商品，如赶在节令前到货，抢行应市，即能卖上好价。过了节令的商品，往往售价很低，甚至以低于成本的"跳楼价"出售。因此，我们应充分利用季节性需求的变化，掌握好季节性差价，争取按对我方有利的价格成交。

（五）成交数量

按进出口贸易的习惯做法，成交量的大小影响价格。即成交量大时，在价格上应给予适当优惠，例如采用数量折扣的办法；反之，如成交量过少，甚至低于起订量时，则可以适当提高售价。不论成交多少，都是同一个价格的做法是不当的，我们应当掌握好数量方面的差价。

（六）支付条件和汇率变动的风险

支付条件是否有利和汇率变动风险的大小，都会影响商品的价格。例如，同一商品在其他交易条件相同的情况下，采取预付货款和凭信用证付款的方式下，其价格应当有所区别。同时，确定商品价格时，一般应采用对自身有利的货币成交，如采用对自身不利的货币成交时，应当把汇率变动的风险考虑到货价中去，即适当提高出售价格或压低购买价格。

此外，交货期的远近、运输条件、佣金多少、支付货币、关税征收、市场销售习惯和消费者的爱好等因素，对确定价格也有不同程度的影响，我们必须通盘考虑和正确掌握。

三、进出口商品的作价方法

我国进出口商品的作价原则是在贯彻平等互利的原则下根据国际市场价格水平，结合国别（地区）政策，并按照购销意图确定适当的价格。进出口商品的作价方法如下：

1.固定价格。固定价格是指买卖双方在签订合同时，将货物的价格订死，不再变动。在合同中规定固定价格是国际贸易中最常见的做法，具有明确、具体、肯定和便于核算的特点，并可避免事后发生价格争议的可能性。

2.暂不固定价格。某些货物因其国际市场价格变动频繁，幅度较大，或交货期较长，买卖双方对市场趋势难以预测，但又确有订约的意愿，则可约定有关货物的品质、数量、包装、交货和支付等条件，对价格暂不固定，而约定将来如何确定价格的方法。

3.暂定价格。为避免价格风险，买卖双方在洽谈某些市价变化较大货物的远期交易时，可先在合同中规定一个暂定价格，待交货期前的一定时间，再由双方按照当时市价商定最后价格。

4.滑动价格。在国际上，有一些产品的生产周期较长，为了避免承担过大的价格风险，保证合同顺利履行，可采用滑动价格。所谓"滑动价格"，是指先在合同中规定一个基础价格，并在合同中订明调整价格的办法，交货时再确定最后价格。

四、计价货币的选择

计价货币(Money of Account)是指买卖双方约定用来计算价格的货币。如合同中的价格是用一种双方当事人约定的货币(如英镑)来表示的，没有规定用其他货币支付，则合同中规定的货币，既是计价货币又是支付货币。如在计价货币之外，还规定了用其他货币(如美元)支付，则美元就是支付货币。

在国际货物买卖中，计价货币与支付货币(Money of Payment)可以为同一种货币，也可以计价货币是一种货币，支付货币为另一种甚至另几种货币。这些货币可以是出口国的货币或进口国的货币，也可以是第三国货币，由买卖双方协商确定。在当前国际金融市场普遍实行浮动汇率制的情况下，买卖双方都将承担一定的汇率变化的风险。因此，作为交易的当事人，在选择使用何种货币时，就不能不考虑货币汇价升降的风险(即外汇风险)；另外，也要结合企业的经营意图、国际市场供需和价格水平等情况，作全面综合的分析，但须避免因单纯考虑外汇风险而影响交易的正常进行。

一般进出口贸易业务中，在选择计价货币时，要考虑货币的可兑换性和货币的稳定性两个因素。计价货币一般要选择可自由兑换的货币，比如美元、欧元、英镑、日元、瑞士法郎、加元等，其中多数以美元为计价货币。选用计价货币时，应充分考虑汇率波动所带来的风险，尽量选择对自己有利的货币。因此，任何一笔交易，在选择计价货币时都必须在深入调查研究的基础上，结合交易习惯、经营意图而定。

一般原则是，在出口业务中，一般应尽可能争取多使用从成交至收汇这段时期内汇价比较稳定且趋势上浮的货币。即容易升值的币种，所谓“硬币”或称“强币”。相反，在进口业务中，则应争取多使用从成交至收汇这段时期内汇价比较疲软且币值有下浮趋势的货币，即容易贬值的币种，所谓“软币”或称“弱币”。

为了达成交易而不得不采用于己不利的货币成交，则可采用下述两种措施补救。第一，根据该种货币今后可能的变动幅度，相应调整对外报价。第二，在可能条件下，争取订立保值条款。在当前很多国家普遍使用浮动汇率的情况下，交易双方签订买卖合同时，可以约定合同货币与其他一种货币的汇率，付款时，若汇率发生变动，即按比例调整合同价格，以避免计价货币汇率变动带来的风险。

五、合同中价格条款的拟定

合同中的价格条款，一般包括商品的单价和总值两项基本内容，而且确定单价的作价办法与单价有关的佣金与折扣的运用，也属价格条款的内容。国际贸易中商品的价格，通常是指单位商品的价格，简称单价(Unit Price)。在进出口业务中使用的单价比国内贸易中使用的单价表述要复杂一些，包括计价货币、单位价格金额、计量单位和贸易术语。

商品总值是指商品单价与成交商品数量的乘积，它是指一笔交易的货款总金额。进出口合同价格条款中的总值与单价所使用的货币，应当是一致的。如：

“USD300 per piece CIF Tokyo”(每件300美元CIF东京)

“GBP218 per metric ton FOB Guangzhou”(每公吨218英镑FOB广州)

为了使价格条款的规定明确合理,必须注意下列事项:

(1)根据国际市场行情,合理确定商品的单价,防止偏高或偏低。

(2)根据船源、货源等实际情况,选择适当的贸易术语。

(3)争取选择有利的计价货币,必要时可加订保值条款。

(4)灵活运用各种不同的作价办法,尽可能避免承担价格变动的风险。

(5)参照国际贸易的习惯做法,注意佣金和折扣的合理运用。

(6)如交货品质、交货数量有机动幅度或包装费另行计价时,应订明机动部分的作价和包装费计价的具体办法。

(7)如果包装材料和包装费另行计价时,则对其计价办法也应一并规定。

(8)单价中涉及的计量单位、计价货币、装卸地名称,必须书写正确、清楚,以利于合同的履行。

第二节　出口商品成本的核算

案例导入 15

深圳维斯尔贸易有限公司出口一批工艺品,FOB 总值为 12 000 美元。已知该批工艺品成本结构为:国内进货价 80 000 元人民币,商品加工费 6 000 元人民币,商品流通费 4 800 元人民币,税金支出 3 200 元人民币。

请问:①该批工艺品的出口总成本是多少?②该批工艺品的出口销售换汇成本是多少?③该批工艺品的出口销售盈亏率是多少?(结汇当天的汇率:USD100＝RMB681.26－684.00)

外贸企业的盈亏是考核外贸企业经营管理水平的重要指标。为了控制亏损增加盈利,我外贸企业在对外洽谈出口交易前,一般都必须对出口成本进行核算。只有经过核算,确认有适当盈利的情况下,才能对外磋商该项出口交易。

一、出口总成本的构成与出口效益的核算

(一)出口总成本

出口总成本是指外贸企业为出口商品而支付的国内总成本,它的构成因素有进货成本及出口前的一切费用和税金。如果有出口退税时,应减去出口退税额。即

出口总成本＝进货成本＋出口前的一切费用＋税金－出口退税额　　(5.1)

(二)出口销售外汇(人民币)净收入

出口销售外汇净收入是指出口商品按 FOB 价所获得的外汇收入。

出口销售人民币净收入是指出口商品的 FOB 价所获得的外汇收入按当时外汇牌价折算成人民币的数额。

(三)出口销售盈亏率

出口销售盈亏率是指出口商品盈亏额与出口总成本的比率。其计算公式为：

出口销售盈亏率=(出口销售人民币净收入－出口总成本)/出口总成本×100%　(5.2)

公式(5.2)表明,如果出口商品盈亏率大于零,则该笔出口交易有利可图;反之,若出口商品盈亏率小于零,则表明该笔出口交易亏损。

示例:某公司向韩国出口某商品,共25吨,纸箱包装,包装净重25kg,毛重27.25kg,每箱的尺码为24cm×28cm×25cm。该批货物每吨的出口总成本为1 250元人民币,外销价格为每吨200美元CFR釜山。经过计算,该批货物的运费为每吨47.13美元,汇率为1美元=8.3元人民币。问该商品的盈亏率是多少?

解析:每吨货物出口外汇净收入=200美元－47.13美元=152.87美元

出口销售人民币净收入=152.87×8.3=1 268.821元人民币

出口商品盈亏率=(1 268.821－1 250)/1 250×100%=1.5%

(四)出口销售换汇成本

出口销售换汇成本又称出口商品换汇率,是指以某种商品的出口总成本与出口所得的外汇净收入之比,得出用多少人民币换回一美元。其计算公式为：

出口销售换汇成本=出口总成本(元人民币)/出口销售外汇净收入(外汇)　(5.3)

出口销售换汇成本反映了出口商品的盈亏情况。它是考察出口企业有无经济效益的重要指标,其衡量的标准是:人民币对美元的汇价。公式(5.3)表明,如果出口商品换汇成本高于银行的外汇牌价的现汇买入价,则出口为亏损;反之,则说明出口有盈利。因此,要避免亏损,必须准确测算换汇成本。

示例:中方某公司向澳大利亚出口某商品,外销价格为每吨500美元CIF C3%悉尼港,且每吨支付运费70美元、保险费6.5美元、佣金15美元。假设该公司收购该商品的价格为每吨1800元人民币且国内直接与间接费用另加17%。问该商品的换汇成本为多少?

解析:该案例主要考察出口商品换汇成本,以便促使企业在进行进出口业务时,作出正确的决策。

每吨该商品的出口成本=1 800×(1+17%)=2 106(元人民币)

每吨该商品出口销售外汇净收入=500－(70+6.5+15)=408.5(美元)

出口商品换汇成本=2 106元人民币/408.5美元=5.155元人民币/美元

(五)出口创汇率

出口创汇率,又称外汇增值率,是指加工后成品出口的外汇净收入与原料外汇成本的比率。该指标主要用于计算用国外原材料或国产原材料加工再出口的业务。其计算公式如下：

出口创汇率=(成品出口外汇净收入－原料外汇成本)/原料外汇成本×100%　(5.4)

需要说明的是,如原材料为国产的,其外汇成本可按原料的FOB出口价计算。如原材料是进口的,则按该原料的CIF价计算。通过出口的外汇净收入和原料外汇成本的对比，则可看出成品出口的创汇情况，从而确定出口成本是否有利。特别是在进料加工的情况下，核算出口创汇率这项指标，更有必要。

示例：

我国某企业向新加坡某公司出售一批货物，出口总价为 10 万美元 CIF 新加坡，其中从大连港运至新加坡的海运运费为 4 000 美元，保险按 CIF 总价的 110%投保一切险，保险费率 1%。这批货物的出口总成本为 72 万元人民币。结汇时，银行外汇买入价为 1 美元折合人民币 8.3 元。试计算这笔交易的换汇成本和盈亏率。

解析：FOB 出口外汇净收入＝CIF－F－I＝100 000－4 000－(100 000×110%×1%)＝94 900 美元

出口换汇成本＝出口总成本(人民币)/出口外汇净收入(美元)

＝720 000/94 900＝7.586 元人民币/美元

出口盈亏额＝出口销售人民币净收入－出口总成本

＝94 900×8.30－720 000＝67 670 (元)

出口盈亏率＝(出口商品盈亏额/出口总成本)×100%

＝(67 670 元人民币/720 000 元人民币)×100%

＝9.4%

二、主要贸易术语的价格换算

在进出口贸易中，不同的贸易术语表示其价格构成因素不同，即包括不同的从属费用。例如，FOB 术语中不包括从装运港至目的港的运费和保险费；CFR 术语中则包括从装运港至目的港的通常运费；CIF 术语除包括从装运港至目的港的通常费用外，还包括保险费。在对外洽谈交易的过程中，交易双方都希望选用于己有利的贸易术语。有时，一方按某种贸易术语报价时，对方要求改报其他术语所表示的价格，如一方按 FOB 报价，对方要求改按 CIF 或 CFR 报价。为了有利于达成交易，也可酌情改报价格，这就涉及价格的换算问题。了解贸易术语的价格构成及其换算方法，是从事进出口贸易人员所必须掌握的基本知识和技能。

(一)FOB、CFR、CIF 三种价格的换算

1.FOB 价换算为其他价

CFR 价＝FOB 价＋国外运费

$$\text{CIF 价}=\frac{\text{FOB 价}+\text{国外运费}}{1-\text{投保加成}\times\text{保险费率}}$$

2.CFR 价换算为其他价

FOB 价＝CFR 价－国外运费

$$\text{CIF 价}=\frac{\text{CFR 价}}{1-\text{投保加成}\times\text{保险费率}}$$

3.CIF 价换算为其他价

FOB 价＝CIF 价×(1－投保加成×保险费率)－国外运费

CFR 价＝CIF 价×(1－投保加成×保险费率)

示例:我某出口商品对芬兰商人报价为 80 欧元/件 FOB 广州,现芬兰商人要求将价格改报 CIF 哈米纳,我方经查保险费率为 0.4%,每件运费是 FOB 价的 5%。问:在不减少我方利益的情况下,CIF 的报价应为多少?

解析:CIF 价=(FOB 价+国外运费)/(1-投保加成×保险费率)

=(80+80×5%)/(1-110%×0.4%)

=84/0.9956

=84.37(欧元)

因此,在不减少我方利益的情况下,CIF 的报价应为 84.37 欧元。

(二)FCA、CPT、CIP 三种价格的换算

1.FCA 价换算为其他价

CPT 价=FCA 价+国外运费

$$\text{CIP 价}=\frac{\text{FCA 价}+\text{国外运费}}{1-\text{投保加成}\times\text{保险费率}}$$

2.CPT 价换算为其他价

FCA 价=CPT 价-国外运费

$$\text{CIP 价}=\frac{\text{CPT 价}}{1-\text{投保加成}\times\text{保险费率}}$$

3.CIP 价换算为其他价

FCA 价=CIP 价×(1-投保加成×保险费率)-国外运费

CPT 价=CIP 价×(1-投保加成×保险费率)

第三节 佣金与折扣

案例导入 16

某公司委托中间商推销库存品,并约定给予中间商 2%的佣金,同时该公司愿以原价 CIF 总值 150 000 美元的九折价达成交易。

请问:该公司应付折扣、佣金各多少?实得货款为多少?

佣金(Commission)和折扣(Discount)是国际贸易中一种惯用做法,特别是在目前市场竞争激烈的情况下,采用明佣暗扣等方式已成为外商加强竞争、扩大销售的重要手段之一。为了调动客户的积极性,可根据不同市场、商品、客户数量和销售时期等采用佣金或折扣的方法。正确和灵活运用佣金和折扣,也可调动中间商和客户推销和经营我方货物的积极性,增强有关货物在国外市场的竞争力,从而扩大销售。在实际业务中,佣金和折扣的名目很多,如销售佣金(Selling Commission)、购货佣金(Purchasing Commission)、累计佣金(Accumulative Commission)、数量折扣(Quantity Discount)、特别折扣(Special Discount)、贸易折扣(Trade Discount)、回扣(Rebate)等。

一、佣金

佣金(Commission)是卖方或买方付给中间商为介绍成交而提供服务的酬金。在进出口贸易中由于进出口商因为信息来源、销售技巧以及销售渠道等方面都存在一定的局限性,有些买卖的成交必须依靠中间商。中间商是专门为介绍交易而获利的人,中间商为卖方促成出口,或为买方促成进口都要收取一定的报酬。佣金一般由卖方支付,但有时也可由买方支付。

(一)佣金的表示方法

1.凡价格中包含佣金的,称为“含佣价”(Price including Commission)。“含佣”可用文字表示,例如:

每打 100 美元 CIF 纽约含佣金 2%

US$100 Per dozen CIF New York including 2% Commission

2.直接在贸易条件后面加注“佣金”的英文缩写字母“C”,并注明佣金的百分比来表示,例如:

每打 100 美元 CIF C2%纽约

US$100 Per dozen CIF C2%New York

3.用绝对数来表示。例如:

每打 2 美元的佣金,即 commission $2 per doz.

(二)佣金的计算

按照国际贸易习惯,佣金一般是按交易额(即发票金额)为基础计算的。例如,CIF 发票金额为 1 000 美元,佣金率为 2%,则应付佣金为 20 美元。有时还可以按 FOB 价作为计算佣金的基础,即如按 CIF 条件成交,计算佣金时要先扣除运费和保险费;如按 CFR 条件成交,应先扣除运费,然后按 FOB 价计算佣金。关于计算佣金的公式如下:

$$\text{佣金}=\text{含佣价}\times\text{佣金率} \tag{5.5}$$

$$\text{净价}=\text{含佣价}-\text{佣金} \tag{5.6}$$

$$\text{含佣价}=\text{净价}/(1-\text{佣金率}) \tag{5.7}$$

(三)佣金的支付方法

1.出口商收清包含佣金的货款后,按合同规定的佣金率提取佣金,并在规定的期限内汇付给中间商。

2.中间商直接从货价中扣除佣金。

3.中间商扣除部分佣金,剩余佣金待出口商收妥货款后,汇付给中间商。

二、折扣(Discount, Rebate, Allowance)

折扣是卖方给予买方一定的价格减让。折扣是在竞争条件下推销商品的重要方法之一。

(一)折扣的表示方法

1.如价格中允许给予折扣,一般应用文字做具体表示:

如:每打 100 英镑 CIF 伦敦,减 1%折扣

£100 Per doz.CIF London less discount 1%

2.直接在术语后加“D”或“A”来代表折扣。

如:250 美元/公吨 CIF D5%纽约或 250 美元/公吨 CIFR D5 纽约

3.用绝对数表示。

(二)折扣的计算

折扣的计算很简单,按照一般习惯做法,不论使用何种贸易术语,都是以合同金额(即发票金额)为基础直接计算。如 CIF 发票金额为 10 000 美元,折扣率为 5%,则应付折扣 10 000×5%,即 500 美元。关于计算折扣的公式如下:

$$折扣额=原价\times折扣率 \tag{5.8}$$

$$卖方净收入=原价-折扣额 \tag{5.9}$$

一般来说,含佣或给予折扣的价格,应用文字或简略的方法明确表示出来。但有时,买卖双方在洽谈交易时,对佣金或折扣的给予虽已达成协议,都约定不在合同中表示出来。这种情况下的价格条款中,只订明单价,佣金或折扣由一方当事人按约定另付。这种不明示的佣金或折扣,俗称“暗佣”或“暗扣”。

如果有关价格未对含佣或有折扣作出表示,而且双方事先又无任何约定,则应理解为不含佣金或不给折扣。这种不包含佣金或不给折扣的价格,称为“净价”(Net Price),此时卖方可照价全数收款,不另支付佣金或扣除折扣。但有时为了明确起见,特地加列“净价”(Net)字样。例如:每打 100 英镑 CIF 净价伦敦(£100 Per dozen CIF Net London)

三、佣金与折扣的区别

佣金与折扣都直接影响到商品价格,但二者概念不同。

(1)付给的对象不同。佣金是卖方或买方付给中间商、代理人或经纪人的;而折扣是卖方给予买方的。

(2)是否包括在保险金额内不同。如果卖方将中间商的佣金包括在货价内,如出口使用 CIF 价,卖方投保时应将佣金计算在保险金额内;而买方在付款时就已经将折扣扣除,因此不包括在保险金额内。

(3)是否征收所得税不同。许多国家对佣金要征收所得税,而由于折扣对买方有利害关系,则不征税。

第六章　国际货物运输

重点难点

(1)海洋运输方式的定义及特点。

(2)其他运输方式的定义。

(3)提单的定义、作用及分类。

(4)其他运输单据的特点。

(5)装运条款的主要内容。

国际货物运输包括海洋运输、铁路运输、航空运输、公路运输、邮包运输、集装箱运输与国际多联运输以及管道运输和路桥运输等。这些运输方式都有各自的特点及其独特的经营方式,因此,买卖双方商定合同时,必须从实际需要出发,在权衡利弊的基础上,约定适当的运输方式,以利于完成进出口运输任务,从而确保进出口合同顺利履行。

鉴于运输方式的选择与运用关系到运输任务的完成和进出口合同的履行,故约定运输方式前,应对各种运输方式的特点及其营运的相关知识有所了解,以利于合理地约定适当的运输方式。

第一节　运输方式

案例导入 17

我某出口公司同美国 A 商签订一 CFR 合同,合同中规定支付方式为即期付款交单。我方按期将货物装出由 B 轮船承运,并出具转运提单,货物经日本转船后运往目的港。货到目的港后,A 公司已宣告破产倒闭,当地 C 公司伪造假提单提走货物。我公司遂凭正本提单向 B 轮船公司索赔,B 公司却借口依照提单第 13 条规定的"承运人只对第一程负责,对第二程运费不负运输责任"为由,拒不赔偿。于是,诉诸法院。

请问:船公司的这种做法能否成立?

一、海洋运输

水上运输分为海洋运输及内河运输，其中以海运为主。目前，海运承担了国际贸易总运量的80%左右，我国绝大部分进出口货物也都是通过海运运输的。海运运量大，运费低，航道四通八达，是其优势所在。但速度慢，风险大，航行日期不易准确，是其不足之处，因此对于那些易受气候条件影响或不能经受长途运输的鲜活商品，以及那些对交货期要求非常严的商品，不宜采用海运。按照海运船舶营运方式的不同，海洋运输可以分为班轮运输和租船运输。

(一)相关知识介绍

1.港口

港口是指具有船舶进出、停靠，旅客上下，货物装卸、驳运和储存等功能，由明确界限的水域和陆域构成的区域。20世纪80年代以来，港口功能进一步拓宽，服务范围更加广泛，港口发展成为政治、经济、社会各方面功能较为齐全的社区。港口可分为基本港口与非基本港口。

(1)基本港

基本港是运价表中限定班轮公司的船一定要定期停靠的港口。大多数位于航运中心的较大口岸，港口设备条件比较好，货载多而稳定。基本港口不限制货量，运往基本港口的货物一般均为直达运输，无须中途转船。

(2)非基本港

凡基本港口以外的港口都称为非基本港口，一般除按基本港口收费外，还需另外加收转船附加费。达到一定货量时则改为加收直航附加费。例如新几内亚航线的侯尼阿腊港，便是所罗门群岛的基本港口；而基埃塔港，则是非基本港口。运往基埃塔港口的货物运费率要在侯尼阿腊运费率的基础上增加转船附加费43.00美元(USD)/FT。

2.航线

在世界各地水域、港湾、潮流、风向、水深及地球面距离等自然条件限制下，海上运输承运人会在不同的航线中，参照安全、货运、港口、技术、经济效益等几个方面的因素来选定的营运通路称为航线。

航线按船期分为定期航线与不定期航线。定期航线是指使用固定的船舶，以固定的船期，航行固定的航线，靠泊固定的港口，以相对固定的运价经营客货运输的远洋航运事业。定期航线的经营，以航线上各港口能有持续和比较稳定的往返货源为先决条件，所以定期航线又称班轮航线。不定期航线是与定期航线相对比而言，是指使用不固定的船舶，以不固定的船期，行使不固定的航线，靠泊不固定的港口，以租船市场的运价，经营大宗、低价货物业务为主的航线。

航线按航路分为远洋航线、近洋航线、沿海航线。远洋航线是指使用船舶或其他水运工具跨越大洋的运输航线。近洋航线是指本国各港至邻近国家港口间的海上运输航线的通称。沿海航线是指本国沿海各港口间的海上运输路线。

(二)班轮运输

班轮运输是指船舶按照固定的航线、港口以及事先公布的船期表航行并按事先公布的费率收取运费的一种客货运输方式。在国际海运业务中，除大宗商品采用租船运输外，其余大多数货物都通过班轮运输。

1.班轮运输的特点

(1)“四定”：即航线固定、沿途停靠的港口(习称基本港)固定、船期固定、运费率相对固定。

(2)“一负责”：是指在使用班轮运输时，由班轮公司负责配载和装卸，班轮运费中包括了装卸费用，班轮公司也不向托运人计装卸时间及速遣费和滞期费。

(3)班轮承运的货物品种、数量较为灵活，货运质量较有保证，且一般采取在码头仓库交接货物，为收货一方带来方便，故对于零星成交、批次多，到港分散的货物，宜采用班轮运输。

(4)船公司及托运人的义务、责任及责任豁免等均以船公司或其代理人签发的海运提单为准。

2.班轮运输的两种形式

(1)核心班轮，即定期定线班轮，是指船舶严格按照预先公布的船期表运行，到离港口的时间是固定不变的，也就是所谓真正的定线定期班轮运输。这是班轮运输的主要形式。

(2)定线不定期的“准班轮”，是指虽有船期表，但船舶到离港口的时间有一定的伸缩性，也有固定的始发港和终到港，但途中挂靠港则视货源情况可能有所缩减。

3.班轮运费的构成

班轮运费的计算是班轮公司向货主收取的运费价格，是班轮公司按照班轮运价表的规定计收的。不同的班轮公司或班轮公会各有不同的班轮运价表。在班轮运价表中，一般包括货物分级表、各航线费率表、附加费率表、冷藏货及活牲畜费率表等。

班轮运费包括基本运费和附加费两部分。前者是指货物从装运港到卸货港应收取的基本运费，包括装货费、卸货费以及运输费用，它是构成全程运费的主要部分，即基本运费是货物从装运港到卸货港所应收取的基本运费以及在装运港的装货费和在目的港的卸货费，是按照班轮运价表规定的计收标准收取；后者是指对一些需要特殊处理的货物，或者由于突然事件的发生或客观情况的变化等原因，而需另外加收的费用。

4.班轮运费的计收标准

在班轮运价表中，根据不同的商品，对运费的计收标准，通常采用以下几种：

(1)按毛重计收。即以重量吨为单位计收。1 尺码吨为 1 公吨或 1 长吨，视船公司采用的度量衡制度而定。运价表中以“W”表示。

(2)按体积计收。即以尺码吨为单位计收。1 尺码吨以 1 立方米或 40 立方英尺为计费单位，也视船公司采用的度量衡制度确定。运价表中以“M”表示。

(3)按价格计收。习称从价运费，一般即以有关货物的 FOB 总价值按一定的百分率收费。运价表中标注有“AV”或“ad val”(拉丁文 Ad Valorem，意为“从价”)。

(4)按货物重量或尺码从高计价。即在重量吨或尺码吨两种计算标准中选择其高者计收。运价表内用“W/M”表示。

(5)按货物重量、尺码或价值三种中选择一种最高的运费计收。运价表中用“W/M or ad val”表示。

(6)按货物重量、尺码或价值选择其高者，再加上从价运费计收。运价表中以“W/M plus ad val”表示。

(7)按货物件数计收。如汽车按“辆”、牲畜按“头”计收。

(8)议价。即由货主与船公司临时决定。通常适用于承运粮食、豆类、矿石、煤炭等运量较大、货值较低、装卸容易、装卸速度快的农副产品和矿产品。临时决定运价的运费率一般均较低。

实践中，基本运费的计算标准以重量吨(W)、尺码吨(M)，或按重量、体积从高选择(W/M)三者居多。贵重物品则习惯采用从价运费。

班轮运费中的附加费：

(1)燃油附加费(简称BAF)。在燃油价格突然上涨时加收。

(2)货币贬值附加费(简称CAF)。在货币贬值时，船方为实际收入不致减少，按基本运价的一定百分比加收的附加费。

(3)转船附加费。凡运往非基本港的货物，需转船运往目的港，船方收取的附加费，其中包括转船费和二程运费。

(4)附加费。当运往非基本港的货物达到一定的货量时，船公司可安排直航该港而不转船时所加收的附加费。

(5)超重附加费、超长附加费和超大附加费。当一件货物的毛重或长度或体积超过或达到运价本规定的数值时加收的附加费。

(6)港口附加费。有些港口由于设备条件差或装卸效率低，以及其他原因，船公司加收的附加费。

(7)港口拥挤附加费。有些港口由于拥挤，船舶停泊时间增加而加收的附加费。

(8)选港附加费。货方托运时尚不能确定具体卸货港，要求在预先提出的两个或两个以上港口中选择一港卸货，船方加收的附加费。

(9)变更卸货港附加费。货主要求改变货物原来规定的港口，在有关当局(如海关)准许，船方又同意的情况下所加收的附加费。

(10)绕航附加费。由于正常航道受阻不能通行，船舶必须绕道才能将货物运至目的港时，船方所加收的附加费。

5.班轮运费的具体计算方法

(1)班轮运费的计算公式为：

$$班轮运费=商品数量\times计费标准\times(1+各种附加费率之和) \tag{6.1}$$

(2)班轮运费的计算步骤如下：

第一步，查货物分级表。先根据货物的英文名称，从货物分级表中查出有关货物的计费等级及其计算标准。

第二步，查航线费率表。根据货物等级和计费标准，在航线费率表中，查出有关货物的基本费率。

第三步，查附加费率(额)表。

第四步，加上各项需支付的附加费率，其所得的总和，就是有关货物的单位运费(每重量吨或每尺码吨的运费)，再乘以计费重量吨或尺码吨，即得该批货物的运费总额。如果是从价运费,则按规定的百分率乘 FOB 货值即可。

示例:以 CIF 价格条件出口加拿大温哥华一批罐头,共计 1000 箱。每箱毛重为 40 千克,求该批货物的运价。

第一步,从货物分类表中查出罐头的运价等级是 8 级,计算标准是 W/M,在重量法和体积法中选择。该批货物的单位尺码(0.045 立方米)比单位重量(40/10000=0.04 吨)高,所以按尺码吨计算运费。

第二步,再查中国—加拿大等级费率表得 8 级货物基本费率为每吨 210 元。

第三步,查得燃油附加费 12%。

第四步,计算:

货物总运价=1000 箱×0.045 运费吨/箱×210 元/运费吨×(1+12%)=10584(元)

(三)租船运输

租船运输,又称不定期船运输。在租船运输业务中,没有预定的船期表,船舶经由航线和停靠的港口也不固定,有关船舶的航线和停靠的港口、运输货物的种类以及航行时间等,都按承租人的要求,由船舶所有人确认而定,运费或租金也由双方根据租船行市在租船合同中加以约定。

1.租船运输的特点

(1)按照船舶出租人与承租人双方签订的租船合同安排船舶就航航线,组织运输,没有固定的船期表、港口和航线。

(2)适用于大宗散装货运输,货物的特点是批量大、附加值低、包装相对简单、运价也较低。

(3)船位的租赁一般是以提供整船或部分舱位为主,承租人一般可以将舱位或整船再租给第三人。

(4)船舶营运中的风险以及有关费用的负担责任由租约约定。

(5)租船运输中的提单的性质不完全与班轮运输中的提单的性质相同,它一般不是一个独立的文件,对于承租人和船舶出租人而言,仅相当于货物收据。

(6)承租人与船舶出租人之间的权利和义务是通过租船合同来确定的。

(7)租船运输中,船舶港口使用费、装卸费及船期延误,按租船合同规定由船舶出租人和承租人分担、划分和计算;而班轮运输中船舶的一切正常营运支出均由船方承担。

2.租船方式

租船方式有主要有程租船、定期租船、光租船、包运租船和航次期租。下面介绍程租船、定期租船和光船租船的含义及特点。

(1)程租船

程租船又称为航次租船,是指由船舶所有人向承租人提供船舶或船舶的部分舱位,在指定的港口之间进行单向或往返的一个航次或几个航次用以运输指定货物的租船运输方式。程租船的特点有:

①与班轮运输相同,提单都可能具有海上货物运输合同证明的性质;

②航次租船合同是确定船舶出租人与承租人的权利、义务和责任的依据;

③由托运人或承租人负责完成货物的组织、支付运费以及支付相关的费用;

④船舶出租人占有和控制船舶，负责船舶的营运调度、配备和管理船员；

⑤船舶出租人负责船舶营运所支付的费用；

⑥船舶出租人出租整船或部分舱位，按实际装船的货物数量或整船舱位包干计收运费；

⑦承租人向船舶出租人支付的运输费用通常称为运费，而不称租金；

⑧船次租船合同中都规定可用于在港卸货物的时间，装卸时间的计算方法，滞期和速遣以及滞留损失等。

(2)定期租船

定期租船又可以称为期租船，是指由船舶所有人将特定的船舶，按照租船合同的约定，在约定的期间内租给承租人使用的一种租船方式。定期租船的特点有：

①船舶出租人负责配备船员，并负担其伙食；

②承租人在船舶营运方面拥有对船长、船员的指挥权，否则有权要求船舶出租人予以撤换；

③承租人负责船舶营运调度，并负责船舶营运中的可变费用(如燃料费、港口使用费、货物装卸费和运河使用费等)；

④船舶出租人负担船舶营运的固定费用(如船员工资、船的折旧费、船舶船员的保险费等)；

⑤船舶租赁以整船出租，租金按船舶的载重吨、租期以及商定的租金率计收；

⑥租约中往往订有有关交船和还船以及停租的规定。

(3)光船租船

光船租船又称为船壳租船，是指在租期内，船舶所有人只提供一艘空船给承租人使用，船舶的配备船员、营运管理、供应以及一切固定或变动的营运费用都由承租人负担。光船租船的特点有：

①船舶出租人提供一艘适航空船、不负责船舶的运输；

②承租人配备全部船员，并负有指挥责任；

③承租人以承运人身份负责船舶的经营及营运调度工作，并承担在租期内的时间损失，包括船期延误、修理等；

④承租人负担除船舶的资本费用外的全部固定及变动成本；

⑤以整船出租，租金按船舶的载重吨、租期及商定的租金率计收；

⑥船舶的占有权从船舶交予承租人使用时起，转移至承租人。

3.租船合同

采用租船运输时，船舶出租人和承租人双方签订租船合同。航次租船是目前最常用的租船方式，航次租船合同的主要条款有：

(1)合同当事人。航次租船合同的当事人是船舶出租人和承租人。

(2)船舶概况。船舶概况主要有船名、船籍、船级、船舶吨位等内容。

(3)装卸港口。装卸港口通常由承租人指定或选择，并在航次租船合同中具体记载港口名称。

合同中一般默认可以使用的港口数量为一装一卸，而且一个港口仅可以使用一个泊位。港口的约定方法有：

①明确指定具体的装卸港和卸货港；

②规定某个特定的装卸泊位或地点；

③由承租人选择装货港和卸货港。

(4)受载期与解约日。受载期是船舶在租船合同规定的日期内到达约定的装货港，并做好装货准备的期限。在受载期内的任何一天到达装货港都是允许的，无论是受载期的第一天还是最后一天，船舶抵达装货港并做好装货准备即可。

解约日是指船舶到达合同规定的装货港，并做好装货准备的最后一天。解约日条款赋予承租人的权利是直到解约日这一天来临时，才可以解除合同。

我国《海商法》规定："船舶出租人在约定的受载期限内，未能提供船舶的，承租人有权解除合同。但是，船舶出租人将船舶延误情况和船舶预期抵达装货港的日期通知承租人的，承租人应当自收到通知时起 48 小时内，将是否解除合同的决定通知船舶出租人。"

(5)装卸费用分担。装卸费用是指将货物从岸边(或驳船)装入舱内和将货物从船舱卸至岸边(或驳船)的费用。常见的约定方法有：

①船方负担装卸费，也称"班轮条件"；

②船方不负担装卸费；

③船方管装不管卸；

④船方管卸不管装。

(6)运费。航次租船的运费按所装运货物的数量计收。默示的法律性质为到付，运多少付多少，即提单记载数量和实际卸货数量从小计收。在英美法中，运费不得扣减和对冲。

(7)装卸时间。装卸时间是指合同当事人约定的船舶所有人使船舶并保证船舶适于装卸货物，无须在运费之外支付附加费的时间。

装卸时间的起算必须满足以下三个条件：船舶抵达合同约定的地点；船舶已经备妥可装卸货物；在第一装港或第一卸港，船长要递交装卸准备就绪通知书，经过一段通知时间后开始起算。装卸时间的规定方法有：

①日或连续日——是指午夜连续 24 小时的时间。在此期间，不论是实际不可能进行装卸作业的时间(如雨天、施工或其他不可抗力)，还是星期日或节假日，都计为装卸时间。

②累计 24 小时好天气工作日——是指在好天气的情况下，不论港口习惯作业为几小时，均累计 24 小时为一个工作日。如果港口规定每天作业 8 小时，则工作日便跨及几天的时间。

③连续 24 小时好天气工作日——是指在好天气的情况下，连续作业 24 小时算一个工作日，如中间因坏天气影响而不能作业的时间应予以扣除。此规定方法在实务中应用最广。

(8)滞期费与速遣费。如果在约定的允许装卸时间内未能将货物装卸完，致使船舶在港内停泊时间延长，给船方造成经济损失，则延迟期间的损失应按约定每天补偿若干金额给船方，这项补偿金叫滞期费。按惯例，一般采取"一旦滞期，始终滞期"方法计算。如果按约定的装卸时间和装卸率，提前完成装卸任务，使船方节省了船舶在港的费用开支，船方将其获取的利益的一部分给租船人作为奖励，这项奖励叫速遣费。依国际航运惯例，速遣费率为滞期费率的一半。

对于装货港产生的滞期费，船舶出租人一般是不能在卸货港留置承租人以外的货物的，除非提单中有一个有效的并入条款，使租约中的留置条款并入到提单中去，以此约束提单持有人。

对于卸货港产生的滞期费等，原则上船舶出租人只能向收货人收取，除非他在无法有效地行使留置权的情况下，船舶出租人才可以向承租人收取。

二、铁路运输

在国际货物运输中，铁路运输是仅次于海洋运输的主要运输方式，海洋运输的进出口货物，也大多是靠铁路运输进行货物的集中和分散的。

铁路运输有许多优点，一般不受气候条件的影响，可保障全年的正常运输，而且运量较大，速度较快，有高度的连续性，运转过程中风险较小。办理铁路货运手续比海洋运输简单，而且发货人和收货人可以在就近的始发站（装运站）和目的站办理托运和提货手续。

目前，我国对外贸易货物采用铁路运输可分为国际铁路货物联运和对港澳地区的铁路运输两种。

（一）国际铁路货物联运

我国的国际铁路货物联运主要是通过铁路合作组织在1951年缔结的《国际铁路货物联运协议》（简称《国际货协》）来进行的。凡参加《国际货协》国家的进出口货物，从发货国家的始发站到收货国家的终点站，只要在始发站办妥托运手续，使用一份运送单据，即可由铁路以连带责任办理货物的全程运送。根据《国际货协》的规定，不仅缔约国之间可办理货物运送，而且也可向非缔约国运送货物；反之，非缔约国也可向缔约国运送货物。1980年欧洲各国在瑞士伯尔尼举行的各国代表大会上也制定了《国际铁路货物运送公约》（简称《国际货约》），这就为国际铁路联运提供了方便的条件，使参加《国际货协》国家的进出口货物也可以通过铁路转送至参加《国际货约》的国家。

我国通往欧洲的国际铁路联运线有两条：一条是利用俄罗斯的西伯利亚大陆桥贯通中东、欧洲各国；另一条是由江苏连云港经新疆与哈萨克斯坦铁路连接，经俄罗斯、波兰、德国，至荷兰的鹿特丹的新亚欧大陆桥。目前，我国与邻国铁路相连接的有俄罗斯、哈萨克斯坦、蒙古、朝鲜、越南等国，具体站名如表6.1所示。

表6.1　我国国际铁路站名

中国国际铁路	中国国境站名	邻国国境站名	交接换装地点	
			中国出口	中国进口
中俄	满洲里	后贝加尔	后贝加尔	满洲里
	绥芬河	格罗捷科沃	格罗捷科沃	绥芬河

续表

中国国际铁路	中国国境站名	邻国国境站名	交接换装地点	
			中国出口	中国进口
中朝	丹东	新义州	新义州	丹东
	图们	南阳	南阳	图们
	集安	满浦	满浦	集安
中越	凭祥	同登	同登	凭祥
	山腰	新铺	新铺	山腰
中哈	阿拉山口	德鲁日巴	德鲁日巴	阿拉山口
中蒙	二连浩特	扎门乌德	扎门乌德	二连浩特

(二)对港澳地区的铁路运输

供应港、澳地区的货物由内地利用铁路运往香港九龙或运至广州南部转船至澳门属于国内铁路运输。但它与一般的国内铁路运输不同,对香港铁路运输,其具体做法是先由发货人将货物托运到深圳北站,由深圳外贸运输公司再办理港段铁路托运手续,由香港中国旅行社收货后转交给香港九龙的买主,其特点是两票联运。去香港的货物出口企业凭外贸运输公司出具的承运货物收据办理收汇手续;去澳门的货物凭外贸运输公司出具的承运凭物收据办理收汇手续。

三、航空运输

航空运输是一种现代化的运输方式。航空运输具有快捷、安全、准时、货损少和空间跨度大等优点,适用于鲜活、易腐、精密仪器、贵重物品以及紧急物品的运输。但航空运输的运价比较高,载量有限且易受天气的影响。随着世界经济贸易发展对国际货物运输的要求,航空运输得到了快速发展。目前,航空运输量占国际贸易货物运输量的比例超过了20%。

航空运输方式主要有班机运输、包机运输、集中托运和航空快递业务。

(一)班机运输

班机运输是指具有固定的开航日期、航线和停靠航站的飞机。通常为客货混合型飞机,货舱容量较小,运价较贵,但由于航期固定,有利于客户安排鲜活急需商品的运送。

(二)包机运输

包机运输是指航空公司按照约定的条件和费率,将整架飞机租给一个或若干个包机人(包机人指发货人或航空货运代理公司),从一个或几个航空站装运货物至指定目的地。包机运输适用于大宗货物运输,费率低于班机,但运送时间则比班机要长些。

(三)集中托运

集中托运可以采用班机或包机运输方式,是指航空货运代理公司将若干批单独发运的货物集中成一批向航空公司办理托运，填写一份总运送单送至同一目的地，然后由其委托当地的代理人负责分发给各个实际收货人。这种托运方式，可降低运费，是航空货运代理的主要业务之一。

(四)航空快递业务

航空快递业务是由快递公司与航空公司合作，向货主提供的快递服务，其业务包括：由快递公司派专人从发货人处提取货物后以最快航班将货物出运，飞抵目的地后，由专人接机提货，办妥进关手续后直接送达收货人，被称为“桌到桌运输”。这是一种最为快捷的运输方式，特别适用于各种急需物品和文件资料。

外贸企业办理航空运输，需要委托航空运输公司作为代理人，负责办理出口货物的提单、制单、报关和托运工作。委托人应填妥国际货物托运单，并将有关文件交付航空货运代理、空运代理向航空公司办理托运后，取得航空公司签发的航空运单，即为承运开始。航空公司需对货物在运输途中的完好负责。

货到目的地后，收货人凭航空公司发出的到货通知书提货。

航空运费按 W/M 方式计算，但其重量体积比为 6 000 立方厘米比 1 千克(相当于 6 立方米/公吨)，故而实际运费计算以千克为单位。

货物重量按毛重计算，计量单位为公斤。重量不足 1 公斤的尾数四舍五入。每张航空货运单的货物重量不足 1 公斤时，按 1 公斤计算。贵重物品按实际毛重计算，计算单位为 0.1 公斤。

非宽体飞机载运的货物，每件货物重量一般都不超过 80 公斤，体积一般不超过 40 厘米×60 厘米×100 厘米。宽体飞机载运的货物，每件货物重量一般不超过 250 公斤，体积一般不超过 100 厘米×100 厘米×140 厘米。超过以上重量和体积的货物，承运人可依据机型及发出地和目的地机场的装卸设备条件，确定可运收货物的最大重量和体积。每件货物的长、宽、高之和不得小于 40 厘米。

每公斤货物体积超过 6 000 立方厘米的，为轻泡货物。轻泡货物以每 6 000 立方厘米折合 1 公斤计重。

四、邮政运输

邮政运输是通过各国邮政之间订立的协定或公约，使邮件包裹在全球传递，它比较适用于体积小、重量轻的货物的运输。邮政运输是一种“门到门”的运输方式。

国际邮政运输具有广泛的国际性，而且通常需要经过两个或两个以上国家的邮政局和两种或两种以上不同运输方式的联合作业才能完成，而寄件人只要向邮局办理一次托运手续，一次付清邮资并取得邮包收据作为邮局收到邮包的凭证和邮包灭失或损坏时凭以向邮局索赔的依据，其余的事宜概由各有关邮局负责办理。

邮政运输使用的单据是邮包收据。邮包收据并非物权凭证，不能通过背书进行转让和作为抵押品向银行融通资金。这是因为货物到达目的地后，承运人向收货人发出到件通知，收货人凭到件通知和身份证明即可提取邮件。

五、集装箱运输

1.含义

集装箱运输是以集装箱作为运输单位自动化货物运输的一种现代化的先进的运输方式，它可适用于海洋运输、铁路运输及国际多联式联运等。

2.集装箱海运运费

目前，集装箱货物海上运价体系较内陆运价成熟，基本上分为两大类。

(1)沿用传统的件杂货运费计算方法

即以每运费吨为单位(俗称散货价)，拼箱货时习惯采用此方式，具体计算方法参见本节班轮运费计算部分。

(2)包箱费率

包箱费率即以集装箱为计费单位，常用于集装箱整箱交货的情形。包箱费率又可分为下面三种表现形式。

①FAK 包箱费率

即对每一集装箱不细分箱内货类、不计货量统一收取的运价。

②FCS 包箱费率

按不同货物等级制定的包箱费率。与杂货一样，集装箱普通货物也被分为 20 级，但集装箱货物的费率差级大大小于杂货费率级差，具体表现为：低级货物的集装箱费率高于传统运输，高价货物的集装箱费率低于传统运输；同一等级的货物，重货集装箱运价高于体积货运价。可见，船公司鼓励人们把高价货和体积货装箱运输。在这种费率下，拼箱货运费计算与传统运输一样，根据货物名称查得等级，计算标准，然后去套相应的费率，乘以运费吨，即得运费。

③FCB 包装费率

这是按不同货物等级或货类以及计算标准制定的费率。

3.集装箱货物装箱与交接方式

集装箱这种交接方式应在运输单据上予以说明。国际上通用的表示方式为：每个集装箱有固定的编号，装箱后封闭箱门的钢绳铅封上印有号码。集装箱号码和封印号码可取代运输标志，显示在主要出口单据上，成为运输中的识别标识和货物特定化的记号。由于集装箱是一种新的现代化运输方式，它与传统的货物运输有很多不同，做法也不一样，目前国际上对集装箱运输尚没有一个行之有效并被普遍接受的统一做法。但在处理集装箱具体业务中，各国大体上做法近似，现根据当前国际上对集装箱业务的通常做法，简介如下。

(1)集装箱货物装箱方式

根据集装箱货物装箱数量和方式可分为整箱和拼箱两种。

①整箱。是指货方自行将货物装满整箱以后，以箱为单位托运的集装箱。这种情况在货主有足够货源装载一个或数个整箱时通常采用，除有些大的货主自己置备有集装箱外，一般都是向承运人或集装箱租赁公司租用一定的集装箱。空箱运到工厂或仓库后，在海关人员的监督下，货主把货装入箱内、加锁、铅封后交承运人并取得站场收据，最后凭收

据换取提单或运单。

②拼箱。是指承运人(或代理人)接受货主托运的数量不足整箱的小票货运后,根据货类性质和目的地进行分类整理。把去同一目的地的货,集中到一定数量拼装入箱。由于一个箱内有不同货主的货拼装在一起,所以叫拼箱。这种情况在货主托运数量不足装满整箱时采用。拼箱货的分类、整理、集中、装箱(拆箱)、交货等工作均在承运人码头集装箱货运站或内陆集装箱转运站进行。

(2)集装箱货物交接方式

如上所述,集装箱货运分为整箱和拼箱两种,因此在交接方式上也有所不同,纵观当前国际上的做法,大致有以下四类。

①整箱交、整箱接(FCL/FCL)

货主在工厂或仓库把装满货后的整箱交给承运人,收货人在目的地以同样整箱接货,换言之,承运人以整箱为单位负责交接。货物的装箱和拆箱均由货方负责。

②拼箱交、拆箱接(LCL/LCL)

货主将不足整箱的小票托运货物在集装箱货运站或内陆转运站交给承运人,由承运人负责拼箱和装箱运到目的地货运站或内陆转运站,由承运人负责拆箱,拆箱后,收货人拼单接货。货物的装箱和拆箱均由承运人负责。

③整箱交、拆箱接(FCL/LCL)

货主在工厂或仓库把装满货后的整箱交给承运人,在目的地的集装箱货运站或内陆转运站由承运人负责拆箱后,各收货人凭单接货。

④拼箱交、整箱接(LCL/FCL)

货主将不足整箱的小票托运货物在集装箱货运站或内陆转运站交给承运人。由承运人分类调整,把同一收货人的货集中拼装成整箱,运到目的地后,承运人以整箱交,交货人以整箱接。

上述各种交接方式中,以整箱交、整箱接效果最好,也最能发挥集装箱的优越性。

(3)集装箱货物交接的地点

集装箱货物的交接,根据贸易条件所规定的交接地点不同一般分为以下几种。

①门到门:从发货人工厂或仓库至收货人工厂或仓库。

②门到场:从发货人工厂或仓库至收货人工厂或仓库。

③门到站:从发货人工厂或仓库至目的地或卸箱港的集装箱货运站。

④场到门:从起运地或装箱港的堆场至目的地或装卸港的集装箱货运站。

⑤场到场:从起运地或装箱港的堆场至目的地或卸箱港的集装箱堆场。

⑥场到站:从起运地或装箱港的集装箱堆场至目的地或卸箱港的集装箱货运站。

⑦站到门:从起运地或装箱港的集装箱货运站至收货人工厂或仓库。

⑧站到场:从起运地或装箱港的集装箱货运站至目的地或卸箱港的集装箱堆场。

⑨站到站:从起运地或装箱港的集装箱货运站至目的地或卸货港的集装箱货运站。

以上 9 种交接方式,可进一步归纳为以下 4 种方式。

①门到门:这种运输方式的特征是,在整个运输过程中,完全是集装箱运输,并无货物运输,故最适宜于整箱交、整箱接。

②门到场站:这种运输方式的特征是,由门到场站为集装箱运输,由场站到门是货物运输,故适宜于整箱交、拆箱接。

③场站到门:这种运输方式的特征是,由门至场站是货物运输,由场站至门是集装箱运输,故适宜于拼箱交、整箱接。

④场站到场站:这种运输方式的特征是,除中间一段为集装箱运输外,两端的内陆运输均为货物运输,故适宜于拼箱交、拆箱接。

六、国际多式联运

国际多式联运是指按照多式联运合同,以至少两种不同的运输方式,由多式联运经营人将货物从一国境内接收货物的地点运往另一国境内指定交付货物的地点。多式联运货物的交接方式和集装箱运输的交货方式有类似之处,也有门到门、门到场站(集装箱场堆、集装箱转运站),还有场站到场站、场站到门等。办理此项业务的地区由原来限于沿海港口城市及其周围地区,现已发展到各地省市的许多城市及附近地区。这对我国内地省市出口货物的按时装运和及时结汇创造了有利条件。采用多式联运方式,货物在内地只要装上第一程运输工具,发货人即可取得运输单位出具的包括全程运输的运输单据,凭此向银行办理收汇手续。

(一)国际多式联运的条件

根据《联合国国际货物多式联运公约》的解释,这种联合运输方式需具备以下条件:

1.有一个多式联运合同。

2.使用一份包括全程的多式联运单据。

3.必须是两种不同运输方式的连贯运输。

4.必须是国际货物运输。

5.由一个多式联运经营人对全程运输总负责。

6.必须是全程单一的运费费率。

开展国际多式联运是实现“门到门”运输的有效途径,它简化了手续,减少了中间环节,加快了货运速度,降低了运输成本,提高了货运质量。

(二)国际多式联运的优点

与单一运输方式相比,国际多式联合运输还有以下优点:

1.一次托运,手续简便。即不论路程远近、环节多少,托运人只需办理一次托运手续,支付一次运费,取得一份运输单据。

2.运输迅速,安全可靠。多式联运经营人从其经济利益出发,一般都选择合理的运输路线和运输方式,以最快的速度完成运输。并且,多式联运经营人在进口地都设有代理,负责接收、拨发货物和通知货主,一般不会出现货到目的地无人接管或者无处查询货物下落的情况。此外,国际多式联运以集装箱为媒介,可以减少货损货差。

3.全程运输,提前结汇。托运人将货物交付多式联运合同并且负有履行合同责任的任何人。他可以是实际承运人,办理全程或部分运输业务,也可以是无船承运人,即将全程运输交由各段实际承运人来履行。

七、路桥运输

路桥运输有大陆桥运输、小路桥运输和微型路桥运输之分。

（一）大陆桥运输

大陆桥运输是指使用横贯大陆的铁路或公路运输系统作为中间桥梁，把大陆两端的海洋运输连接起来的连贯运输方式。即在海洋运输的全过程中，插入一段横贯大陆的运输，从形式上看，是海—陆—海的连贯运输。大陆桥运输大多以集装箱为媒介，都由总承运人负责安排和承担运输责任，故而它也具有国际多式联运的所有长处。并且大陆桥运输更能体现利用成熟的海、陆运输条件，形成合理的运输路线，大大缩短营运时间，降低营运成本。

世界上第一个出现的大陆桥是美国大陆桥，但现在已经萎缩了，而后起的西伯利亚大陆桥发展很快，东端由俄罗斯的纳霍德卡港于海上连接日本、韩国、我国香港和台湾等地，西端则延伸发展到欧洲各地和伊朗等中、近东地区，在运输方式上也逐步演绎出铁路、铁路与公路和铁路与海洋相联合的方式。由于这条路线横跨欧洲和亚洲，故称欧亚大陆桥，又称第一条欧亚大陆桥。

大陆桥运输方式的最新发展是新建成的亚欧大陆桥，它东起我国连云港，西至荷兰鹿特丹，全长 10 800 公里，途经 7 个国家，辐射 30 多个国家和地区，是 20 世纪 90 年代开通的一条新的国际运输大动脉。亚欧大陆桥较之西伯利亚大陆桥将海上运输的距离缩短更多，是连接亚、欧两洲最便捷的通道。而且这条大陆桥大部分途经我国中西部地区，所以，无论是从方便运输、节约货运时间和费用、发展我国的对外贸易来看，还是从促进我国沿途省区的经济发展来看，均有积极作用。

为了发展和利用新亚欧大陆桥运输，有关部门制定了《中国大陆桥国际集装箱过境运输实行办法》等规范性文件，并已确定中国对外运输总公司、中国铁路对外服务公司、中国远洋运输总公司和中国外轮代理总公司在连云港的所辖公司为大陆桥国际集装箱营运单位。

（二）小陆桥运输

小陆桥运输是在美国大陆桥运输开始萎缩后派生出来的，是指比大陆桥运输缩短一程海上运输而形成的海—陆或陆—海形式的运输方式。其具体做法一般是以集装箱为媒介，由远东把货物运至美国西海岸港口，再以铁路或公路运至美国东海岸或墨西哥湾地区靠近最后目的地的港口，卸车后再转运至目的地。这种运输方式由于不必通过巴拿马运河，所以可缩短运输时间。

（三）微型陆桥运输

微型陆桥运输是在小陆桥运输的基础上派生出来的，是指从远东至美国内陆之间的运输，其运输路线较之小陆桥运输又有缩短。其具体做法是把从远东各地到美国中部内陆城市的货物，先装船运至美国西部海岸港口，卸船后以陆运方式直接运至美国内陆城市。它比小陆桥运输方式费用更省，运输时间更短。由于陆路交通系统只利用了一半，故又称半陆桥运输。微型陆桥运输与小陆桥运输的区别在于铁路运输，前者由东岸港口或墨西哥湾至最终目的地的运费由承运人负担，而后者对于港口或墨西哥湾至最终目的地的运费由收货人承担。

随着陆桥运输的发展，美国运输业内部产生激烈的竞争，美国西部铁路、公路和航运商为了争取业务，吸引货载，共同拟定了一个关于美国内陆运输的优惠条款——OCP 运输条款。

OCP 是“OVERLAND COMMON POINT”的缩写，意即“内陆公共点”。它是以美国落基山脉为界(不包括界西的九个州)，凡海运到美国西海岸港口再以陆路运往内陆地区的货物，如提单上标明按 OCP 条款运输，可享受比直达西海岸港口费率较低的优惠，陆运的运费率也可降低 5%左右。

反之，凡从上述内陆地区装运经西海岸港口装船出运的货物，同样可按 OCP 条款办理，也可以享受优惠的海运运费率。这种优惠只适用于货物的最终目的地在 OCP 地区，而且必须经美国西海岸港口中转的运输。因此，CFR、CIF 合同的目的港必须是美国西海岸港口。

利用 OCP 运输条款，我国向美国内陆地区出口的货物可以降低运输成本而提高其市场竞争力。具体做法是：

1.货物的最终目的地必须在 OCP 地区范围内。

2.货物必须经美国西海岸港口中转，即目的港应规定为美国西海岸港口。货物到达目的港后由进口方委托港口转运代理持提单向船公司提货，并由其办理内陆运输。

3.提单上必须填明最终目的地。因为采用 OCP 运输条款出口的货物，其目的港是美国西海岸港口，而不是美国内陆地区，为便于进口方的港口转运代理办理内陆运输，必须在海运提单注明最终目的地为“OCP×××(地名)”。与美国的陆桥运输相似，加拿大也有较重要的大陆桥运输系统，并且也有类似 OCP 运输条款的规定。

八、公路运输

公路运输是一种现代化的运输方式，它不仅可以直接运进和运出对外贸易货物，也是车站、港口和机场集散进出口货物的重要手段。公路运输具有机动灵活、速度快和方便等特点，尤其在实现“门到门”运输中，更离不开公路运输。但公路运输也有一定的不足之初，如载货量有限、运输成本高、容易造成货损事故等。

九、内河运输

内河运输是水上运输的重要组成部分，它是连接内陆与沿海地区的纽带，在运输和集散进出口货物中起着重要的作用。

我国拥有四通八达的内河航运网，我国长江、珠海等主要河流中的一些港口已对外开放，我国同一些邻国还有国际河流相通，这为我国进出口货物通过河流运输和集散提供了十分有利的条件。

十、管道运输

管道运输是运输通道和运输工具合而为一的一种特殊的运输方式，它可以连续作业，并具有运量大、速度快、运输成本低、货损货差小的优越性。我国管道运输起步较晚，但随着石油工业的发展和我国对石油需求的不断增长，我国同周边国家间的管道运输也相继发展起来，管道运输在我国国民经济和对外贸易中起着日益重要的作用。

第二节　运输单据

案例导入 18

我 A 公司向加拿大 B 公司出口木材一批，装货时船公司发现部分木材受潮变色，大副在收货单上对此作了批注。因合同交货期已临近，信用证也即将过期，A 公司出具保函，保函中声明如果收货人对货物有异议，一切责任均由托运人承担，船公司概不负责，要求船公司开出清洁提单。船公司接受了保函并签发了清洁提单。货物抵达目的港后，B 公司发现木材受潮变色，当即向法院申请扣押货轮，经船公司交涉，3 天后解除扣船。船公司就扣船所造成的损失向 A 公司提出索赔。

请问：船公司索赔是否合理？为什么？

运输单据是承运人收到承运货物后签发给托运人的证明文件，它是交接货物、处理索赔以及向银行结算货款或进行议付的重要单据。在国际货物运输中，运输单据的种类很多，其中包括海运提单、海运单、铁路运输单据、航空运单、多式联运单据和邮件收据，现将这些主要运输单据分别介绍如下。

一、海运提单

海运提单是由船长或承运人或其代理人签发的，证明收到特定的货物，允许将货物运至特定目的地并交付给收货人的凭证。

《中华人民共和国海商法》第 71 条对提单的定义是："提单，是指用以证明海上货物运输合同的货物已经由承运人接受或者装船，以及承运人保证据以交付货物的单证，提单中载明的向记名人交付货物，或者按照指示人的指示交付货物，或者向提单持有人交付货物的条款，构成承运人据以交付货物的保证。"《汉堡规则》第 1 条第 7 款给提单下的定义是："提单是指证明海上运输合同和货物由承运人接管或装载以及承运人保证已交付货物的单据。单据中关于货物应按记名人的指示或不记名人的指示交付给提单持有人的规定，即是这一保证。"

（一）海运提单的性质和作用

1.提单是承运人或其代理人签发的货物收据。它证明已按提单所列内容收到货物。

2.提单是一种货物所有权的凭证。提单的合法持有人凭提单可在目的港向轮船公司提取货物，也可以在载货船舶抵达目的港交货前，通过转让提单而转移货物所有权，或凭以向银行办理抵押贷款。

3.提单是托运人和轮船公司间所订立运输契约的证明。双方的权利义务都列明在提单中，因此提单是确定承运人和托运人在运输中的权利义务的依据。

(二)海运提单的格式和内容

海运提单的格式很多,每个公司都有自己的提单格式,但基本内容大致相同,一般包括提单正面的记载事项和提单背面印就的运输条款。

1.提单正面内容

(1)托运人。

(2)收货人。

(3)(被)通知人。

(4)船名及航次。

(5)装货港和卸货港。

(6)唛头及件号。

(7)件数及货名。

(8)重量及体积。

(9)运费预付或运费到付。

(10)正本提单的份数。

(11)船公司或其代理人的签章。

(12)签发提单的地点和日期。

2.提单背面内容

在班轮提单背面,通常都印有运输条款,这些条款是作为确定承运人与托运人之间、承运人与收货人及提单持有人之间的权利和义务的主要依据。为了缓解船、货双方的矛盾并照顾到船、货双方的利益,国际上为了统一提单背面条款的内容,曾先后签署了有关提单的国际公约,其中包括:

(1)1924 年签署的《关于统一提单的若干法律规则的国际公约》,简称《海牙规则》。

(2)1968 年签署的《布鲁塞尔议定书》,简称《维斯比规则》。

(3)1978 年签署的《联合国海上货物运输公约》,简称《汉堡规则》。

由于上述三项公约签署的历史背景不同、内容不一,各国对这些公约的态度也不相同,因此,各国船公司签发的提单背面条款也就互有差异。

(三)海运提单的种类

根据不同的标准,提单可以划分为不同的类型。

1.按货物是否已装船划分

(1)已装船提单。已装船提单是指货物装船后由承运人或其授权代理人根据大副收据签发给托运人的提单。如果承运人签发了已装船提单,就是确认他已将货物装在船上。这种提单除载明一般事项外,通常还必须注明装载货物的船舶名称和装船日期,即提单项下货物的装船日期。

鉴于已装船提单对于收货人及时收到货物有保障,因此在国际货物买卖合同中一般都要求卖方提供已装船提单,根据国际商会《国际贸易术语解释通则》2000 年修订本的规定,凡以 CIF 或 CFR 条件成立的货物买卖合同,卖方应提供已装船提单。在以跟单信用证为付款方式的国际贸易中,更是要求卖方必须提供已装船提单。

(2)收货待运提单。收货待运提单又称备运提单、待装提单。它是承运人在收到托运人交来的货物但尚未装船时，应托运人的要求而签发的提单。签发这种提单时，说明承运人确认货物已交由承运人保管并存在其所控制的仓库或场地，但还未装船。所以，这种提单未载明所装船名和装船时间，在跟单信用证支付方式下，银行一般都不肯接受这种提单。但当货物装船，承运人在这种提单上加注装运船名和装船日期并签字盖章后，待运提单即成为已装船提单。同样，托运人也可以用待运提单向承运人换取已装船提单。我国《海商法》第 74 条对此作出了明确的规定。

随着集装箱运输的发展，承运人在内陆收货越来越多，而货运站不能签发已装船提单，货物装入集装箱后没有特殊情况，一般货物质量不会受到影响。港口收到集装箱货物后，向托运人签发“场站收据”，托运人可持“场站收据”向海上承运人换取“待运提单”，这里的待运提单实质上是“收货待运提单”。由于在集装箱运输中，承运人的责任期间已向两端延伸，所以根据《联合国国际货物多式联运公约》和《跟单信用证统一惯例》的规定，在集装箱运输中银行还是可以接受以这种提单办理货款结汇的。

我国《海商法》第 74 条规定：“货物装船前，承运人已经应托运人的要求签发收货待运提单或者其他单证的，货物装船完毕，托运人可以将收货待运提单或者其他单证退还承运人，以换取已装船提单，承运人也可以在收货待运提单上加注承运船舶和装船日期，加注后的收货待运提单视为已装船提单。”

由此可见，从承运人的责任来讲，集装箱的“收货待运提单”与“已装船提单”是相同的。因为集装箱货物的责任期间是从港口收货时开始的，与非集装箱装运货物从装船时开始不同。现在跟单信用证惯例也允许接受集装箱的“收货待运提单”。但是在目前国际贸易的信用证仍往往规定海运提单必须是“已装船提单”，使开证者放心。

2.按提单收货人的抬头划分

(1)记名提单。记名提单又称收货人抬头提单，是指提单上的收货人栏中已具体填写收货人名称的提单。提单所记载的货物只能由提单上特定的收货人提取，或者说承运人在卸货港只能把货物交给提单上所指定的收货人。如果这种提单失去了代表货物可转让流通的便利，但同时也可以避免在转让过程中可能带来的风险。

使用记名提单，如果货物的交付不涉及贸易合同下的义务，则可不通过银行而由托运人将其邮寄给收货人，或由船长随船带交。这样，提单就可以及时送达收货人，而不致延误。因此，记名提单一般只适用于运输展览品或贵重物品，特别是在短途运输中使用较有优势，而在国际贸易中较少使用。

(2)指示提单。在提单正面“收货人”一栏内填上“凭指示”或“凭某人指示”字样的提单。这种提单按照表示人的方法不同，又可分为托运人指示提单、记名指示人提单和选择指示人提单。如果在收货人栏内只填记“指示”字样，则称为托运人指示提单。这种提单在托运人未指定收货人或受让人之前，货物所有权仍属于卖方，在跟单信用证支付方式下，托运人就是以议付银行或收货人为受让人，通过转让提单而取得议付货款的。如果收货人栏内填记“某某指示”，则称为记名指示提单，如果在收货人栏内填记“某某或指示”，则称为选择指示人提单。记名指示提单或选择指示人提单中指名的“某某”既可以是银行名称，也可以是托运人。

指示提单是一种可以转让的提单。提单的持有人可以通过背书的方式把它转让给第三者，而无须经过承运人认可，所以这种提单为买方所欢迎。而不记名指示(托运人指示)提单与记名指示提单不同，它没有经提单指定的人背书才能转让的限制，所以其流通性更大。指示提单在国际海运业务中使用较广泛。

(3)不记名提单。提单上收货人一栏没有指明任何收货人，而注明“提单持有人”字样或将这一栏空白，不填写任何人的名称的提单。这种提单不需要任何背书手续即可转让，或提取货物，极为简便。承运人应将货物交给提单持有人，谁持有提单，谁就可以提货，承运人交付货物只凭单，不凭人。这种提单丢失或被盗窃的风险极大，若转入非善意的第三者手中，极易引起纠纷，故国际上较少使用这种提单，另外，根据有些班轮公会的规定，凡使用不记名提单，在给大副的提单副本中必须注明卸货港通知人的名称和地址。

我国《海商法》第79条规定：“记名提单：不得转让；指示提单：经过记名背书或者空白背书转让；不记名提单：无须背书，即可转让。”记名提单虽然安全，但不能转让，对贸易各方的交易不便，用得不多。

不记名提单无须背书即可转让，任何人持有提单便可要求承运人放货，对贸易各方不够安全，风险较大，很少采用。指示提单可以通过背书转让，适应了正常贸易需要，所以在实践中被广泛应用。背书分为记名背书和空白背书。前者是指背书人在提单背面写上背书人的名称，并由背书人签名。后者是指背书人在提单背面不写明被背书人的名称。在记名背书的场合，承运人应将货物交给被背书人。反之，则只需将货物交给提单持有人。

3.按提单上有无批注划分

(1)清洁提单。在装船时，货物外表状况良好，承运人在签发提单时，未在提单上加注任何有关货物残损、包装不良、件数、重量和体积或其他妨碍结汇的批注的提单称为清洁提单。

使用清洁提单在国际贸易实践中非常重要，买方要想收到完好无损的货物，首先必须要求卖方在装船时保持货物外观良好，并要求卖方提供清洁提单。根据国际商会《跟单信用证统一惯例》(2007年修订本)第27条的规定：“银行只接受清洁运输单据。清洁运输单据指未载有明确宣称货物或包装有缺陷的条款或批注的运输单据。”由此可见，在以跟单信用证为付款方式的贸易中，通常卖方只有向银行提交清洁提单才能取得货款。清洁提单是收货人转让提单时必须具备的条件，同时也是履行货物买卖合同规定的交货义务的必要条件。

我国《海商法》第76条规定：“承运人或者代其签发提单的人未在提单上批注货物表面的状况，视为货物的表面状况良好。”

由此可见，承运人一旦签发了清洁提单，货物在卸货港卸下后，如发现有残损，除非是由于承运人可以免责的原因所致，承运人必须负责赔偿。

(2)不清洁提单。在货物装船时，承运人若发现货物包装不牢、破残、渗漏、沾污、标志不清等现象时，大副将在收货单上对此加以批注，并将此批注转移到提单上，这种提单称为不清洁提单。我国《海商法》第75条规定：“承运人或者代其签发提单的人，知道或者有合理的根据怀疑提单记载的货物品名、标志、包数或者件数、重量或者体积与实际接收到的货物不符，在签发已装船提单的情况下怀疑与已装船的货物不符，或者没有适当的方法核对提单记载的，可以在提单上批注，说明不符之处、怀疑的根据或者说明无法核对。”

实践中承运人接收货物时，如果货物外表状况不良，一般先在大副收据上记载，在正式签发提单时，再把这种记载转移到提单上。在国际贸易实践中，银行是拒绝出口商以不清洁提单办理结汇的。为此，托运人应把损坏或外表状况有缺陷的货物进行修补或更换。习惯上的变通办法是由托运人出具保函，要求承运人不要将大副收据上所作的有关货物外表状况不良的批注转批到提单上，而根据保函签发清洁提单，以使出口商能顺利完成结汇。但是，因未将大副收据上的批注转移到提单上，承运人可能承担对收货人的赔偿责任，承运人因此遭受损失，应由托运人赔付。那么，托运人是否能够赔偿？承运人在向托运人追偿时，往往难以得到法律的保护，而承担很大的风险。承运人与收货人之间的权利义务是提单条款的规定，而不是保函的保证。所以，承运人不能凭保函拒赔，保函对收货人是无效的，如果承、托双方的做法损害了第三者收货人的利益，有违民事活动的诚实信用的基本原则，容易构成与托运人的串通，对收货人进行欺诈行为。

由于保函换取提单的做法，有时确实能起到变通的作用，故在实践中难以完全拒绝，我国最高人民法院在《关于保函是否具有法律效力问题的批复》中指出：“海上货物运输的托运人为换取清洁提单而向承运人出具的保函，对收货人不具有约束力。不论保函如何约定，都不影响收货人向承运人或托运人索赔；对托运人和承运人出于善意而由一方出具另一方接受的保函，双方均有履行之义务。”承运人应当清楚自己在接受保函后所处的地位，切不可掉以轻心。

4.根据运输方式的不同划分

(1)直达提单。直达提单，又称直运提单，是指货物从装运港装船后，中途不经转船，直接运至目的港卸船交予收货人的提单。直达提单上不得有“转船”或“在某港转船”的批注。凡信用证规定不准转船者，必须使用这种直达提单。如果提单背面条款印有承运人有权转船的“自由转船”条款，则不影响该提单成为直达提单的性质。

(2)转船提单。转船提单是指货物从起运港装载的船舶不直接驶往目的港，需要在中途港口换装其他船舶转运至目的港卸货，承运人签发这种提单称为转船提单。在提单上注明“转运”或“在某某港转船”的字样，转船提单往往由第一程船的承运人签发。由于货物中途转船，增加了转船费用和风险，并影响到货时间，故一般信用证内均规定不允许转船，但对于直达船少或没有直达船的港口，买方也只好同意可以转船。

按照《海牙规则》，如船舶不能直达货物目的港，非中转不可，一定要事先征得托运人同意。船舶承运转船货物，主要是为了扩大营业、获取运费。转运的货物，一般均属零星杂货，如果是大宗货物，托运人可以租船直航目的港，也就不发生转船问题。

(3)联运提单。联运提单是指货物运输需经过两段或两段以上(且其中一种为海运)的运输方式来完成，如海陆、海空或海海等联合运输所使用的提单。船舶(海海)联运在航运界也称为转运，包括海船将货物送到一个港口后再由驳船从港口经内河运往内河目的港。

(4)多式联运提单。这种提单主要用于集装箱运输。是指一批货物需要经过两种以上不同的运输方式，其中一种是海上运输的方式，由一个承运人负责全程运输，负责将货物从接收地运至目的地交付收货人，并收取全程运费所签发的提单。提单内的项目不仅包括起运港和目的港，而且列明一程二程等运输路线，以及收货地和交货地。

多式联运是以两种或两种以上不同运输方式组成的，多式联运提单是参与运输的两种或两种以上运输工具协同完成所签发的提单；组成多式联运的运输方式中其中一种必须是国际海上运输。

我国《海商法》第4章“海上货物运输合同”中的第八节“多式联运合同的特别规定”以及《联合国国际货物多式联运公约》制约着多式联运。

5.按提单内容的简繁划分

(1)全式提单。全式提单是指提单除正面印就的提单格式所记载的事项，背面列明有关承运人与托运人及收货人之间的权利、义务等详细条款的提单。由于条款繁多，所以又称繁式提单。在海运的实际业务中大量使用的大都是这种全式提单。

(2)简式提单。简式提单，又称短式提单、略式提单，是相对于全式提单而言的，是指提单背面没有关于承运人与托运人及收货人之间的权利、义务等详细条款的提单。这种提单一般在正面印有“简式”字样，以示区别。简式提单中通常列有如下条款：“本提单货物的收受、保管、运输和运费等事项，均按本提单全式提单的正面、背面的铅印、手写、印章和打字等书面条款和例外条款办理，该全式提单存本公司及其分支机构或代理处，可供托运人随时查阅。”

简式提单通常包括租船合同项下的提单和非租船合同项下的提单。

①租船合同项下的提单。在以航次租船的方式运输大宗货物时，船货双方为了明确双方的权利、义务，首先要订立航次租船合同，在货物装船后承租人要求船方或其代理人签发提单，作为已经收到有关货物的收据，这种提单就是“租船合同项下的提单”。因为这种提单中注有“所有权均根据某年某月某日签订的租船合同”；或者注有“根据………租船合同开立”字样，所以，它要受租船合同的约束。因为银行不愿意承担可能发生的额外风险，所以当出口商以这种提单交银行议付时，银行一般不愿意接受。只有在开证行授权可接受租船合同项下的提单时，议付银行才会同意，但往往同时要求出口商提供租船合同副本。

根据租船合同签发的提单所规定的承运人责任，一般应和租船合同中所规定的船东责任相一致。如果提单所规定的责任大于租船合同所规定的责任，在承租人与船东之间仍以租船合同为准。

②非租船合同项下的简式提单。为简化提单备制工作，有些船公司实际上只签发给托运人一种简式提单，而将全式提单留存，以备托运人查阅。这种简式提单上一般印有“各项条款及例外条款以本公司正规的全式提单所印的条款为准”等内容。按照国际惯例，银行可以接受这种简式提单。这种简式提单与全式提单在法律上具有同等效力。

6.按签发提单的时间划分

(1)倒签提单。倒签提单是指承运人或其代理人应托运人的要求，在货物装船完毕后，以早于货物实际装船日期为签发日期的提单。当货物实际装船日期晚于信用证规定的装船日期，若仍按实际装船日期签发提单，托运人就无法结汇。为了使签发提单的日期与信用证规定的日期相符，故提前填写签发日期，以免违约。

签发这种提单，尤其当倒签时间过长时，有可能推断承运人没有使船舶尽快速遣，因而承担货物运输延误的责任。特别是市场上货价下跌时，收货人可以"伪造提单"为借口拒收货物，并向法院起诉要求赔偿。承运人签发这种提单是要承担一定风险的。但是为了贸易需要，在一定条件下，比如在该票货物已装船完毕，但所签日期是船舶已抵港并开始装货，而所签提单的这批货尚未装船，是尚未装船的某一天；或签发的货物是零星货物而不是数量很大的大宗货；或倒签的时间与实际装船完毕时间的间隔不长等情况下，取得了托运人保证承担一切责任的保函后，才可以考虑签发。

（2）预借提单。预借提单是指货物尚未装船或尚未装船完毕的情况下，信用证规定的结汇期（即信用证的有效期）即将届满，托运人为了能及时结汇，而要求承运人或其代理人提前签发的已装船清洁提单，即托运人为了能及时结汇而从承运人那里借用的已装船清洁提单。

这种提单往往是当托运人未能及时备妥货物或船期延误，船舶不能及时到港接受货载，估计货物装船完毕的时间可能超过信用证规定的结汇期时，托运人采用从承运人那里借出提单用以结汇的方法，当然必须出具保函。签发这种提单承运人要承担更大的风险，可能构成承托双方合谋对善意的第三者收货人进行欺诈。签发这种提单的后果有以下几种。

①因为货物尚未装船而签发提单，即货物未经大副检验而签发清洁提单，有可能增加承运人的赔偿责任。

②因签发提单后，可能因种种原因改变原定的装运船舶，或发生货物灭失、损坏或退关，这样就会很容易使收货人掌握预借提单的事实，以欺诈为由拒绝收货，并向承运人提出索赔要求，甚至诉讼。

不少国家的法律规定和判例表明，在签发预借提单的情况下，承运人不但要承担货损赔偿责任，而且会丧失享受责任限制和援引免责条款的权利，即使该批货物是因免责事项原因受损的，承运人也必须赔偿货物的全部损失。签发倒签或预借提单，承运人承担的风险很大，由此引起的责任承运人必须承担，尽管托运人往往向承运人出具保函，但这种保函同样不能约束收货人。比较而言，签发预借提单比签发倒签提单对承运人来说风险更大，因为预借提单是承运人在货物尚未装船，或者装船还未完毕时签发的。我国法院对承运人签发预借提单的判例中，不但由承运人承担了由此引起的一切后果，赔偿货款损失和利息损失，还赔偿了包括收货人向第三人赔付的其他各项损失。

（3）过期提单。过期提单有两种含义，一是指出口商在装船后延滞过久才交到银行议付的提单。二是指提单晚于货物到达目的港，这种提单也称为过期提单。因此，近洋国家的贸易合同一般都规定有"过期提单也可接受"的条款。

7.按收费方式划分

（1）运费预付提单。以 CIF、CFR 条件成交的货物，按规定货物托运时，必须预付运费。在运费预付情况下出具的提单称为运费预付提单。这种提单正面载明"运费预付"字样，运费付后才能取得提单；付款后，若货物灭失，运费不退。

（2）运费到付提单。以 FOB 条件成交的货物，不论是买方订舱还是买方委托卖方订舱，运费均为到付，并在提单上载明"运费到付"字样，这种提单称为运费到付提单。货物运到目的港后，只有付清运费，收货人才能提货。

（四）海运提单的填制

目前，海运提单多数是由船公司或其代理人填制，经由出口公司核对后确认并出具正本提单。

1.托运人。托运人是指委托运输的人，在贸易中是合同的卖方。一般在填写海运提单SHIPPER栏目中，如信用证无特殊的规定，都填写卖方的名称。许多制单人是直接把公司的公章盖在这一栏目中。如果信用证规定以Third Party（第三者）为发货人时，可以外运公司的名义发货。

2.收货人。与托运单“收货人”栏目的填写完全一致。

3.被通知人。如果合同或信用证没有说明哪一方为被通知人，可将合同的买方或信用证中的申请人名称、地址填入副本B/L的这一栏目中，而正本的这一栏目保持空白。如“收货人”栏目已填“凭××人指定”，被通知人如另有规定，可以不填。

4.前程运输。如果货物需转运，在这一栏目中填写第一程船的名称：如果货物无须转运，则空白这一栏目，但驳船用“Lighter”字样填入此栏目。如海运提单没有此栏目，应将驳船的名称写在大船名称前，如“Lighter/Beijing（北京轮）”，但对日本、美国不能用“Lighter”，须填驳船的具体名称，如“粤海110”（YUE HAI 110）。

5.收货地点。如果货物需转运，填写收货的港口名称或地点；如果货物不需转运，空白这一栏目。

6.船名。如果货物需转运，填写第二程船的船名；如果货物无须转运，填写第一程船的船名。

7.装运港。如果货物需转运，填写中转港口名称；如果货物无须转运，填写装运港名称，如货物在广州装运，需在香港转船，则在此栏目填写“GUANG ZHOU/HONG KONG”或在目的港之后加注“WITH TRANSSHIPMENT AT HONG KONG”（简写为W/T HONG KONG），如“SINGAPORE W/T HONG KONG”（目的港新加坡，在香港转船）。

8.卸货港。填写卸货港（目的港）名称。如货物目的港转运内陆某地或利用领国港口过境，须在目的港后加注“IN TRANSIT TO 某地”或“IN TRANSIT 某地”，如KUWAIT IN TRANSIT SAUDI ARABIA（目的港科威特，转运沙特阿拉伯）。

9.交货地点。填写最终目的地名称。如果货物的目的地就是目的港，空白该栏。

10.填写集装箱箱号。

11.填写唛头和封号。

12.商品描述及数量。商品描述使用文字应注意：（1）在没有特别说明时全部使用英文；（2）来证明要求使用中文填写时，应遵守来证规定，用中文填写。数量是指本海运提单项下的商品总件数。

13.填写总毛重。

14.填写总尺码。

15.特殊条款。信用证要求在海运提单内特别加列的条款。

16.运费条款。除非信用证有特别要求，几乎所有的海运提单都不填写运费的数额，而只表明运费是否已付清或什么时候付清。它主要包括：

运费已付——FREIGHT PAID

运费预付——FREIGHT PREPAID

运费到付——FREIGHT PAYABLE AT DESTINATION

运费待付——FREIGHT COLLECT

以FOB、FCA术语成交，提单一般填写为“FREIGHT COLLECT”；以CFR、CIF、CPT、CIP术语成交，提单一般填写为“FREIGHT PREPAID”。如信用证或托收、汇付条件下的合同规定加注运费，一般可加注运费的总金额。如规定列明详细运费，就必须将计算单位、费率等详细列明。

17.签发地点和时间。海运提单签发时间，表示货物实际装运的时间或已经接受船方、船代理的有关方面监管的时间。海运提单签发地点，表示货物实际装运的港口或接受有关方面监管的地点。海运提单必须经装载船只的船长签字才能生效，在没有规定非船长签字不可的情况下，船方代理可以代办。

18.正本的签发份数。承运人一般签发海运提单正本两份，也可应收货人的要求签发两份以上。签发的份数，应用大写数字(如Two，Three等)在栏目内标明。

信用证规定要求出口方提供“全套海运提单”(Full Set or Complete Set B/L)，按国际贸易习惯，一般是提供两份海运提单正本。

对信用证要求的正本单据和副本单据，UCP600第17条规定：

a.信用证中规定的每种单据必须提交至少一份正本。

b.除非单据本身表明其不是正本，银行将视任何表面上具有单据出具人正本、标志、图章或标签的单据为正本单据。

c.除非单据另有陈述，如果单据符合以下条件，银行将接受该单据作为正本单据：

Ⅰ.表面上显示由单据出具人手写、打字、穿孔或盖章；

Ⅱ.表面上显示使用的是单据出具人的正本信纸；

Ⅲ.声明单据为正本，除非该项声明表面显示出与所提示的单据不符。

d.如果信用证要求提交副本单据，则提交正本单据或副本单据均可。

e.如果信用证中使用诸如“一式两份”“两张”“两份”等术语要求提交多份单据，则可以通过提交至少一份正本，其余为副本来满足信用证要求，但单据本身另有其他指示的除外。

19.有效的签章。来证规定手签的必须手签。印度、斯里兰卡、黎巴嫩、阿根廷等国港口，信用证虽未规定手签，但当地海关规定必须手签。有的来证规定海运提单须由中国贸促会的签证，也可照办。承运人或船长的任何签字或证实，必须表明“承运人”或“船长”的身份。代理人代表承运人或船长签字或证实时，也必须表明所代表的委托人的名称和身份，即注明代理所代表的委托人的名称和身份，注明代理人是代表承运人或船长签字或证实的。

(五)其他几种特殊的提单

1.最低运费提单

最低运费提单是指对每一提单上的货物按起码收费标准收取运费所签发的提单。如果托运人托运的货物批量过少，按其数量计算的运费额低于运价表中规定的起码收费标准时，承运人均按起码收费标准收取运费，为这批货物所签发的提单就是最低运费提单，也可称为起码收费提单。

2.舱面货提单

舱面货提单又称甲板货提单。这是指货物装于露天甲板上承运，并于提单注明“装于舱面”字样的提单。

在贸易实践中，有些体积庞大的货物以及某些有毒货物和危险物品不宜装于舱内，只能装载于船舶甲板上。货物积载于甲板承运，遭受灭失或损坏的可能性较大，除商业习惯允许装于舱面的货物如木材，法律或有关法规规定必须装于舱面的货物，承运人和托运人之间协商同意装于舱面的货物外，承运人或船长不得随意将其他任何货物积载于舱面承运。如果承运人擅自将货物装于舱面，一旦灭失或损坏，承运人不但要承担赔偿责任，而且还将失去享受的赔偿责任限制的权利。但是，如果签发的是表明承、托双方协商同意的，注有“装于舱面”字样的舱面提单，而且实际上也是将货物积载于舱面，那么，只要货物的灭失或损坏不是承运人的故意行为造成的，承运人仍可免责。否则即使货物装在甲板上面没有批注，承运人对此要像装舱内货一样负责。

为减轻风险，买方一般不愿意把普通货物装在舱面上，有时甚至在合同和信用证中明确规定，不接受舱面提单。银行为了维护开证人的利益，对这种提单一般也予以拒绝。

3.集装箱提单

集装箱提单是集装箱货物运输下主要的货运单据，负责集装箱运输的经营人或其代理人，在收到集装箱货物后而签发给货运人的提单。它与普通货物提单的作用和法律效力基本相同，但也有其特点。

(1)由于集装箱货物的交接地点不同，一般情况下，由集装箱堆场或货运站在收到集装箱货物后签发场站收据，托运人以此换取集装箱提单结汇。

(2)集装箱提单的承运人责任有两种：一是在运输的全过程中，各段承运人仅对自己承担的运输区间所发生的货损负责；二是多式联运经营人对整个运输承担责任。

(3)集装箱内所装货物，必须在条款中说明。因为有时由发货人装箱，承运人不可能知道内装何物，一般都有“Said to Contain”条款，否则损坏或灭失时整个集装箱按一件赔偿。

(4)提单内说明箱内货物数量、件数、铅封是托运人来完成的，承运人对箱内所载货物的灭失或损坏不予负责，以保护承运人的利益。

(5)在提单上不出现 On Desk 字样。

(6)集装箱提单上没有“装船”字样，它们都是收讫待运提单，而提单上却没有“收讫待运”字样。

另外，提单按船舶经营性质划分为班轮提单和租船提单，按提单使用有效性可划分为正本提单和副本提单，按货物运输形式划分为件杂货提单和集装箱运输提单；按货物进出口划分为进口货运提单和出口货运提单等。

二、海运单

海运单(Sea Waybill)是由船长或船公司或其代理人签发的证明已收到特定货物(已

接管或已装船)并保证将货物运至目的地交付给指定收货人的一种凭证。

海运单与海运提单同样是船方出具的货物收据,也是海上货物运输契约的证明,但它不是货物所有权的凭证,不能背书转让,收货人无须凭海运单,只需出示适当的身份证明,即可提取货物。因此海运单迟延到达、灭失、失窃等均不影响收货人提货,这样可以有效地防止海运欺诈、错误交货的发生。

三、铁路运单

铁路运单是国际铁路联运中铁路与货主之间的运输契约,对收、发货人和铁路部门都具有法律约束力。铁路运单正本随货物自始发站运至终点站,最后在终点站由收货人付清应由收货人负担的运杂费用后,连同货物由终点站交给收货人。运单副本由铁路始发站签发给发货人作为货物已经交运的凭证和凭以向银行办理货款结算的主要单据。由于收货人向铁路提取货物时,无须提交运单,因此,铁路运单并非物权凭证,不能通过背书进行转让和作为抵押品向银行融通资金。

四、航空运单

航空运单(airway bill)简称为AWB,是航空运输公司及其代理人签发给发货人表示已收妥货物并接受托运的货物收据。航空运单可分为出票航空公司标志的航空货运单和无承运人任何标志的中性货运单两种。航空运单不是物权凭证,不能通过背书转移货物的所有权。航空运单不可转让,持有航空运单并不说明就可以对货物要求所有权。航空运单的作用有:

1.航空运单是航空运输承运人与托运人之间的运输合同。海运提单只是运输合同的证明,它本身不是运输合同。但航空运单不仅是航空运输合同的证明,而且航空运单本身就是托运人与航空运输承运人之间签订的货物运输合同。

2.航空运单是航空公司或其代理人运收货物的证明文件。在托运人将货物托运后,航空公司或其代理人就会将其中一份交给托运人,作为已按航空运单所列内容收妥货物的证明。

3.航空运单是承运人核收运费的依据。航空运单分别记载着属于收货人负担的费用、属于应支付给承运人的费用和应支付给代理人的费用,并详细列明费用的种类、金额,因此可作为运费账单和发票。承运人往往也将其中的承运人联作为记账凭证。

4.航空运单是进出口货物办理清关的证明文件。当货物通过航空运输出口时,报关必须提交航空运单。在货物到达目的地机场进行进口报关时,海关也是根据航空运单查验放行货物的。

5.航空运单是承运人处理货物运输过程情况的依据。航空运单中的一份随货同行,用于记载有关该票货物发送、转运、交付的事项,是承运人处理货物运输过程情况的依据。

6.航空运单是收货人核收货物的依据。航空运单的正本一式三份,其中一份交托运人,是承运人或其代理人接收货物的依据;第二份由承运人留存,作为记账凭证;最后一份随货同行,用于记载有关该票货物发送、转运、交付的事项,在货物到达目的地时,交付给收货人作为核收货物的依据。虽然正本签发三份,但银行允许只提交一份正本。副本九份，由航空公司按规定和需要分发。

五、多式联运单据

多式联运单据，是为适应广泛开展的集装箱运输的需要而产生的，在使用多种运输方式联合运送货物时所签发的单据。多式联运单据与联运提单的主要区别如下：

1.使用的范围不同。联运提单限于由海运与其他运输方式所组成的联合运输时使用；多式联运单据使用范围较广，它既可用于海运与其他运输方式的联运，也可用于不包括海运的其他运输方式的联运，但仍必须是至少两种不同运输方式的联运。

2.签发人不同。联运提单由承运人、船长或承运人代理签发，多式联运单据则由多式联运经营人或其授权人签发。

3.签发人对运输负责的范围不同。联运单据的签发人仅对第一程运输负责，而多式联运单据的签发人则要对全程运输负责。

4.运费费率不同。联运单据全程采用不同的运费费率，多式联运单据必须是全程单一的运费费率。

第三节 装运条款

案例导入 19

我A公司与美国B公司于4月5日按FOB广州成交，出口服装一批，交货期限为不迟于5月28日。B公司于4月8日开来信用证，证中的装运期没有具体规定，只是要求A公司立即装运出口。A公司于5月20日装运出口，凭单向B公司索取货款，但B公司提出异议，认为信用证中已经明示“立即装运”，A公司最迟应在4月底装运，5月装运属于单证不符，因此，B公司拒付货款。

请问：B公司是否有理？为什么？

在国际贸易中，买卖双方必须就交货时间、装运地和目的地、能否分批装运和转船、转运等问题商妥，并在合同中具体定明。明确、合理的装运条款，是保证进出口合同顺利履行的重要条件。

装运条款的内容及其具体订立与合同的性质和运输方式有着密切的关系。我国的进出口合同大部分是FOB、CIF和CFR合同，而且大部分的货物是通过海洋运输。按照国际贸易惯例解释，在上述条件下，卖方只要将合同规定的货物在装运港履行交货手续，取得清洁的装船单据，并将其交给买方或其代理人，即算完成交货义务。因此，上述合同的装运条款应包括装运时间、装运地和目的地、是否允许转船与分批装运、装运通知，以及滞期、速遣条款等内容。

一、装运时间

装运时间是买卖合同的重要条款，如卖方违反这一条款，买方有权撤销合同，并要求卖方赔偿其损失。

(一)装运时间的规定方法

1.明确规定具体装运时间

一般不确定在某一个日期上，而是确定在一段时间内。这种规定方法，期限具体、含义明确，在国际货物买卖合同中采用较为普遍。例如：5 月底或以前装运、装运期不迟于 6 月 30 日、8 月上(下)半月装运等。

2.规定收到信用证后一定时间内装运

这类规定方法，主要适用于下列情况：

(1)按买方要求的花色、品种和规格或专为某一地区或商品生产的商品，或者是一旦买方拒绝履约难以转售的商品，为防止遭受经济上的损失，则可采用此种规定方法。

(2)在一些外汇管制较严的国家和地区，或实行进口许可证或进出口配额制的国家，为促成交易，有时也可采用这种方法。

(3)对某些信用证较差的客户，为促使其按时开证，也可酌情采用这一方法。

例如：收到信用证后 30 天内装运。

但是，在采用此种装运期的规定时，同时应规定有关信用证开到的期限。例如：买方必须不迟于某月某日前将信用证开到卖方。

3.笼统规定近期装运

这种规定方法即不规定具体期限，只是用“立即装运”“即期装运”“尽快装运”等词语表示，由于这些近期术语在各国、各地和各行业中解释不一，除买卖双方已有一致理解外，应尽量避免使用。

(二)规定装运时间的注意事项

1.应考虑货源和船源的实际情况

如对货源心中无数，盲目成交，就有可能出现到时交不了货，而形成有船无货的情况。在按 CFR 和 CIF 条件出口和按 FOB 进口时，还应考虑船源的情况。如船源无把握就盲目成交，或者没有留出安排舱位的合理时间，规定在成交的当月交货或装运，则可能出现到时租不到船或订不到舱位而形成有货无船的情况。

2.对装运期的规定要明确

在买卖合同中，应明确规定装运的具体期限，对“立即装运”和“尽快装运”等词语，应用时必须慎重。

3.装运期限应当适度

装运期限的长短，应视不同商品和租船订舱的实际情况而定。

4.在规定装运期的同时，应考虑开证日期的规定是否明确合理

装运期与开证日期是互相关联的，为保证按期装运，装运期和开证日期，应该互相衔接起来。

二、装运地和目的地

装运地和目的地直接关系到交货交接过程中办理手续、支付费用和风险划分等重要问题，应在合同中明确规定。

(一)装运地和目的地的规定方法

1.在一般情况下，装运地和目的地应各规定一个。如从深圳出口到纽约，装运地为深圳，目的地为纽约；又如，从长沙出口到新加坡，起运地为长沙，装运港为深圳，目的地为新加坡。

2.有时按实际业务的需要，装运地和目的地也可分为两个或两个以上。

3.在交易磋商时，如明确规定装运港和目的港有困难，可采用选择港的方法。规定选择港有两种方式：一种是在两个或两个以上港口中选择一个，如 CIF 伦敦/汉堡，或 CIF 伦敦/汉堡/鹿特丹；另一种是笼统规定某一航区为装运港或目的港，如“地中海主要港口”“西欧主要港口”等。

(二)确定装运地和目的地的注意事项

1.国内装运地的规定应以接近货源地为宜，但也要考虑港口和国内运输条件，同时也应接近买方或消费地区的港口。不过，根据我国目前港口情况，为避免港口到船集中而造成堵塞现象，也可规定为“中国港口”。

2.不能接受内陆城市为装运地或目的地的条件。因为，接受这一条件，我方要承担从进口港到内陆城市这段路程的费用和风险。所以与内陆国家进行出口贸易，应选择靠该国最近的海港和我方能安排船舶的港口为目的地，不宜以内陆城市为目的地。如对内陆国家尼泊尔就不能订 CIF 加德满都(尼泊尔首都)，而应按习惯订 CIF 加尔各答(印度港口)。

3.必须注意装卸港的具体条件，主要是：有无直达班轮航线、港口和装卸条件以及运费和附加费水平等。如果租船运输时，还应进一步考虑码头泊位的深度、有无冰封期、冰封的具体时间以及对船舶国籍有无限制等港口制度。

4.应注意国外港口有无重名问题。世界各国港口重名的很多，例如，维多利亚港，世界上有 12 个之多，波特兰、波士顿、的黎波里等也有数个。为防止发生差错，引起纠纷，在买卖合同中应明确注明装运港或目的港所在国家和地区的名称。

5.规定目的地必须明确具体。一般不要使用“欧洲主要港口”“非洲主要港口”等笼统的规定方法，因为国际上对此并无统一的解释，而不同港口的装卸条件、运费和附加费也可能有很大差别。

6.规定选择港时要注意的问题。

(1)选择港的数目一般不超过三个。

(2)备选港口必须是同一条航线上，而且是一般班轮公司的船只都能泊靠的港口，即班轮的寄航港。

(3)在核定出口价格和计算运费时，应按备选港口中最高的费率和附加费计算，如按一般费率核定出口价格，则应在合同中明确规定因选择港而增加的运费、附加费均由买方承担。

(4)采用选择港时,收货人必须在轮船驶抵第一个可选择的港口前,按船公司规定的时间,将最后确定的目的港通知该船的船公司或其代理人,否则,船方有权在任何一个可选择的港口卸货。

三、分批装运和转运

分批装运和转运直接关系到买卖双方的利益,因此,能否分批装运和转运,往往是进出口合同中运输条款的重要组成部分,应该在交易磋商时就明确。

(一)分批装运

分批装运是指一个进出口合同项下的货物,分若干批装运。

按照国际商会《跟单信用证统一惯例》(UCP600)第32条的规定:"任何一期未按信用证规定期限支取或发运时,信用证对该期及以后各期均告失效。"

《跟单信用证统一惯例》中与分批装运有关的重要条款还包括:

第40条A款,除非信用证另有规定,可视作允许分批装运。

第40条B款,运输单据表面注明货物系使用同一运输工具装载并经同一运输路线运输的,即使每套运输单据显示的装运日期不同及(或)装卸港、接受监管地、发运地不同,只要运输单据注明的目的地相同,也不视为分批装运。

如合同和信用证中明确规定了分批数量,以及类似的限批、限时条件,卖方应严格履行约定,只要其中任何一批没按规定装运,就可作违反合同论处,且该批以后各批均告失效。

(二)转运

转运是指货物在运输过程中的转船、转机以及从一种运输工具上卸下再装上另一种运输工具的行为。如果在合同的装运地和目的地之间没有直达的运输工具,就应在合同中定明运输转运。

一般来说,允许分批装运和转运,对卖方而言比较主动。根据《跟单信用证统一惯例》的规定:除非信用证有相反规定,可准许分批装运和转运。但买卖合同如对分批装运和转运不作规定,按国外合同法,则不等于可以分批装运和转运。因此,为了避免不必要的争议,争取早出口、早收汇,防止交货时发生问题,除非买方坚持不允许分批装运和转运,原则上应明确在出口合同中订入"允许分批装运和转运"。

四、装运通知

装运通知是在采用租船运输大宗进出口货物的情况下,为了加强买卖双方的相互配合,共同做好船货的衔接工作以及履行其他有关责任,在合同中加以规定的条款。

装运通知有广义和狭义之分,广义指一切有关装运的通知,如通知买方派船接货,通知买方货已装船等;狭义仅指卖方向买方发出的货物已装船通知,即仅指按信用证或合同规定,发货人在装船后向收货人或其通知人或其指定人发出的通知货物装运情况的书面文件。在此意义上,装运通知亦称装船通知,或称装船声明。接受装运通知的一般是进口人或其指定人,有时也可能是进口人指定的保险公司。通知的方式通常为电报,其电报抄本随其他单据交银行议付。有时也用信函邮寄方式通知,信函通知的副本也应随其他单据交银行议付。

（一）装运通知的规定方法

按照国际惯例，卖方在货物装运后应及时将装运情况通知买方，以便买方做好接卸货物、报关及其他准备工作。尤其是在以 FOB、CFR 条件成交的情况下，由卖方负责租船订舱，买方自行投保、卖方在货物装船后应立即通知买方或其指定的保险公司，以便买方及时办理投保手续和进口报关手续，并做好付款接货的准备。即使在 CIF 条件下（即由卖方投保），卖方也应在货物装运后及时向买方发出装船通知。若因装船通知迟发或漏发而造成买方漏办或未及时办理保险，由此造成的损失将由卖方承担。为避免卖方因疏忽未及时通知，买方往往在来证中明确规定卖方必须在规定时间内发出装运通知，并以装船通知的副本作为议付货款的单据之一。

有时，买方在货物尚未发运前预先向保险公司办理预约保险，并要出口人将装运通知直接发至保险公司，以便保险及时生效，这类装运通知也称"预保信""保险声明"。

（二）装运通知的内容要求

装船通知的内容视信用证的具体规定而定，无固定格式，由出口人自行拟制，其内容一般包括载货船只名称、开航日期，货物品名、件数、重量，发票金额，合同号，信用证号等。

1.单据名称。按信用证要求填写，若来证要求提供"SHIPPING ADVICE""DECLARATION OF SHIPMENT""CERTIFIED COPY OF TELEX"或"COPY OF TELEX"等，应按要求标明该单据的名称。

在 CIF 等由卖方负责保险的条件下，货物装运后，也由卖方向买方发出装运通知以便买方接货或办理进口手续，此时一般只简单地将装运情况用电传或其他电讯方式通知买方。

2.出单日期与地点。出单日期应严格限定在信用证规定的时间范围内，一般与提单日期同日或比提单日期晚一天。出单地点即本通知实际发出地点或收货人的地点。如果收货人地点与实际寄发地点不一致，则可填实际发出的地点。

3.买方名称。买方名称即"TO…"所引出的抬头人，应按信用证要求填写。如果信用证没有规定抬头人，则可填信用证申请人。例如，信用证要求"TO THE ACCOUNTEE"，则在抬头人一栏把开证申请人名称填上。

4.事由。一般可填商品名称、批号、信用证号码或发票号。如在 FOB 或 CFR 等由买方办理保险的情况下，则信用证将要求装运通知列明"OPEN POLICY No."或"COVER NOTE No."，此时应遵照信用证规定填列。

5.声明或证明文件。一般可声明货物已装船。例如："WE DECLARE THAT THE SHIPMENT UNDER THE CAPTIONED OPEN POLICY HAS BEEN FINISHED. THE DETAILS OF SHIPMENT ARE STATED BELOW. PLEASE COVER INSURANCE AND SEND YOUR ACKNOWLEDGEMENT DIRECTLY TO THE INSURED PARTY."意思是："兹声明上述预约保险单项下的货物装运已经完成，装运的细节附列于下。请办理保险并将您的保险确认书直接递送给被保险人。"

如果按照信用证要求提供的单据是"CERTIFIED COPY OF TELEX"，则有时可注明证实单据内容真实的文句。例如："WE HEREBY CERTIFY THAT THE ABOVE

HELEX IS TRUE AND CORRECT.”意思是:“兹证明上述电传内容真实无误。”

6.装船细节。若来证要求列明,此栏一般包括装运港、目的港、实际装运的船名等。如果转运应标明转运或标明第二程船。上述内容都应与提单一致。

7.货物细节。一般包括货物品名、唛头、数量或重量、毛重与净重等,应按提单、发票等单据填写。如果是散装货物,则用“IN BULK”表示,只填净重,不填数量。如果是“GROSS FOR NET”(以毛作净)的货物,则也只填净重。

8.装运日期。装运日期即实际装运结束日期,可根据运输单据记载的装运日期填写。如已装上船的提单按签单日期作为装运日期,如收妥备运提单则将装船批注日期作为装运日期。

9.签章。在装运通知上填写卖方或受益人(如出口公司)名称,由法人代表或经办人签字盖章。

在按 FOB 条件成交时,卖方在将货物备妥后,一般在约定的装运期前 30 天或 45 天,向买方发出通知,以便买方及时派船接货。买方安排好船只后,向卖方发出派船通知,并将船舶预计到港的日期通知卖方,以便卖方在约定的时间,将合同号码、货物名称、件数、重量、发票金额、船名以及装船日期等项内容,电告买方,以便买方做好接收货物的准备。

五、滞期、速遣条款

买卖双方在大宗交易中,除约定装卸时间和装卸率外,还应相应规定滞期、速遣条款,以明确货物装卸方的责任。滞期、速遣条款在程租船合同船方不管装卸的承运条款时必不可少的一种奖罚条款。贸易合同中的滞期、速遣条款必须和租船合同中的滞期、速遣条款互相衔接。

负责装卸货物的一方,如果未按照约定的装卸时间和装卸率完成装卸任务,则需要向船方交纳延误船期的罚款,此项罚款称为滞期费用;反之,如负责装卸货物的一方在约定装卸时间内提前完成装卸任务,有利于加快船舶的周转,则可以从船方取得奖金,此项奖金称为速遣费。

(一)滞期、速遣条款的规定

滞期费和速遣费通常按每日若干金额计算,不足一日的则按比例计算。费率大体相当于承运船舶在租船市场的日租运价加上日耗油费,滞期时间习惯上按“一旦滞期,永远滞期”的原则计算,即超过租船一天算一天,均算作滞期时间。

按照航运业的习惯做法,速遣期一般为滞期费的一半。在规定买卖合同的滞期、速遣条款时,应注意内容与将要订立的租船合同的相应条款保持一致,以免造成不应有的损失。

(二)滞期、速遣条款的注意事项

在实际业务中,买方派船合同的滞期、速遣条款主要发生在卖方的装运港,而卖方派船合同的滞期、速遣条款则主要发生在买方的卸货港。我方租用国轮在国内港口装卸货有时不计滞期、速遣,如租用外轮,则在装卸港口均有可能涉及滞期、速遣,贸易合同中的滞期、速遣条款应注意以下事项:

1.装卸时间起算。按照国际惯例,船舶到达港口,不论是靠泊或在锚地,只要是船舶具备装卸货条件,船长就可递交“装卸准备就绪通知书”。该通知若在上午办公时间 8～12 时递交,装卸时间则于当日下午 14 时起计算;若通知书于下午办公时间 14～18 时递交,装卸时间则从次日上午 8 时起算;若在星期六下午或假日前一天下午的办公时间内递交,则从星期一或假日后第一天的上午 8 时起算,有时散装大宗货也可规定在递交通知书 24 小时后开始起算。

2.装卸率。以 FOBS 或 FOBST 条件成交的进口大宗货物,在合同中一般订明装卸率按每 24 小时连续晴天工作日。对装(卸)货的规定一般均订明“星期日和假日除外”。

3.滞期、速遣费。滞期费一般是根据船舶的大小、经营成本和当时的租船市场价格由买卖双方商定。一般速遣费为滞期费的一半,不足一天,按比例计算。对速遣费计算有两种办法:一是按节约的全部时间计算;二是按节约的工作时间计算。

4.其他条款。除上述条款外,在滞期、速遣条款中一般还订有开关舱时间、船舶移泊时间、滞期、速遣费用的结算方法及时间要求等条款,以明确双方的责任。

5.签订专门的滞期、速遣条款作为贸易合同的附件。我方派船进口大宗货物,或对方派船条件下进口大宗货物的贸易合同,往往在合同中加订一份关于滞期、速遣的装货专用条款或卸货专用条款的合同附件。

六、约定货物运输条款的注意事项

为了合理地选择和运用各种运输方式,以利进出口合同的履行,在约定运输方式条款时,一般应考虑下列事项:

第一,要充分考虑各种运输方式的特点,权衡利弊,选优使用。

第二,要根据货物的品种与特点,安排适当的运输方式。

第三,要考虑货物运输数量的大小。

成交商品数量的大小与选用的运输方式有关。如系大宗交易,货运量很大,一般适于海洋运输和铁路运输,以降低运输成本;如系小额贸易,成交量很少,也可酌情选用其他适当的运输方式。

第四,要考虑运输距离的远近。

货物运输距离的远近关系运送时间的长短,而运送时间的长短,又与采用的运输方式有关。由于运送距离是固定的,而运送速度是可变的,因此,在实际业务中,应根据运输距离并结合运送速度酌情选用适当的运输方式。

第五,要根据轻重缓急来安排适当的运输方式。

第六,要考虑运输成本的高低和运费的多少。

第七,要考虑货运安全和运输质量。

除上述应当考虑的各种因素外,气候与自然条件以及国际局势的变化等,也是选择运输方式应当注意的问题。

综上所述,足见选择运输方式需要考虑的问题很多,合同当事人必须根据自己的经营意图,在权衡得失的基础上,审慎地作出适当的抉择。

第七章　国际货物运输保险

(1)国际海洋货物运输保险的承保范围。

(2)海上货物运输保险的主要险别。

(3)其他运输方式下的货运保险。

保险是一种经济补偿制度，从法律角度看，它是一种补偿性契约行为，即被保险人向保险人提供一定的对价(保险费)，保险人则对被保险人可能遭受的承保范围内的损失负赔偿责任。

国际货物运输保险是随着贸易，特别是国际贸易的发展而发展起来的，它属财产保险的范畴，其性质为商业保险。由于国际货物采取的运输方式很多，其中包括海洋运输、陆上运输、航空运输和邮包运输等，因此，国际货物运输保险也相应地分为海运货物保险、陆运货物保险、航空货运保险和邮包运输保险。

办理国际货物运输保险时，投保人和保险人双方应在自愿的基础上签订保险合同。保险合同的双方当事人订立保险合同时，以及在保险合同有效期内，都必须遵循最大诚信的原则。若保险标的发生损失的近因属承保范围，则保险人应负赔偿责任，但赔偿金额不得超过保单的保险金额或货物遭受的实际损失。

国际货物运输保险是国际贸易实务一个很重要的环节。国际货物一般都需要通过国际长途运输，在运输过程中，可能遇到各种自然灾害和意外事故而使货物中途遭受损失，货主为了转嫁运输途中的风险损失，便通过办理货物运输保险，将在途货物可能发生的损失变为固定的费用，一旦在途货物遭到承保范围内的损失，即可从保险公司及时得到经济上的补偿，这不仅有利于进出口企业加强经济核算，而且也有利于进出口企业保持正常营业，从而有效地促进国际贸易的发展。

因此，在国际货物贸易中，货主为了转嫁货物在运输过程中可能出现的各种风险损失，需要办理货物运输保险。为了订好买卖合同中的保险条款和正确处理有关进出口货物运输保险事宜，就必须认真学习和切实掌握本章阐述的有关国际货物运输保险方面的基本理论知识与货物运输保险实务。

第一节 海上货物运输保险承保范围

案例导入 20

我国A公司与某国B公司签订出口2500公吨钾肥的CIF合同,次年1月装运。合同签订后不久,A公司收到信用证后及时装运。装载船只“雄狮号”于1月21日驶离上海港。A公司为这批货物投保了水渍险。1月30日“雄狮号”途经达达尼尔海峡时起火,造成部分钾肥烧毁,船长在命令引海水灭火过程中又造成部分钾肥湿毁。

请问:①途中烧毁、湿毁的钾肥损失各属什么损失?②以上各项损失可否向保险公司索赔?

鉴于国际货物运输保险如此重要,故交易双方应订好买卖合同中的保险条款,并依约处理好有关货物运输保险事宜。国际保险市场对其保障的风险、损失与费用都有特定的解释,因此,正确理解其含义和承保范围,对合理选择投保险别和正确处理保险索赔问题,具有重要的实践意义。

一、风险

风险是指国际货物运输中货物损失的起因,风险不同,造成的损失也不同。国际货物运输中可保险的风险分为海上风险与外来风险。

(一)海上风险(Perils of the Sea)

海上风险又称海难,它包括海上发生的自然灾害和意外事故。

1.自然灾害(Natural Calamity)

自然灾害是指由于自然界的变异引起的破坏力量所造成的现象,如恶劣气候、雷电、海啸、地震、洪水、火山爆发等人力不可抗拒的灾害。

2.意外事故(Fortuitous Accidents)

意外事故是指船舶搁浅、触礁、沉没、失踪、互撞或与其他固体物如流冰、码头碰撞以及失火、爆炸等意外原因造成的事故或其他类似事故。

(二)外来风险(Extraneous Risks)

外来风险是指海上风险以外的其他外来原因所致的风险。外来风险可分为一般外来风险和特殊外来风险两种。

1.一般外来风险

一般外来风险是指由偷窃、雨淋、破碎、串味、钩损、锈损、渗漏、沾污、受潮受热、短量、包装破裂等原因所致的风险。

2.特殊外来风险

特殊外来风险是指由于军事、政治、国家政策法令和行政措施等以及其他特殊外来原因,如战争、罢工、交货不到、被拒绝进口或没收等所致的风险。

二、损失

可补偿的海上损失是指被保险货物在海洋运输途中，因遭遇海上风险所引起的损坏或灭失。按照各国海运保险业务习惯，海上损失也包括与海运连接的陆上运输与内河运输过程中所遇到的自然灾害和意外事故所致的损坏或灭失。海上损失按损失的程度可分为全部损失和部分损失。

(一)全部损失(Total Loss)

全部损失是指被保险货物在海运过程中，由于海上风险所造成的损坏或灭失。全部损失可分为实际全损和推定全损。

1.实际全损(Actual Total Loss)

实际全损是指被保险货物全部灭失或完全变质而失去原有价值或不可能归还被保险人。如船舶触礁后船货同时沉入海底；大豆被海水浸泡后又被日晒变质；船舶失踪已达2个月以上仍无消息(我国《海商法》规定)等。

2.推定全损(Constructive Total Loss)

推定全损是指货物发生事故后，认为实际全损已不可避免，或者为避免实际全损所支付的费用与继续将货物运抵目的港的费用之和超过了保险价值。在由于保险责任范围内的原因造成货物的损失虽未达到全部损失的程度，但为挽回损失而采取措施的支出大于全部损失的情况下，要求保险公司按全部损失给予赔偿时，被保险人必须向保险公司办理"委付"手续。所谓委付(Abandonment)就是被保险人将被保险货物的一切权利转让给保险人，并要求保险人按全损给予赔偿的行为。委付必须有保险人明示或默示的承诺方为有效。

示例：我A公司与美国某公司按CIF旧金山成交出口一批布料。货轮在海上运输途中，因触礁某舱舱底出现裂口，舱内存放的A公司的布料全部严重受浸。因舱内进水，船长不得不将船就近驶入避风港修补裂口。如果将受水浸的布料漂洗后，再运至原定目的港旧金山所花费的费用已超过该批布料本身的价值。问：该批布料的损失属于什么性质的损失？

解析：该批布料的损失属于推定全损。当损失发生时，为挽回损失对被保险货物采取措施的支出超过全部损失的情况下，可要求保险公司按全部损失给予赔偿。

(二)部分损失(Partial Loss)

部分损失是指被保险货物的损失没有达到全部损失的程度。我国《海商法》第247条规定，凡不属于实际全损和推定全损的损失为部分损失。部分损失分为共同海损和单独海损两种。

1.共同海损(General Average)

共同海损是指载货船舶在海上运输途中遭遇灾害、事故，威胁到船、货等各方的共同安全，为了解除这种威胁，维护船货的安全，或者使航程得以继续完成，由船方有意识地、合理地采取措施而作出的某种牺牲或支出某些特殊的费用，这种损失和费用叫共同海损。

共同海损的成立必须同时具备以下条件：

(1)船方采取紧急措施时，必须确有危及船、货共同安全的危险存在，不能主观臆测可能有危险发生。

(2)船方所采取的措施必须是有意的、人为的、合理的。

(3)所作出的牺牲或支出的费用必须是额外的,是在非正常情形下产生的。

(4)构成共同海损的牺牲和费用支出,最终必须是有效的。

共同海损的牺牲和费用都是为了使船舶、货物和运费免于遭受损失而支出的,因而应该由船方、货方和运费方按最后获救的价值共同按比例分摊,这种分摊叫作共同海损分摊。

2.单独海损(Particular Average)

单独海损是指除共同海损以外的意外损失,即由于承保范围内的风险所直接导致的船舶或货物的部分损失。单独海损具有以下特点:

(1)必须是意外的、偶然的保险责任范围内的风险所引起的损失。

(2)属于船方、货方或其他利益方单方面所遭受的损失。

(3)保险标的物单独海损是否可以得到赔偿,由所属的保险条款所决定。

3.单独海损和共同海损的区别

主要有:(1)造成海损的原因不同。前者是承保范围内的风险所直接导致的损失,后者是为了解除或减轻风险而人为造成的损失。

(2)承担损失的责任不同。前者由受损方自己承担,后者由获益各方根据获救价值的大小按比例分摊。

三、费用

费用是指被保险货物遇险时,为防止损失的扩大而采取抢救措施所支出的费用。海上费用主要有施救费用、救助费用、特别费用和额外费用。

(一)施救费用(Sue & Labor Charges)

施救费用是指当保险标的遭遇保险责任范围内的灾害事故时,被保险人或者他的代理人、雇佣人员和受让人等为防止损失的扩大而采取抢救措施所支出的费用。例如,保险船舶在航行途中遭遇恶劣气候,虽然被保险人竭尽全力进行抢救,船舶仍然沉没。假若该船舶投保定值保险,保险金额为1000万元,被保险人在抢救船舶中支付了50万元的施救费用,那么保险人按实际全损赔付保险标的后,仍需赔偿被保险人为抢救保险标的支付的施救费50万元,即保险人应承担的赔偿责任是1050万元。然而,如果保险标的的保险金额低于保险价值,保险人对施救费用的赔偿按比例减少。例如,货物的保险价值是100万元,保险金额是50万元,保险人就只赔偿施救费用的一半,因保险金额与保险价值的比例为1∶2。

保险人对施救费用赔偿的条件如下:

1.施救费用必须是合理的和必要的。

2.施救费用必须是为防止或减少承保风险造成的损失所采取的措施而支出的费用。

3.施救费用是指由被保险人及其代理人、雇佣人采取措施而支出的费用。

4.施救费用的赔偿与措施是否成功无关。

(二)救助费用(Salvages Charges)

救助费用是指保险标的遭遇保险责任范围内的灾害事故时,由保险人和被保险人以外的第三者采取救助行动,而向其支付的费用,施救费用的产生必须具备下列一些条件:

1.救助必须是第三人的行为。

2.救助必须是自愿的。

3.救助必须有实际效果。

(三)特别费用(Special Charges)

特别费用是指运输工具在海上遭遇海难后,在中途港或避难港卸货、存包、重装及续运货物所产生的费用。按照国际惯例,这种费用也都列入海上保险承保责任范围。保险人对特别费用补偿可以单独负责。

(四)额外费用(Extra Charges)

额外费用是指为了证明损失索赔的成立而支付的费用,比如检验费用、拍卖受损货物的销售费用、公共费用、查勘费用和海损理算师费用等。额外费用一般只有在索赔成立时,保险人才对这些与索赔有关的费用负赔偿责任。但是,如果保险合同双方对某些额外费用事先另有约定,如船舶搁浅后检查船底的费用,不论有无损失发生,保险人都要负责赔偿。

又如公证、查勘等是由保险人授权进行的,也不论索赔是否成立,保险人也需承担该项额外费用的赔偿。

第二节 国际海洋运输货物保险条款

案例导入 21

我某纺织品进出口公司与法国某公司签订了出口 1000 件丝绸衫到马赛的协议。合同签订后,我进出口公司向保险公司就该批货物的运输投买了平安险,保险公司向进出口公司签发了保险单。2 月 20 日,该批货物装船完毕起航,2 月 25 日,载货轮船在海上突遇罕见大风暴,船体受损严重,于 2 月 26 日沉没。3 月 20 日,纺织品进出口公司向保险公司就该批货物索赔。保险公司以自然灾害造成损失为由拒绝赔偿,于是,进出口公司向法院起诉,要求保险公司偿付保险金。

请问:保险公司拒绝赔偿是否有理?为什么?

为了适应国际货物海运保险的需要,中国人民保险公司根据我国保险实际情况并参照国际保险市场的习惯做法,分别制定了各种保险条款,总称为“中国保险条款”(China Insurance China Insurance CIC),其中包括“海洋运输货物保险条款”“海洋运输货物战争险条款”和其他各种专门条款。投保人可根据货物特点和航线与港口实际情况自行选择投保适当的险别。

按中国保险条款的规定,我国海运货物保险的险别包括基本险、附加险和其他专门险三种类型。

一、基本险

按照中国人民保险公司1981年1月1日修订的《海洋运输货物保险条款》的规定，海洋运输保险的基本险别分为平安险、水渍险和一切险三种。其中，保险公司的责任范围中平安险最小，水渍险居中，一切险最大。除承保范围外，还包括保险期限和除外责任。

(一)责任范围

1.平安险

平安险(Free from Particular Average，FPA)是指单独海损不负责赔偿。保险公司对平安险的承保责任范围是：

(1)被保险货物在运输途中由于恶劣气候、雷电、海啸、地震、洪水等自然灾害造成的整批货物的实际全损和推定全损。被保险货物用驳船运往或运离海轮的，每一驳船所装的货物可视作一个整批。

(2)由于运输工具遭受搁浅、触礁、沉没、爆炸等意外事故造成货物的全部或部分损失。

(3)由于运输工具遭受搁浅、触礁、沉没、爆炸等意外事故，货物在此前后在海上遭受恶劣气候、雷电、海啸、地震、洪水等自然灾害造成的货物的部分损失。

(4)在装卸或转船时由于一件或数件货物落海造成的全部损失或部分损失。

(5)被保险人对遭受承保责任内危险的货物采取抢救、防止或减少货损的措施而支付的合理费用，但以不超过该批被救货物的保险金额为限。

(6)运输工具遭遇海难后，在避难港由于卸货所引起的损失以及在中途港、避难港由于卸货、存仓和运送货物所产生的特殊费用。

(7)共同海损的牺牲、分摊和救助费用。

(8)运输契约订有“船舶互撞责任”条款，根据该条款的规定，应由货方偿还船方的损失。

平安险对自然灾害造成的部分损失不赔偿。如暴风雨引起船舶倾斜、颠簸，造成船上货物挤压、碰撞、受潮的部分损失，船上货物因雷电袭击着火，造成货物部分损失；船舶停靠港口准备卸货，因地震造成船上货物的部分损失；火山爆发喷发的火山岩造成货物的部分损失；江河泛滥漫过溃口，河水进入货舱造成货物的部分损失。

2.水渍险

水渍险(With Particular Average，WPA或WA)是指保险公司的承保责任范围除平安险的各项责任外，还负责被保险货物在运输途中由于恶劣气候、雷电、海啸、地震、洪水等自然灾害造成的部分损失。

示例：我某公司向坦桑尼亚出口一批坯布300包，CIF坦噶条件。我公司按合同规定保险金额加一成投保了水渍险。货轮在航运途中，舱内一食用水管渗漏，致使该批坯布中的50包浸有水渍。问：该损失可否向保险公司索赔？为什么？

解析：该损失不能从保险公司获得赔偿。我公司投保的是水渍险，船舱内食用水管滴漏致使货物受损，是淡水所造成的损失，属于一般外来风险损失，不属于水渍险的赔偿责任范围,因此,保险公司不予赔偿。本案,被保险人不能向保险公司索赔,但可凭清洁提单与船公司交涉。

3.一切险

一切险的英文是 All Risks,保险公司对一切险的承保责任范围除水渍险的各项责任外,还负责被保险货物在运输中由于一般外来风险所致的全部或部分损失。

示例:如上一案例中,我方投保的是一切险。货轮在航运途中,舱内一食用水管渗漏,致使该批坯布中的 50 包浸有水渍。问:该损失可否向保险公司索赔?为什么?

解析:该损失可以从保险公司获得赔偿。我公司投保的是一切险,一切险的承保责任范围包括所有一般外来原因所致的损失。本案中,船舱内食用水管滴漏致使货物受损,是淡水所造成的损失,属于一般外来风险损失,因此,保险公司应予赔偿。

(二)保险期限

1.从空间上规定

(1)基本险的保险期限。中国人民保险公司的《海洋运输货物保险条款》规定的承保责任起讫或称保险期限,采用国际保险业务中惯用的"仓至仓"条款(Warehouse to Warehouse Clause,简称 W/W Clause)。"仓至仓"条款是指保险责任自被保险货物运离保险单所载明的起运地仓库或储存处所开始,包括正常运输中的海上、陆上、内河和驳船运输在内,直至该项货物抵保险单所载明的目的地收货人的最后仓库或储存处所,或被保险人用作分配、分派或非正常运输的其他储存处所为止。如上述保险期限内被保险货物需转运到非保险单所载明的目的地时,则保险责任于该保险货物开始运转时终止。如被保险货物先存入某一仓库,再分成几批运往几个内陆目的地的几个仓库,包括保单所载目的地,则以先行存入的某一仓库作为被保险人的最后仓库,保险责任在进入该仓库时终止。

(2)战争险的保险期限。战争险的保险责任起讫以水上危险为限,即以货物装上海轮开始,直至货物卸离海轮为止。

2.从时间上规定

(1)基本险的保险期限。当被保险货物从目的地港全部卸离海轮时起算满 60 天,不论被保险货物有没有进入收货仓库,保险责任自动终止。

(2)战争险的保险期限。当海轮到达目的港当日午夜起算满 15 天,不论被保险货物是否卸离海轮,保险责任自动终止。

根据货物运输的实际情况,保险人可以要求扩展保险期限,如被保险货物在港口卸货后即转至内陆,无法在保险条款规定的保险期限内到达目的地,可申请扩展,经保险公司出具凭证予以延长,每日加收一定的保险费。

(三)除外责任

对于三种基本险,《中国保险条款》规定保险公司所具有的除外责任是:

(1)被保险人的故意行为或过失所造成的损失。

(2)由于发货人的责任所引起的损失。

(3)在保险责任开始之前,被保险货物已存在的品质不良或数量短差所造成的损失。

(4)被保险货物的自然耗损、本质缺陷、特性以及市价下跌、运输延迟所引起的损失或费用支出。

(5)属于海洋运输货物战争险和罢工险条款所规定的责任范围和除外责任。

二、附加险

《中国保险条款》中的附加险有一般附加险和特殊附加险,一般附加险承保一般外来原因造成的损失,而特殊附加险则承保由于特殊外来原因所造成的损失。

附加险只能在投保某一种基本险的基础上才可加保,但因一切险的责任范围已包括了一般附加险,故如投保人在投保时选择了一切险,则无须再加保一般附加险。

(一)一般附加险

一般附加险主要有11种,它们是偷窃提货不着险(简称TPND)、淡水雨淋险、短量险、沾污险、渗漏险、碰损险、破碎险、串味险、受潮、受热险、钩损险、锈损险。

(二)特殊附加险

特殊附加险有战争险、罢工险、舱面险、进口关税险、拒收险、黄曲霉素险、交货不到险、货物出口香港(包括九龙)或澳门存仓火险责任扩展条款(简称FREC)八种。

1.战争险

凡加保战争险时,保险公司则按战争险条款的责任范围,对由于战争和其他各种敌对行为所造成的损失负赔偿责任,按中国人民保险公司的保险条款规定,战争险不能作为一个单独的项目投保,而只能在投保上述三种基本险别之一的基础上加保。战争险的保险责任起讫和货物运输险不同,它不采取"仓至仓"条款,而是从货物装上海轮开始至货物运抵目的港卸离海轮为止,即只负责水面风险。其保险责任到货物卸离保险单所载明的目的港海轮或驳船时为止。若海轮到目的港后货物未卸船,最长期限则为海轮到达目的港当天午夜起算满15天。

2.罢工险

罢工险是在投保海运货物保险的基础上加保的特殊附加险,它只承保罢工行为所致的被保险货物的直接损失,如因罢工行为使货物无法正常运输装卸导致的间接损失,保险人不负责赔偿。罢工险的保险期限与海运货物基本险相同,即以"仓至仓"条款为准。

假如被保险人在投保海运货物基本险的基础上已加保战争险,还要再加保罢工险,按国际保险市场习惯,无须另行缴付罢工险的保险费。如果只在投保基本险的基础上加保罢工险,则需按战争险费率缴付保险费。

3.另行加保的其他附加险

在中国人民保险公司附加险条款中,还列有六种不包括在基本险中的其他附加险别,即舱面险、进口关税险、拒收险、黄曲霉素险、交货不到险、货物出口香港(包括九龙)或澳门存仓火险责任扩展条款(简称FREC)。这六种附加险所承保的风险,大多与国家行政法令、政策措施与航海贸易习惯有关。这六种附加险,必须在投保基本险的基础上另行加保,才能获得保障。

三、专门险

在我国海洋运输货物保险中,根据被保险货物的特性,还专门制定了海洋运输冷藏货物保险条款和海运散装桐油保险条款。

（一）海洋运输冷藏货物保险险别

凡蔬菜、水果、肉类和水产品等货物，为保持其新鲜程度，运输时都须置于专门的冷藏箱。为使这些冷藏货物在运输过程中得到全面保障，就需要投保海洋运输冷藏货物保险有关险别，其中包括冷藏险（Risks for Frozen Products）和冷藏一切险（All Risks for Frozen Products）两种险别，两者均可单独投保。

（二）海运散装桐油险

桐油因自身特性，在运输过程中容易受到污染、变质等损失，故需要提供不同于一般货物保险的特殊保障。为此，保险公司设立了海运散装桐油保险的险别，本险别可以单独投保。

四、伦敦保险协会海运货物保险条款

英国为了保持其在世界海上保险市场的中心地位，在20世纪80年代初制定了新的《协会货物保险条款》（Institute Cargo Clauses，ICC），并采用了新的劳合社保险单格式。新的《协会货物保险条款》对国际保险市场有着广泛的影响，许多国家在海运保险业务中直接采用该条款。在我国，按CIF条件出口，虽然一般以中国人民保险公司所制定的保险条款为依据，但如果国外客户要求按英国伦敦保险协会所制定的货物保险条款为准，我们也可酌情接受。由此可见，我们对英国伦敦保险协会海运货物保险条款，也必须认真研究和切实了解，以制定好合同中的保险条款和正确运用ICC条款处理有关货运保险事宜。

现行的《协会货物保险条款》主要包括下列几种：

（1）协会货物条款（A）[Institute Cargo Clauses (A)，ICC (A)]；

（2）协会货物条款（B）[Institute Cargo Clauses (B)，ICC (B)]；

（3）协会货物条款（C）[Institute Cargo Clauses (C)，ICC (C)]；

（4）协会战争险条款（货物）（Institute War Clauses-Cargo）；

（5）协会罢工险条款（货物）（Institute Strikes Clauses-Cargo）；

（6）恶意损害险条款（Malicious Damage Clauses）。

上述前三种险别条款，以英文字母A、B、C命名，称呼简便，有利于区别条款的差异和避免对条款内容产生误解。这三种险别的条款都包括承保风险、除外责任、保险期限、保险索赔、保险利益、减少损失、防止延迟和法律与惯例诸项内容，内涵明确具体，结构独立完整，且都可以单独投保，从而极大地方便了被保险人的选择。上述战争险和罢工险也具有独立完整的结构，对承保风险和除外责任，均有明确具体的规定，若征得保险公司同意，必要时，也可作为独立的险别投保。唯独上述恶意损害险，属附加险别，故其条款内容比较简单。

此外，伦敦保险协会还制定了特种货物保险条款，以适应特种货物办理运输保险的需要。

现将上述各种保险条款的主要内容，分别简要说明如下。

（一）协会货物条款(A)的主要内容

1.承保风险

ICC(A)条款承保责任范围广，它采用"一切风险减去除外责任"的方式，对约定和法定的除外事项，在"除外责任"部分全部予以列明，对于未列入"除外责任"项下的损失，保险人均予负责。从承保范围看，本条款主要承保海上风险和一般外来风险。

此外，本条款还承保共同海损和救助费用，对根据运输合同中"船舶互撞责任"条款规定的由被保险人承担比例责任的部分，保险人也予负责。

2.除外责任

ICC(A)条款的除外责任包括法定除外责任和约定除外责任两大类，内容全面详尽，条理清晰，包括一般除外责任，不适航、不适货除外责任，战争除外责任和罢工除外责任四个条款。

3.保险期限

伦敦协会货物保险条款中，对保险期限的规定包括运输条款、运输合同终止条款和航程变更条款三方面的具体内容。

4.保险索赔

当保险标的发生事故后，被保险人向保险人索赔时，适用保险利益条款、续运费用条款、推定全损条款和增值条款四方面的具体规定。

（二）协会货物条款(B)的主要内容

1.承保风险

ICC(B)条款承保的责任范围比ICC(A)条款的责任范围小，故其采用承保"除外责任"之外列明风险的办法，即将其承保的风险一一列举出来。这种规定办法，既便于投保人选择适当的险别，又便于保险人处理损害赔偿。按此条款规定，保险人对下列原因所致的保险标的损失和损害负责赔偿：

(1)火灾或爆炸；(2)船舶或驳船搁浅、擦浅、沉没或倾覆；(3)陆上运输工具倾覆或出轨；(4)船舶、驳船或运输工具与水以外的任何外界物体碰撞或接触；(5)在避难港卸货；(6)地震、火山爆发或闪电；(7)共同海损牺牲；(8)抛弃或浪击落海；(9)海水、湖水或河水进入船舶、驳船、运输工具、集装箱、吊装车厢(Lift-van)或储存处所；(10)货物在装卸时落水或坠落而造成的整件货物的全部损失。

以上表明，ICC(B)条款同我国《海运货物保险条款》中的水渍险相比大致相近，但二者承保的责任范围又有区别。

2.除外责任

ICC(B)条款的除外责任与ICC(A)条款大致相同，但有下列两点区别：

第一，在"一般除外责任"条款中，增加了"由于任何个人或数个人的错误行为对保险标的或其组成部分故意损害或破坏，保险人不负责任"的规定，这意味着在本条款中，保险人不但对被保险人的蓄意不法行为所致的损失不负责任，对任何其他人的故意非法行为所致损失也不负责任。

第二，在"战争险除外责任"条款中，本条款规定"捕获、拘押、扣留、禁制或以及此种行为的后果或这方面的企图"造成的损失、损害或费用不予承保。ICC(A)条款则加上了"海盗行为除外”这几个字，明确将海盗风险从除外责任中剔除，即将海盗风险作为承保风险，而本条款中对于海盗风险并未作为除外风险，但也没有列入承保风险。由于本条款采取列明风险的方法确定承保风险，所以按照本条款的规定，保险人对海盗风险不予负责。

3.其他内容

本条款关于保险期限、保险索赔、被保险人的义务以及其他内容，均与 ICC(A)条款相同，故在此从略。

(三)协会货物条款(C)的主要内容

本条款是《协会货物条款》A、B、C 三种条款中保险中保险人责任范围最小的一种。与 ICC(B)条款相同，本条款的承保风险也是采用逐一列明的方式。

1.承保风险

保险人对下列原因造成的保险标的损失承担责任：

(1)火灾或爆炸；

(2)船舶或驳船遭受搁浅、擦浅、沉没或倾覆；

(3)陆上运输工具倾覆或出轨；

(4)船舶、驳船或其他运输工具与水以外的任何外界物体碰撞或接触；

(5)在避难港卸货；

(6)共同海损牺牲；

(7)抛弃。

此外，保险人对非除外风险所致的共同海损的分摊和救助费用负责赔偿。

由此可见，本条款承保的风险比 ICC(B)更小，它主要承保意外事故所致的损失以及共同海损和救助费用，对于自然灾害造成的损失都不负责。若同我国《海运货物保险条款》平安险相比，本条款的承保风险范围显然较小。

2.其他内容

C 条款关于除外责任、保险期限、索赔、被保险人的义务以及其他内容的规定，均与 ICC(B)条款相同。

(四)协会货物战争险条款

从 1982 年 1 月 1 日开始使用的协会货物战争险条款，具有完整的结构体系，故可以单独投保。

协会货物战争险条款承保的风险包括以下两部分：

(1)负责下列原因造成的保险标的的损失或损害：

①战争、内战、革命、造反、叛乱或由此引起的内乱或任何交战方之间的敌对行为。

②由上述承保风险引起的捕获、拘留、扣留、禁制或扣押，以及这些行动的后果或任何进行这种行为的企图。

③被遗弃的水雷、鱼雷、炸弹或其他被遗弃的战争武器。

从上述规定可知，协会货物战争险条款仅对战争行为及战争武器导致的保险标的的直接损失负责，不负责因此而致的费用损失。此外，海盗风险并不属于承保风险。

(2)对为避免承保风险所造成的共同海损和救助费用，予以负责。

战争险条款的除外责任包括“一般除外责任”和“不适航、不适货除外责任”两部分。

战争险条款的“不适航、不适货除外责任”和 A 条款中的有关规定完全一致。

协会战争险的保险期限是以“水上危险”为限，即保险责任自货物装上海轮时开始，直到卸离海轮时终止，若货物不及时卸离海轮，以海轮到达最后港口或卸货港当日午夜起满 15 天为限，保险责任终止，如果在中途港转运，也以到港 15 天为限。

（五）协会货物罢工险条款

1982 年 1 月 1 日开始使用的协会货物罢工险条款，具有完整的结构，也可以单独投保。

1.承保范围

罢工险对下列原因造成的保险标的的损失或损害负责：

(1)罢工者、被迫停工工人或参与工潮、暴动或民变的人员所造成的损失。

(2)任何恐怖分子或任何出于政治目的采取行动的人所致的损失。

此外，协会罢工险条款也承保为避免承保风险所致的共同海损和救助费用。

2.除外责任

罢工险的除外责任包括“一般除外责任”和“不适航、不适货除外责任”两部分。

（六）协会货物恶意损害险条款

1983 年 8 月 1 日开始使用的协会恶意损害险条款是新的协会货物条款的附加险条款，它没有完整的结构，故不能单独投保，只能在基本条款的基础上加保。

恶意损害险主要承保除被保险人以外的其他人的故意损害、故意破坏、恶意行为所致保险标的的损失或损害。如果恶意行为是出于政治动机，则不属于本条款的承保范围，但可以在罢工险条款中得到保障。

鉴于在 ICC(B)和 ICC(C)条款中，被保险人以外的任何他人的恶意行为所致的损失，均属于除外责任，因此，若想得到恶意损害风险的保障，则须在投保 ICC(B)或 ICC(C)的基础上，再加保恶意损害险。

（七）协会特种货物保险条款简介

伦敦保险协会制定的 ICC(A)、ICC(B)和 ICC(C)诸条款适应普通货物运输保险的需要，而难以全面保障冷冻食品、煤炭、散装油类和橡胶等特种货物在运输途中遭遇的风险，因此，伦敦保险协会在上述协会货物(A)、(B)、(C)条款的基础上，另行制定了特种货物保险条款，其中包括协会冷冻食品保险条款、协会散装油类保险条款和协会木材贸易联合条款。

第三节 我国陆、空、邮运货物保险

案例导入 22

某公司以 CIF 伦敦出口一批货物，装船后及时向中国人民保险公司投保水渍险。在货由包头装火车运往上海途中遇到山洪，致使部分货物受损，我出口公司据此向保险公司索赔遭拒绝。

请问：保险公司拒赔有无道理？说明理由。

陆运、空运货物与邮包运输保险是在海上保险的基础上发展起来的。由于陆运、空运与邮运同海运可能招致货物损失的风险种类不同，所以陆、空、邮货运保险与海上货运保险的险别及其承保责任范围也有所不同，现分别简要介绍如下。

一、陆运货物保险

货物在陆运过程中，可能遭遇各种自然灾害和意外事故以及各种外来风险，这些风险会使运输途中的货物遭受损失，货主为了转嫁运输途中的风险与损失，就需要办理陆运货物的保险，并酌情选择下列适当的险别。

(一)陆上运输货物保险的基本险别

根据中国人民保险公司制定的《陆上运输货物保险条款》的规定，陆上运输货物保险的基本险别有陆运险(Overland Transportation Risks)和陆运一切险(Overland Transportation All Risks)两种。

1.陆运险

陆运险的承保责任范围与海洋运输货物保险条款中的“水渍险”相似，即保险公司负责赔偿被保险货物在运输途中遭受暴风、雷电、洪水、地震等自然灾害或由于运输工具遭受碰撞、倾覆、出轨或在驳运过程中因驳运工具遭受搁浅、触礁、沉没、碰撞，或由于遭受隧道坍塌、崖崩或失火、爆炸等意外事故所造成的全部或部分损失。此外，被保险人对遭受承保责任内危险的货物采取抢救、防止或减少货损的措施而支付的合理费用，保险公司也负责赔偿，但以不超过该批被救货物的保险金额为限。

陆运险的责任范围适用于火车和汽车运输，并以此为限。

陆运险的除外责任与海洋运输保险条款中规定的除外责任基本相同。

陆运险责任的起讫也采用“仓至仓”责任条款。按此条款规定，保险人负责自被保险货物运离保险单所载明的起运地仓库或储存处所开始运输时生效，包括正常运输过程中的陆上和与其有关的水上驳运在内，直至该项货物运达保险单所载目的地收货人的最后仓库或储存处所或被保险人用作分配、分派的其他储存处所为止。如未运抵上述仓库或储存处所，则以被保险货物运抵最后卸载的车站满 60 天为止。

陆运险的索赔时效为：从被保险货物在最后目的地车站全部卸离车辆后起算，最多不超过两年。

2.陆运一切险

陆运一切险的承保责任范围与海洋运输货物保险条款中的“一切险”相似，即保险公司除承担上述陆运险的赔偿责任外，还负责承担被保险货物在运输途中由于一般外来风险所造成的全部或部分损失。

陆运一切险的责任范围，也仅适用火车与汽车运输。

陆运一切险的除外责任也与海洋运输货物险的除外责任基本相同。

此外，陆运一切险的责任起讫和保险索赔时效同陆运险完全相同，故在此从略。

(二)陆上运输冷藏货物险

陆上运输冷藏货物险[Overland Transportation Insurance(Frozen Products)]是陆

运货物保险中一种专门的险别，它适用于陆运冷藏货物的专门保险，并具有基本险的性质。其主要责任范围除负责陆运险所列举的自然灾害和意外事故所造成的全部或部分损失外，还负责赔偿由于冷藏机器或隔温设备在运输途中损坏所造成的被保险货物解冻融化以致腐败的损失。但对于因战争（罢工）或运输延迟而造成的被保险冷藏货物的腐败或损失，以及被保险冷藏货物在保险责任开始时未能保持良好状况，包括整理、包扎不妥，或冷冻上的不合规定及骨头变质所造成的损失则除外。一般的除外责任条款也适用本险别。

根据中国人民保险公司对本险别条款的规定，装货的任何运输工具，必须有相应的冷藏设备或隔温设备；或供应和贮存足够的冰块使车厢内始终保持适当的温度，保证被保险冷藏货物不致因融化而腐败，直至目的地收货人仓库为止。本险别责任的起讫为，被保险货物运离保险单所载明的起运地冷藏库装入运送工具开始运输时生效，包括正常的陆运及与其有关的水上驳运在内，直至货物到达保险单所载明的目的地收货人仓库为止。但最长保险责任的有效期限以被保险货物到达目的地车站后 10 天为限。

陆上运输冷藏货物险的索赔时效为：从被保险货物在最后目的地全部卸离车辆后起计算，最多不超过两年。

（三）陆上运输货物战争险

陆上运输货物战争险（Overland Transportation Cargo War Risks）是陆上运输货物保险的一种特殊附加险，只有在投保了陆运险或陆运一切险的基础上方可加保。这种陆运战争险，国外私营保险公司大都不予承保，但为适应外贸业务发展的需要，我国保险公司接受加保，但目前仅限于火车运输，若使用汽车运输则不能加保。

加保陆上运输货物战争险后，保险公司负责赔偿在火车运输途中由于战争、类似战争行为和敌对行为、武装冲突所致的损失，以及各种常规武器包括地雷、炸弹所致的损失。

但是，由于敌对行为使用原子或热核武器所致的损失和费用，以及执政者、当权者或其他武装集团的扣押、拘留引起的承保运程的丧失和挫折而造成的损失除外。

陆上运输货物战争险的责任起讫与海运战争险相似，以货物置于运输工具时为限。

在加保陆上运输货物战争险外，如想再加保罢工险，不另收费。如仅加保罢工险，则按战争险费率收费。陆上运输罢工险的承保责任范围与海洋运输货物罢工险的责任范围相同。

二、空运货物保险

随着航空运输的发展和航空运输货运量的迅猛增长，航空运输货物保险也相应发展起来。为了适应航空运输货物保险的需要，伦敦保险协会和中国人民保险公司相继制定了空运货物保险方面的条款。现将中国人民保险公司的航空运输货物保险条款和伦敦保险协会航空运输货物保险条款，分别介绍如下。

（一）我国空运货物保险条款

根据我国现行的《航空运输货物保险条款》的规定，空运货物保险的险别包括航空运输险（Air Transportation Risks）和航空运输一切险（Air Transportation All Risks）两种基本险条款，此外，我国还制定了《航空运输货物战争险条款》。

1.航空运输基本险

(1)航空运输险

航空运输险的承保责任范围与海洋运输货物保险条款中的“水渍险”大致相同。保险公司负责赔偿被保险货物在运输途中遭受雷电、火灾、爆炸或由于飞机遭受恶劣气候或其他危难事故而被抛弃,或由于飞机遭受碰撞、倾覆、坠落或失踪等自然灾害和意外事故所造成的全部或部分损失。

航空运输险的除外责任,与海洋运输货物险的除外责任基本相同。

航空运输险的保险责任,也采用“仓至仓”条款。但应当指出的是,本条款同海洋运输险的“仓至仓”责任条款有下列几点不同之处:

第一,若货物运达保险单所载目的地而未运抵保险单所载明的收货人仓库或储存处所,则以被保险货物在最后卸载地卸离飞机以后满 30 天为止,如在上述 30 天内被保险货物需转送到非保险单所载明的目的地时,则以该项货物开始转运时终止。

第二,由于被保险人无法控制的运输延迟、绕道、被迫卸货、重新装载、转运或承运人运用运输契约赋予的权限所作的任何航行上的变更或终止运输契约,致使被保险货物运到非保险单所载目的地时,在被保险人及时将获知的情况通知保险人并在必要时加缴保险费的情况下,本保险单继续有效,保险责任按下述规定终止:一是被保险货物如在非保险单所载目的地出售,保险责任至交货时为止。但不论任何情况,均以被保险货物在卸载地卸离飞机后满 30 天为止。二是被保险货物在上述 30 天期限内继续运往保险单所载原目的地或其他目的地时,保险责任仍按上述规定的在保险单所载目的地或其他目的地卸离飞机后满 30 天终止。

(2)航空运输一切险

航空运输一切险的承保责任范围,除包括上述航空运输险的全部责任外,保险公司还负责赔偿被保险货物由于被偷窃、短少等一般外来原因所造成的全部或部分损失。

航空运输一切险的除外责任和责任起讫,与航空运输险的除外责任和责任起讫相同,在此不赘述。

2.航空运输货物特殊附加险

(1)航空运输货物战争险

航空运输货物战争险是航空运输货物险的一种特殊附加险,它只能在投保了航空运输险或航空运输一切险的基础上方可加保。

加保航空运输货物战争险后,保险公司承担赔偿在航空运输途中由于战争、类似战争行为、敌对行为或武装冲突以及各种常规武器和炸弹所造成的货物的损失,但不包括因使用原子或热核武器所造成的损失。

航空运输货物战争险的保险责任起讫是,自被保险货物装上保险单所载明的启运地的飞机时开始,直到卸离保险单所载明的目的地的飞机时为止。若被保险货物不卸离飞机,则以飞机到达目的地当日午夜起计算满 15 天为止,如被保险货物需在中途转运时,则保险责任以飞机到达转运地的当日午夜起计算满 15 天为止;待装上续运的飞机,保险责任再恢复有效。

(2)航空运输罢工险

航空运输货物保险的特殊附加险,除战争险外,还可加保罢工险,航空运输罢工险的责任范围与海洋运输罢工险的责任范围相同。

与海运、陆运险相同,在加保战争险前提下,再加保罢工险,不另收费。如仅要求加保罢工险,则按战争险费率收费。

(二)伦敦保险协会航空运输货物保险条款

为了适应航空运输保险的特定需要,伦敦保险协会分别制定了《协会货物险条款(航空)》《协会战争险条款(航空货物)》和《协会罢工险条款(航空货物)》三种险别条款。这三种条款与适用于海运的ICC条款的规定方法颇为相似,它们都分别包括承保风险、除外责任、保险期限、索赔、保险利益、减少损失、防止延迟和法律与惯例八方面内容。由于这三项险别条款的结构统一,体系完整,并具备了独立性,故均可单独投保。

三、邮包运输货物保险

邮包运输虽是一种较为简便的运输方式,但由于邮包运输一般须经海、陆、空辗转运输,在运送过程中遭受自然灾害与意外事故而导致损失的可能性较大,故保险公司在确定其承保责任范围时,必须综合考虑邮包在整个运输过程中可能出险的因素。各国保险公司针对邮包运输特点而使用的险别和条款不尽相同。现仅就中国人民保险公司和伦敦保险协会对邮包运输保险的有关条款,分别介绍如下。

(一)我国邮包运输保险条款

中国人民保险公司参照国际保险市场的通行做法,并结合我国邮政包裹业务的实际情况,制定了一套较为完备的邮包运输保险条款,其中包括邮包险条款和邮包战争险条款。

1.邮包险条款

本条款对邮包险(Parcel Post Risks)和邮包一切险(Parcel Post Risks)的承保责任范围、除外责任、保险责任起讫和索赔时效等都作了具体规定。这两种险别,都可以单独投保。

(1)邮包险

邮包险的承保责任范围包括负责赔偿被保险邮包在运输途中由于恶劣气候、雷电、海啸、地震、洪水、自然灾害或由于运输工具搁浅、触礁、沉没、碰撞、出轨、倾覆、坠落、失踪,或由于失火和爆炸意外事故造成的全部或部分损失;另外,还负责被保险人对遭受承保责任范围内风险的货物采取抢救、防止或减少货损的措施而支付的合理费用,但以不超过该批被救货物的保险金额为限。

邮包险的除外责任包括下列几方面,即保险公司对因战争、敌对行为、类似战争行为、武装冲突、海盗行为、工人罢工所造成的损失;直接由于运输延迟或被保险物品本质上的缺陷或自然损耗所造成的损失,以及属于寄件人责任和被保险邮包在保险责任开始前已存在的品质不良或数量短差所造成的损失;被保险人的故意行为或过失所造成的损失。

上述各种损失,保险公司不负责赔偿。

邮包险保险责任的起讫是自被保险邮包离开保险单所载起运地点寄件人的处所运往邮局时开始生效。直至被保险邮包运达保险单所载明的目的地邮局发出通知书给收件人当日午夜起算满15天为止,但在此期限内邮包一经递交至收件人的处所时,保险责任即行终止。

本险索赔时效,从被保险邮包递交收件人时起算,最多不超过两年。

(2)邮包一切险

邮包一切险的承保责任范围大于邮包险的承保责任范围,因邮包一切险除包括邮包险的全部承保责任外,还负责被保险邮包在运输途中由于一般外来原因所致的全部或部分损失。

邮包一切险的除外责任、保险责任起讫和索赔时效,均与邮包险的规定相同。

2.邮包战争险

邮包战争险(Parcel Post War Risks)是一种特殊附加险,它只能在投保了邮包险或邮包一切险的基础上方可加保。

加保邮包战争险后,保险公司负责赔偿在邮包运输过程中由于战争、类似战争行为、敌对行为、武装冲突、海盗行为以及各种常规武器包括水雷、鱼雷、炸弹所造成的损失。此外,保险公司还负责被保险人对遭受以上承保责任内危险的物品采取抢救、防止或减少损失的措施而支付的合理费用。但保险公司不承担因使用原子或热核制造的武器所造成的损失的赔偿。

邮包战争险的保险责任是,自被保险邮包经邮政机构收讫后自储存处所开始运送时生效,直至该项邮包运达保险单所载明的目的地邮政机构送交收货人为止。

邮包运输保险的特殊附加险,除战争险外,还有罢工险。在投保战争险前提下,加保罢工险不另收费。若只加保罢工险,按战争险费率收费。邮包罢工险的责任范围与海洋运输罢工险的责任范围相同。

(二)伦敦保险协会战争险条款(邮包)

伦敦保险协会并未制定邮递货物保险的标准条款,迄今为止,该协会只对邮包战争险制定了《协会战争险条款(邮包)》。根据该条款的规定,协会战争险(邮包)的承保责任范围与协会战争险条款的风险条款相同,只是在一般除外责任中,从邮递的特殊性出发,没有特别规定飞机、运输工具、集装箱等不合格的除外责任条款及海上承运人、航空承运人等破产的风险除外责任条款,而增加了受理国际邮件时,由于地址、姓名不清楚及不正确所引起的损害的除外责任。

协会战争险(邮包)的保险责任为,自保险标的运离保险单所载明的发件人住所时开始,至保险标的在邮包上所标明的收件人住所交货后终止。

险别条款具有独立、完整的结构,因此,本险也可单独投保。

第四节 出口合同中货物运输保险条款

案例导入 23

我某外贸公司向泰国某商人出口电视机一批，成交条件为 CIF 曼谷。根据信用证的要求，保险单的被保险人只能显示泰商的名称，我方按信用证的要求办理并备妥货物装运。在装运中由于吊钩脱落，货物在起吊后掉落码头，造成全部电视机损坏。我方凭保险单和有关单据向保险公司索赔，但遭保险公司拒绝。理由是我方不是被保险人，于是我方提议由泰国商人向保险公司索赔。

请问：保险公司是否需要理赔？为什么？

一、保险的相关概念

（一）保险利益

海上保险与其他保险一样，要求被保险人必须对保险标的物具有保险利益。保险利益又称可保权益，是指投保人对保险标的物具有法律上承认的利益。就货物保险而言，反映在运输货物上的利益，主要是货物本身的价值，但也包括与此相关联的运费、保险费、关税、预期利润等。海上保险仅要求被保险人在保险标的物发生损失时必须具有保险利益。

（二）代位权

在保险业务中，为了防止被保险人双重获益，保险人在履行全损赔偿或部分损失赔偿后，在其赔付金额内，要求被保险人转让其对造成损失的第三人要求全损赔偿或相应部分赔偿的权利。这种权利称为代位追偿权，或称代位权。代位权的成立必须具备以下条件：

1.保险人已向被保险人给付保险赔偿金。

2.保险事故的发生是由第三人的行为导致的。

3.被保险人对第三人有损失赔偿请求权，并且被保险人在保险人行使代位权之前未行使该权利。

（三）免赔率

保险公司认为某些散装货、易碎、易短量的商品在运输途中遭受一定比例的损失是不可避免的，故投保这类商品时规定在某比率范围内的破碎或短量可以免赔，该比率就是免赔率（Franchise）。免赔率又分为以下三种：

1.绝对免赔率：保险公司只对投保商品的实际损失超过规定的免赔率的部分给予赔偿，这种赔偿的比率叫作绝对免赔率。如实际损失比率为 8%，免赔率为 5%，保险公司只赔偿超过的部分即 3%。

2.相对免赔率：当投保商品的实际损失比率超过了规定的免赔率时，保险公司负责赔偿实际全部损失，这种赔偿的比率叫作相对免赔率。如实际损失比率为 8%，免赔率为 5%，保险公司赔偿 8%。

3.不计免赔率:保险公司不管损失多少,按投保商品的实际损失给予赔偿。即损失多少就赔多少。如实际损失比率为2%,保险公司赔偿2%。

二、保险单据

(一)保险单据的作用

保险单据是保险公司在接受投保后签发的承保凭证,是保险公司与被保险人之间订立的保险合同。在被保险货物遭受到保险合同责任范围内的损失时,它是被保险人索赔和保险公司理赔的主要依据。在CIF或CIP合同中,保险单据是卖方必须向买方提供的主要单据之一,它可以通过背书行为转让。

(二)保险单据的种类

在国际贸易中,最常采用的保险单据是保险单(Insurance Policy)和保险凭证(Insurance Certificate)。保险单又称大保单,保险凭证又称小保单,两种保单具有同等的法律效力。在保险单出单后,保险公司可应投保人的请求,补充或修改保险内容,另出具一张凭证,该凭证称为"批单(Endorsement)"。保险批单一经批改,保险公司就要按批改后的内容负责。

保险单据还有联合凭证(Combined Certificate)和预约保单(Open Policy)等。联合凭证是在发票上注明保险公司承保的险别、保险金额和保险号码,并加盖保险公司的印章。预约保单是指被保险人和保险人事先订立合同,合同中规定承保货物的范围、险别、费率等条款,凡属于合同约定的运输货物,在合同有效期内自动承保。实务中多用于进口贸易,当我方公司收到外商的装船通知时,即将装船通知传真给保险公司,保险自进口货物起运时开始生效。

(三)保险单的填制

1.发票号码(Invoice No.)

填写投保货物商业发票的号码。

2.保险单号次(Policy No.)

填写保险单号码。

3.被保险人(Insured)

如来证无特别规定,保险单的被保险人应是信用证上的受益人,由于出口货物绝大部分均由外贸公司向保险公司投保,按照习惯,被保险人一栏中填写出口公司的名称。

4.保险货物项目(Description of Goods)

与提单相同,填写货物的总称。

5.包装及数量(Quantity)

与提单相同,填写最大包装的总件数。

6.保险金额(Amount Insured)

一般按照发票金额加一成(即110%发票金额)填写。最终以双方商定的比例计算而成,但保险公司一般不接受保额超过发票总值30%,以防止个别买主故意灭损货物,串通当地检验部门取得检验证明,向保险公司索赔。对总值的理解,各地区、各银行不一致,一般以扣除贸易折扣后的净值为基础,扣除的其他费用均不能在保险总值中减除。如信用证规定按 gross invoice value or full invoice value，即使发票中扣除贸易折扣，也要以毛额为计算基础。

7.承保险别

出口公司只需在副本上填写这一栏目的内容。承保的内容应严格按信用证规定的险别投保。并且为了避免混乱和误解，最好按信用证规定的顺序填写。当全套保险单填好交给保险公司审核、确认时，才由保险公司把承保险别的详细内容加注在正本保险单上。

8.标记(Marks &Nos)

与提单相同，也可以填写“AS PER INVOICE No. * * * ”。但如果信用证规定所有单据均要显示装运唛头，则应按实际唛头缮制。

9.保险总金额(Total Amount Insured)

将保险总金额以大写的形式填入，计价货币也应以全称形式填入。注意保险总金额使用的货币应与信用证使用的货币一致，保险总金额大写应与保险总金额的阿拉伯数字一致。

10.保费(Premium)

一般已由保险公司在保险单印刷时填入“as arranged”字样。出口公司在填写保险单时无须填写。

11.装载工具

填写装载船的船名。当运输由两程运输完成时，应分别填写一程船名和二程船名。

12.开航日期

一般填写提单签发日期，也可填写提单签发日前 5 天之内的任何一天的日期，或填写“As Per B/L”。

13.起运港

填写起点即装运港名称。

14.目的港

填写讫点即目的港名称。当一批货物经转船到达目的港时，这一栏填写：目的港 W/T(VIA)转运港。

15.保险单份数

当信用证没有特别说明保险单份数时，出口公司一般提交一套完整的保险单(一份“original”，一份“duplicate”)。

中国人民保险公司出具的保险单一套五份。由一份正本 original，一份复联(复本) duplicate 和三份副本 copy 构成。

当来证要求提供的保险单“in duplicate/in two folds/in 2 folds/in 2 copies”时，出口公司提交给议付行的是正本保险单(original)和复联(复本)保险单(duplicate)构成全套保险单。其中的正本保险单可经背书转让。

16.赔付地点

一般地，可将目的地作为赔付地点，将目的地名称填入该栏。如买方指定理赔代理人，必须在货物到达目的港的所在国内，便于到货后检验。赔款货币，一般为与投保额相同的货币。

17.日期

指保险单的签发日期。由于保险公司提供“仓至仓”(Warehouse to Warehouse)服务，因而要求保险手续在货物离开出口方仓库前办理。保险单的日期也应是货物离开出口方仓库前的日期。

18.投保地点

填写投保地点的名称，一般为装运港(地)的名称。

19.背书

当合同或信用证没有明确使用哪一种背书时，一般使用空白背书方式。空白背书(Blank Endorsed)就是只注明被保险人的名称(包括出口公司的名称和经办人的名字)。

示例：保险单样单

中保财产保险有限公司

The People Insurance(Property)Company of China,Ltd.PICC PROPERTY

发票号码 (1) 保险单号次 (2)

Invoice No. YSM1999C Policy No. 0071925

海洋货物运输保险单

MARINE CARGO TRANSPORTATION INSURANCE POLICY

被保险人：GUANG DONG MACHINERY IMPORT AND EXPORT CORP.(GROLP)(3)

Insured: ……………………………………………………………………

中保财产保险有限公司(以下简称本公司)根据被保险人的要求，及其所缴付约定的保险费，按照本保险单承担险别和背面所载条款与下列特殊条款承保下列货物运输保险，特签发本保险单。

This policy of Insurance witnesses that The People Insurance(Property)Company of China,Ltd.(hereinafter called the Company), at the request of the Insured and in consideration of the agreed premium paid by the Insured, undertakes to insure the undermentioned goods in transportation subject to the conditions of this Policy as per the Clauses printed overleaf and other special clauses attached hereon.

保险货物项目 Descriptions of Goods	包装 单位 数量 Packing Unit Quantity	保险金额 Amount Insured
(4) RABIT BRAND SHOVEL WITH METAL HANDLE TOTAL:400 BUNDLES	(5) 400 BUNDLES	(6) USD 17600.00

承保险别 货物标记
Conditions I Marks of Goods
(7) (8)
COVERING ALL RISKS AND WAR RISKS AS PER A98JP1990006
OCEAN MARINE CARGO CLAUSES (WAREHOUSE TO ——————————
WAREHOUSE CLAUSE IS INCLUDED) AND OCEAN MARINE YOKOHAMA
CARGO WAR RISK CLAUSES OF THE PEOPLES INSURANCE
COMPANY OF CHINA (1/1/1981)。

总保险金额： (9)
Total Amount Insured：U. S. DOLLARS SEVENTEEN THOUSAND SIX HUNDRED ONLY

保费 (10) 载运输工具 (11)
Premium：As arranged Per conveyance S.S JING AN CHENG V.0224E

开航日期 (12) 起运港 (13) 目的港 (14)
Slg. on or abt JAN.25，2018 From GUANGZHOU To YOKOHAMA

所保货物，如发生本保险单项下可能引起索赔的损失或损坏，应立即通知本公司下述代理人查勘。如有索赔，应向本公司提交保险单正本(本保险单共有　　份正本)及有关文件。如一份正本已用于索赔，其余正本则自动失效。

In the event of loss or damage which may result in a claim under this Policy, immediate notice must be given to the Company Agent as mentioned hereunder. Claims, if any, one of the Original Policy which has been issued in (15) Original(s) together with the relevant documents shall be surrendered to the Company, If one of the Original Policy has been accomplished, the others will be void.

中保财产保险有限公司

THE PEOPLE INSURANCE(PROPERTY)COMPANY OF CHINA，LTD

赔款偿付地点 (16)
Claim payable at YOKOHAMA

日期 (17) 在 (18)
Date JAN. 25，2018 at GUANGZHOU

地址：
Address：

三、保险金额及保险费

保险金额是指当保险标的发生承保范围内的损失时保险人所应承担的最高赔偿金。一般按 CIF 和 CIP 的总值加 10％的保险加成率，保险加成率是作为买方的经营管理费用和预期利润加保。在出口贸易中采用CIF和CIP,保险加成率在10%到30%之间都可接受,如果超过30%,出口企业必须先征得保险公司的同意,方可答应外商的要求。如果合同或信用证没有说明,按惯例,卖方加10%的保险加成率投保。保险费是指被保险人应缴纳的费用。计算公式如下:

保险金额=CIF(或CIP)价值×(1+保险加成率)　(7.1)

保险费=保险金额×保险费率　(7.2)

示例:我某外贸公司以1200美元/千克CIF威尼斯向意大利某商人出口中药材2000千克,根据合同规定,我方向保险公司投保平安险、串味险及淡水雨淋险,其保险费率分别为0.5%、0.2%和0.3%,按发票金额120%投保。问:该批货物的保险金额和保险费各是多少?

解析:保险金额=CIF价值×120%

=1 200×2 000×120%

=2 880 000(美元)

保险费=保险金额×保险费率

=2 880 000×(0.5%+0.2%+0.3%)

=28 800(美元)

因此,该批货物的保险金额是2 880 000美元,保险费是28 800美元。

示例:我某公司向西班牙商人出口某商品2 000公吨,每公吨单价为CIF VIGO(维哥)2 566美元,加一成投保一切险。货到目的港后,西班牙商人发现只有1 975公吨的货物完好,其余25公吨因意外事故已失去原有的用途。问:保险公司应赔偿多少?

解析:因货物已失去原有的用途,保险公司必须对25公吨的货物给予赔偿。

25×2 566×110%=70 565(美元)

因此,保险公司应赔偿70 565美元。

四、保险条款的拟定

(一)按FOB、FCA、CFR或CPT条件成交的保险条款

按FOB、FCA、CFR或CPT条件成交,合同中的保险条款只需规定"Insurance: To be covered by the Buyer"(保险由买方办理)。

(二)按CIF或CIP条件成交的保险条款

按CIF或CIP条件成交的保险条款,则需具体规定保险金额、投保险别和保险适用的条款等内容。如:

"Insurance: To be covered by the sellers for the full invoice value plus 10% against all risks and war risks as per and subject to the relevant ocean marine cargo clauses of the People's Insurance Company of China, dated Jan.1,1981. If the Buyers desire to cover for any other extra risks besides aforementioned of amount exceeding the aforementioned limited, the sellers' approval must be obtained beforehand and all the additional premiums thus incurred shall be for the Buyers' account."

(保险:由卖方按发票金额加成10%投保一切险及战争险,以中国人民保险公司

1981 年 1 月 1 日的有关海洋运输货物保险条款为准。如果买方要求加投上述保险或保险金额超出上述金额,必须提前征得卖方的同意,超出的保险费由买方承担。)

(三)拟订保险条款应注意的问题

1.必须明确保险适用的条款

实务中,保险条款主要有"中国保险条款"(China Insurance Clauses ,简称 CIC)和伦敦保险协会海运货物保险条款(Institute Cargo Clauses ,简称 ICC)。

ICC(A)相当于我国海运货物保险的一切险,ICC(B)相当于我国海运货物保险的水渍险,ICC(C)相当于我国海运货物保险的平安险。我保险公司可根据客户的要求,酌情按 ICC 条款的有关规定承保,但不能张冠李戴,用 CIC 的险别套用 ICC 的条款。

2.必须明确投保险别,注意"仓至仓"条款适用的险别

中国人民保险公司的《海洋运输货物保险条款》规定的平安险、水渍险和一切险三种险别和伦敦保险协会海运货物保险条款规定的 ICC(A)、ICC(B)、ICC (C)对承保责任起讫或承保险期限,均采用国际保险业务中惯用的"仓至仓"条款(即 Warehouse to Warehouse Clause,简称 W/W Clause)。但战争险和罢工险不适用"仓至仓"条款。

3.被保险人必须对保险标的物具有保险利益

保险利益又称可保权益,是指投保人对保险标的物具有法律上承认的利益。海上保险仅要求被保险人在保险标的物发生损失时必须具有保险利益。

如果投保人是出口企业,而保单的被保险人填写为进口商,则货物从仓库到装运港装运前的运输风险,由于有保险利益的出口企业保单上不是他,而保单上有名字的进口商却没有保险利益。因此,此段运输货物有损害,出口企业和进口商都不能向保险公司索赔。

4.加保战争险、罢工险应注意的问题

对于出口贸易,如加保战争险、罢工险,进出口合同上应明确"若发生有关的保险费率调整,所增加的保险费由买方负担"。

5.注意基本险与附加险的关系

附加险只能在投保某一种基本险的基础上才可加保,但因一切险的责任范围已包括了一般附加险,故如投保人在投保时选择了一切险,则无须再加保一般附加险。

伦敦保险协会海运货物保险条款的战争险和罢工险可单独投保。

第八章　国际货款收付

重点难点

(1)票据的概念及特点。
(2)汇票的概念、内容以及分类。
(3)汇票行为及在流通过程中主要当事人的权责。
(4)本票和支票的概念、内容以及分类。
(5)汇付、托收和信用证的含义。
(6)汇付、托收和信用证的当事人的权责及种类。
(7)汇付、托收和信用证的业务流程及在国际经济往来中的具体应用。

第一节　支付工具

案例导入

出口方委托银行以远期付款交单方式向进口方代收货款。货到目的地后，进口方凭信托收据向代收行借取了全套货运单据先行提货销售，但因经营不善而亏损，无法向银行支付货款，进而引发出口商与代收行之间的货款纠纷。

CIF 出口合同规定 9 月份装船，买方开来的信用证规定，装船时间不得迟于 9 月 20 日。因船源关系，卖方无法在 9 月 20 日以前装船，于是立即去电要求买方将装船时间延长至 10 月 20 日，买方来电表示同意，但我方在 10 月 15 日装船完毕，持全套单据向银行办理议付时却遭银行拒付。

请问：以上案例说明了什么问题？

传统贸易所采用的主要支付工具是货物(易货贸易)，后来是货币(currency)——黄金和白银成为支付工具，再后来就是票据：汇票、本票和支票，其中以汇票为主。国际货款的收付，以现金结算的较少，大多使用非现金结算，即使用代替现金作为流通手段和支付手段的金融票据来进行结算。金融票据是国际通行的结算和信贷工具，是可以流通转让的债权凭证。

一、票据的概述

(一)票据的含义

具备一定格式的货币债权凭证,可以流通转让的债权凭证,是以无条件支付一定金额为目的的有价证券。

(二)票据特征

1.无因性。持票人对票据上权利的享有不受票据产生的基础关系的影响。

2.要式性。票据的形式和内容必须符合法律的规定。

3.流通性。票据权利可以转让,不受债务人的限制,无须通知债务人。

4.文义性。票据债务人只根据票据的文字记载来履行付款义务,而不以文字记载以外的其他任何记载为依据。

5.可追索性。正当持票人如果未能实现票据的权利,有权对票据上的所有当事人起诉,要求得到票据的权利。

正因为票据的这五个特征,才能减少票据纠纷、保证票据的顺利流通,才能更好地发挥票据在经济活动中的汇兑、支付和信用工具的功能。

二、汇票

国际货物贸易中使用的金融票据主要包括汇票(bill of exchange,draft)、本票(promissory note)和支票(cheque,check),其中以汇票为主。

(一)汇票的含义、基本内容及基本当事人

1.汇票的含义

按照各国票据法的一般规定,汇票是一个人向另一个人签发的,要求见票时或在将来的固定时间或在可以确定的时间,对某人或其指定的人或持票人,支付一定金额的无条件的书面支付命令。

我国《票据法》的定义:汇票是出票人签发的,委托付款人在见票时或者在指定日期无条件支付确定的金额给收款人或者持票人的票据。

2.汇票的基本内容

按照各国票据法的规定,汇票的要项必须齐全,否则,受票人有权拒付。按《中华人民共和国票据法》第 22 条的规定,汇票必须记载下列事项:(1)表明"汇票"字样;(2)无条件支付的委托;(3)确定的金额;(4)付款人名称;(5)收款人名称;(6)出票日期;(7)出票人签章。汇票中未载明规定事项之一的,该汇票无效。

除此之外,汇票上还有相对必要记载内容。其记载的欠缺并不导致汇票的无效,法律上给出了相应的补救方式。按《中华人民共和国票据法》第 23 条的规定,汇票上未记载付款日期的,为见票即付。汇票上未记载付款地的,付款人的营业场所、住所或经常居住地为付款地。汇票上未记载出票地的,出票人的营业场所、住所或经常居住地为出票地。

BILL OF EXCHANGE

NO.________________________

For______________________(amount in figure) ______________________

At ________________________________sight of this FIRST bill of exchange (SECOND being unpaid)

Pay to the order of ____
the sum of ______________________________________(amount in words)

Drawn under ____

L/C No. _________________________Dated ________________________

To. ____

For and on behalf of

____

(Signature)

图 8.1 汇票示例

3.汇票的基本当事人

基本当事人是指在汇票作成和交付时就已存在的当事人，是构成汇票法律关系的必要主体，包括出票人、收款人和付款人。

(1)出票人(Drawer)：即签发汇票的人，是指依法定方式签发票据并将票据交付给收款人的人。

(2)收款人(Payee)：即汇票到期后有权收取票据所载金额的人，又称汇票的权利人。

(3)受票人(Drawee)：即付款人，由出票人委托付款或自行承担付款责任的人。

另外，还有非基本当事人包括背书人(Endorser)、保证人(Guarantor)等。

表 8.1 汇票当事人

当事人	信用证项下	托收项下
出票人	受益人	出口商
收款人	议付行； 无议付则为通知行或指定的其他银行	托收行(或凭其指示)
付款人	开证行指定的付款行； 如未指定，为开证行	进口商

(二)汇票的种类

1.按照有无随附货运单据，可分为：光票和跟单汇票

光票(Clean Bill)：出具的汇票不附带任何货运单据，称为光票。一般用于贸易从属费用、货款尾数、佣金等结算。

跟单汇票(Documentary Bill)：如果出具的汇票附有货运单据(发票、提单、保险单等)则称为跟单汇票。在国际贸易中大多数使用跟单汇票，体现钱款与单据的对流。

2.按照出票人的不同，可分为：商业汇票和银行汇票

商业汇票(Commercial Bill):出票人是工商企业的汇票;

银行汇票(Banker's Bill):出票人和付款人都是银行的汇票。

银行汇票一般为光票,商业汇票大多为跟单汇票。

3.按照付款时间的不同,可分为:即期汇票和远期汇票

即期汇票(Sight Bill):凡是汇票上规定付款人见票后即需付款的称为即期汇票;

远期汇票(Time Bill):凡是汇票上规定付款人于将来一定日期付款的称为远期汇票。

4.远期汇票按照承兑人的不同,可分为:商业承兑汇票和银行承兑汇票

商业承兑汇票(Commercial Acceptance Bill):凡工商企业出票而以另一工商企业为付款人的远期汇票,经过付款人承兑后,便称为商业承兑汇票;

银行承兑汇票(Banker's Acceptance Bill):如工商企业出票而以银行为付款人的远期汇票,经过付款银行承兑后,便称为银行承兑汇票。

5.依据收款人记载方式的不同,可分为:记名汇票、无记名汇票和指示汇票

记名汇票是指出票人在汇票上明确记载收款人的姓名或商号的一种汇票。

无记名汇票是指在票面上没有记载收款人的姓名或商号,或仅记载"来人"字样的一种汇票。

指示汇票是指不仅在汇票上记载收款人的姓名或商号,并且附加"或其指定人"字样的汇票。出票人可以依背书交付而转让这种汇票。

(三)汇票的票据行为

汇票不仅是一种支付命令,而且是一种可转让的流通证券,其使用的流程包括出票(Issue)、提示(Presentation)、承兑(Acceptance)、付款(Payment)、背书(Endorsement)。如汇票遭到拒付时,还涉及做成拒绝证书和行使追索等法律权利。

1.出票。即指开出汇票的人在汇票上填写付款人、付款金额、付款日期与地点以及收款人等项目,经签字后交给收款人的行为。汇票的出立包括三个动作:出票(填写汇票)、签字和交付(to draw a draft, and sign it and deliver the draft to payee)。出票人对汇票债务的责任有两个方面:担保承兑和担保付款。持票人(Holder)得到了债权,使他获得付款请求权和追索权。

2.提示。即指持票人将汇票交给付款人要求其承兑或付款的行为。提示包括付款提示或承兑提示两种。

3.承兑。即指付款人对远期汇票表示承担到期付款的行为。付款人在汇票上写明"承兑"字样,注明承兑日期,并由付款人签字,然后交还持票人。

4.付款。对即期汇票,在持票人提示汇票时,付款人即应付款,对远期汇票,付款人经过承兑后,在汇票到期日付款。

5.背书。汇票经过背书之后,即可以在票据市场上流通转让。背书是转让汇票权利的一种手续,即指由汇票持有人在汇票背面签上自己的名字,或再加上受让人即被背书人(Endorsee)的名字,并把汇票交给受让人的行为。经背书后,汇票的收款权利便转移给受让人。汇票可以经过背书不断转让下去:对于受让人来说,所有在他以前的背书人(Endorser)以及原出票人,都是他的"前手";而对出让人来说,所有在他让与以后的受让

人，都是他的“后手”。前手对后手负有担保汇票必然会被承兑或付款的责任。在背书这个行为中，前手背书人要对后手被背书人承担汇票到期会被承兑或付款的责任，后手可以对前手行使追索权。背书有三种形式：

(1)限定性背书，例如，支付给史密斯先生不可背书(pay Mr. Smith only and not transferable)。

(2)记名背书，又称正式背书、完全背书。例如，付给史密斯先生或其指定的人(pay to the order of Mr. Smith)。

(3)空白背书，也叫无记名背书，背书人仅在票据背面签名，而不记明谁是被背书人。

6.贴现(Discount)。商人以未到期的票据向银行兑换现款，银行在付款时预先扣除利息，这种金融交易行为就称为贴现。汇票的贴现主要是针对远期汇票的，在付款人付款前要获得票面金额时可以在远期汇票经承兑后，通过背书方式转让给贴现公司。

在国际市场上，一张远期汇票的持有人如想在付款人付款前取得票款，可以经过背书将汇票转让给贴现的银行或金融公司，由它们将扣除一定贴现利息后的票款付给持有人，这就叫作贴现。

7.拒付(Dishonor)。持票人提示汇票要求承兑时遭到拒绝承兑(Dishonor by Non-acceptance)，或持票人提示汇票要求付款时遭到拒绝付款(Dishonor by Non-payment)，均称拒付，也称退票。此外，付款人拒而不见、死亡或宣告破产以致付款事实上已不可能时，也称拒付。当汇票被拒付时，最后的持票人有权向所有的“前手”直至出票人追索。为此，持票人应及时提供拒付证书(Protest)。拒付证书是付款地的法定公证人(Notary Public)或其他依法有权作出证书的机构如法院、银行、公会、邮局等作出的证明拒付事实的文件，是持票人凭以向其“前手”进行追索的法律依据。如拒付的汇票已经承兑，出票人可凭以向法院起诉，要求承兑汇票的承兑人付款。

8.追索(Recourse)。汇票遭拒付后，持票人在行使或保全汇票上的权利行为(包括提示、做拒付证书、拒付通知)之后，有权对其前手(背书人或出票人)要求退回汇票金额、利息及做拒付通知(Notice of Dishonor)和拒付证书(Protest)等其他有关费用。

我国《票据法》规定，持票人为出票人的，对其前手无追索权，持票人为背书人的，对其后手无追索权。按我国《票据法》的规定，持票人行使追索权时，应当提供被拒绝承兑或者被拒绝付款的有关证明。该法还规定，持票人提示承兑或提示付款被拒绝时，承兑人或付款人必须出具拒绝证明，或者出具退票理由书，否则，应当承担由此产生的民事责任，持票人可以依法取得其他有关证明。此外，汇票的出票人或背书人为了避免承担被追索的责任，可在出票时或背书时加注“不受追索”(Without Recourse)字样。凡加注“不受追索”字样的汇票，在市场上是较难流通的。

(四)汇票的填制

1.有“汇票”字样

有“Bill of Exchange”或“Draft”字样。

2.汇票号码(No.)

通常与发票号码相同，也可填其他有利于识别的号码。

3.汇票的出票日期与地点

(1)汇票的出票日期：通常在交单时由银行打上交单当天的日期。日期月份需用英文。

(2)出票地点：应是出口商所在地，一般与日期相连。

4.出票条款又称出票根据，表明汇票起源。

(1)信用证项下的汇票必须有出票条款，包括三部分：开证行名称、信用证号和开证日期。如：Drawn under 开证行完整名称 L/C No. 信用证号 Dated 开证日期。

注意：如果信用证列明了具体的出票条款，则照其原样填制。

(2)托收项下，如：Drawn under Contract No.合同号 against Shipment of 货物名称 for Collection.

5.金额(大、小写)：必须是汇票上确定的金额数目。

如：小写(Amount in figures)：USD1000,000.00。

大写(Amount in words)：(the sum of)U.S. dollars one thousand thousand only .

如规定了利息，还须注明"Payable with interest @…%"。

必须一致，不得涂改(我国：如不一致，无效；其他：以文字为准)。

6.付款期限(Tenor)

我国《票据法》规定的四种付款期限：

(1)见票即付

如："At sight"(见票即付)。

(2)定日付款

如："At 30 May 2008 Fixed"

(3)出票后定期付款

如："At 30 Days After Date"或"At 30 Days'Date"(出票后30天付款)。

(4)见票后定期付款

如："At 30 Days After Sight"或"At 30 Days'Sight"(见票后30天付款)。

7.受款人(收款人 payee)及无条件支付命令(unconditional order to pay)即汇票抬头人，出票人指定的接受票款的当事人。在国际结算业务中，汇票的受款人一般都是以银行指示为抬头的。这是因为出口商通常在付款人所在地的银行里并无账户，只有出口商指定的银行才有，付款人无法直接把款项付给出口商，而只能付给出口商指定银行的户头上，再由该指定银行"解付"给出口商。一般收款人有以下三种记载方法：

(1)指示性抬头：最普遍，可凭背书转让。"Pay to the order of…"，如：

Pay to the order of Bank of America.

Pay to Bank of America or order.

Pay to Bank of America.

(2)限制性抬头：不可转让。如无 only 或 not transferable 或其他类似的限制性词语，视同指示性抬头，可背书转让。"Pay to…(公司名称或人名) only/not transferable"，如：

Pay to John Smith Only.

Pay to John Smith not transferable/ not to order.

(3)来人式抬头/持票式抬头：无须背书即可转让。根据我国票据法，此类汇票无效。如：Pay to bearer/holder。

8.付款人(payer drawee 受票人。一般位于汇票左下角，即"To：(付款人)"

(1)L/C 项下：L/C 的付款人一般是 L/C 的开证行、付款行。如：

L/C 未规定付款人，一般应以开证行为付款人。

L/C 中相应的付款人表示为"Drafts drawn on..."

(2)托收项下：Drawee 一般是进口商，应填写其全称及详细地址。

9.出票人(Drawer)：名称、公司章、负责人签字。一般位于右下角。通常为出口人或信用证的受益人。汇票必须要有签字。例如：

(FOR)ABC CO. LTD.

JOHN SMITH(本人签字)

MANAGER(签字人职务，可无)

10.关于付一不付二和付二不付一

为防遗失，商业汇票通常开立一式两份，分别寄发，但付款人只对其中的一份承兑或付款，当对其中的一份承兑或付款时，另一份随即作废。故，需在汇票上注明：

第一联："At ... of this Exchange(second of Exchange being unpaid)

……日后付款，本汇票之第二联未付"

第二联：First 和 Second 对调

BILL OF EXCHANGE

No. S0001270　　Dated 2011-08-31

Exchange for JPY 4950000

At 5 days after Sight of this FIRST of Exchange

(Second of exchange being unpaid)

Pay to the Order of AIGE IMPORT & EXPORT COMPANY

the sum of JPY FOUR MILLION NINE HUNDRED FIFTY THOUSAND ONLY

Drawn under L/C No.　　Dated

Issued by RIQING EXPORT AND IMPORT COMPANY

To RIQING EXPORT AND IMPORT COMPANY
P.O.BOX 1589, NAGOYA, JAPAN

艾格进出口贸易公司
AIGE IMPORT & EXPORT COMPANY
AIGE IMPORT & EXPORT COMPANY
AIGE ZHANG
(Authorized Signature)

图 8.2　汇票示例

三、本票

1.本票的含义

本票(Promissory Note)是一个人向另一个人签发的，保证于见票时或定期或在可以确定的将来的时间，对某人或其指定人或持票人支付一定金额的无条件的书面承诺。简言之，本票是出票人对受款人承诺无条件支付一定金额的票据。

2.本票的主要内容

各国票据法对本票内容的规定各不相同。按我国《票据法》的规定，本票必须记载下列事项：(1)表明“本票”的字样；(2)无条件支付承诺；(3)确定的金额；(4)收款人名称；(5)出票日期；(6)出票人签章。本票上未记载规定这些事项之一的，本票无效。

3.本票的种类

本票可分为商业本票与银行本票两种。由工商企业或个人签发的本票称为商业本票或一般本票。由银行签发的本票称为银行本票。商业本票有即期与远期之分，银行本票都是即期的。在国际货款结算中使用的本票，大都是银行本票。有的银行发行见票即付、不记载收款人的本票或来人抬头的本票，其流通性与纸币相似。

(三)支票

1.支票的含义

支票是以银行为付款人的即期汇票，即存款人签发给银行的无条件支付一定金额的委托或命令。出票人在支票上签发一定的金额，要求受票的银行于见票时立即支付一定金额给特定人或持票人。由于支票是无条件支付一定金额的书面命令，是即期汇票，因此，收到支票的存款银行不得随意拒付，必须立即凭票付款。

出票人在签发支票后应负票据上的责任和法律上的责任。前者是指出票人对收款人担保支票的付款；后者是指出票人签发支票时应在付款银行存有不低于票面金额的存款，如存款不足，支票持有人在向付款银行出示支票要求付款时就会遭到拒付，这种支票叫空头支票，开出空头支票的出票人应负法律上的责任。

2.支票的主要内容

各国票据法对支票内容都有具体规定，按我国《票据法》的规定，支票必须记载下列事项：(1)表明“支票”的字样；(2)无条件支付的委托；(3)确定的金额；(4)付款人名称；(5)出票日期；(6)出票人签章。支票上未记载规定事项之一的，支票无效。

3.支票的种类

支票(Cheque/Check)可以从不同的角度分类，按我国《票据法》的规定，支票可分为现金支票与转账支票两种。不论是用以支取现金或是转账，均应分别在支票正面注明。现金支票只能用于支取现金；转账支票只能用于通过银行或其他金融机构转账结算。但是，在其他许多国家，支取现金或是转账通常可由持票人或收款人自主选择，但一经划线只能通过银行转账，而不能直接支取现金。因此，就有“划线支票”和“未划线支票”之分。划线支票通常都在其左上角划上两道平行线。视需要，支票既可由出票人也可由收款人或代收银行划线。对于未划线支票，收款人既可通过自己的往来银行代向付款银行收款，存入自己的账户，也可径自到付款银行提取现款。但如是划线支票或原来未划线而后经自己加上划线的支票，收款人就只能通过往来银行代为收款入账。

多国票据法规定，支票可由付款银行加“保付”(Certified to Pay)字样并签字而成为保付支票。付款银行保付后就必须付款。支票经保付后身价提高，更有利于流通。

4.支票的效期

支票的使用有一定的效期，由于支票是代替现金的即期支付工具，所以效期较短。超过提示付款期限的，付款人可以不予付款；付款人不予付款的，出票人仍然应对持票人承担票据责任。我国《票据法》第79条规定，我国允许开立自出票日起，付款期限不超过两个月的银行本票。我国《票据法》还规定银行本票仅限于由中国人民银行审定的银行或其他金融机构签发。

四、汇票、本票与支票的主要区别

(1)证券的性质不同。汇票与支票都是委托他人付款的证券，故属于委托支付证券；而本票是由出票人自己付款的票据，故属自付证券或承诺证券。

(2)到期日不同。支票为见票即付；而汇票和本票除见票即付外，还可作出不同日期的记载。在我国货款结算中使用的跟单汇票，还有运输单据出单日期后定期付款的记载。

(3)是否需要承兑不同。远期汇票需要付款人履行承兑手续；本票由于出票时出票人就附有担保的责任而无须承兑；支票均为即期，故也无须承兑。

(4)基本当事人不同。汇票有三个基本当事人：出票人、受票人、收款人；而本票只有两个基本当事人：出票人和收款人，受票人与出票人为同一人；支票也有三个基本当事人：出票人、受票人、收款人，但受票人必须是银行。

第二节　支付方式之汇付和托收

案例导入 25

我方A公司与阿联酋B公司成交一笔棉织毛巾的贸易，B公司要求10%预付货款，90%电汇。

请问：A公司是否可以接受？

目前，在我国进出口业务中所使用的支付方式主要有汇付、托收和信用证。它们也是国际贸易结算中的三种基本方式。其中，汇付和托收属于商业信用，信用证属于银行信用。支付方式按资金的流向与支付工具传递方向是否相同，可以分为顺汇法和逆汇法。顺汇是指资金的流动方向与支付工具的传递方向相同。汇付方式采用的是顺汇法。逆汇法是指资金的流动方向与支付工具的传递方向相反。托收和信用证采用的是逆汇法。

一、汇付

(一)含义

汇付(Remittance)又称汇款，指汇款人(Remitter)通过汇出行(Remitting Bank)将一定金额的款项汇交收款人(Payee)的结算方式。

(二)特点

1.汇付的结算方式属于顺汇,因为在汇付方式下,结算工具(委托通知、票据)的传递方向与资金的流向相同。

2.汇付是一种商业信用的支付方式。银行只提供资金划拨的渠道,不用承担任何风险。

3.手续简单:银行手续费较少,国际结算的重要手段。

(三)当事人

1.汇款人(Remitter):进口商或债务人。

2.收款人(Payee):出口商或债权人。

3.汇出行(Remitting Bank):接受汇款人的委托汇出款项的银行,通常是进口商或债务人所在地的银行。

4.汇入行(Paying Bank/Receiving Bank):又称解付行,是接受汇出行的委托,解付汇款的银行。通常是汇出行在收款人所在地的代理行。

(四)汇付的种类及业务流程

汇付方式可分为信汇、电汇和票汇三种。

1.信汇

信汇(Mail Transfer,简称 M/T)是指汇出行应汇款人的申请,将付款委托书寄给汇入行,授权解付一定金额给收款人的一种汇付方式。

实务中,汇出行通过航邮寄交付款委托人,汇入行根据汇出行的印鉴和签字核对无误后解付。信汇的费用较低,但收款人较迟收到货款。信汇业务的流程见图 8.4:

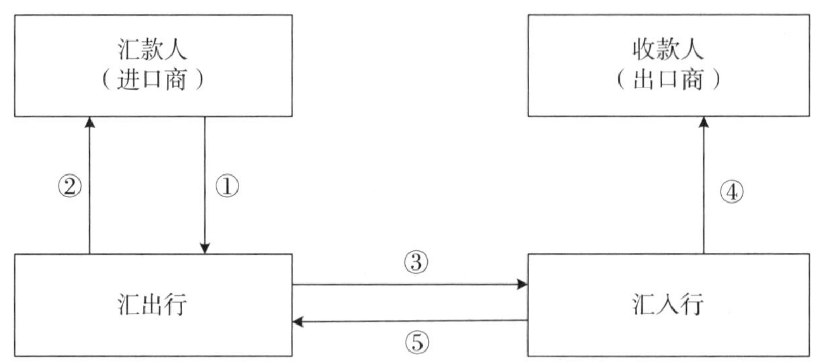

图 8.3 信汇业务流程图

①汇款人填写汇款委托书,连同款项提交汇出行;

②汇出行接受申请,出具交款回执交汇款人;

③根据汇款申请书的指示,以信函方式通知汇入行向收款人付款;

④汇入行收到汇出行的信汇付款委托书后,检验密押无误后,出具信汇通知书交收款人,通知收款人取款;

⑤汇入行向收款人付款后,向汇出行寄交付讫收据。

2.电汇

电汇(Telegraphic Transfer,简称 T/T)是指汇出行应汇款人的申请,将电汇付款委托书用电讯手段通知汇入行,授权解付一定金额给收款人的一种汇付方式。电汇的费用较高,但收款人能迅速收到货款。

实务中,对于老客户以及信誉好的客户,出口商经常采用电汇结算。电汇在汇付中使用最多,在我国,电汇的手续费一般按总金额的 1% 收取,最低为 50 元人民币,最高为 1000 元人民币。电汇业务的流程见图 8.4:

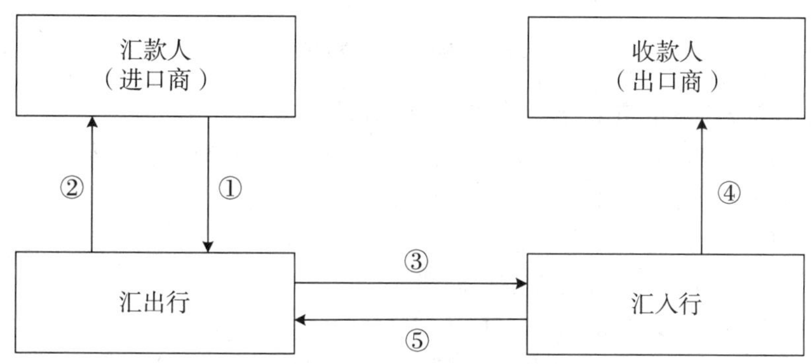

图 8.4 电汇业务流程图

①汇款人填写汇款委托书,连同款项提交汇出行;

②汇出行接受申请,出具交款回执交汇款人;

③根据汇款申请书的指示,以电讯方式通知汇入行向收款人付款;

④汇入行收到汇出行的电讯通知后,验证密押无误后,出具电汇通知书交收款人,通知收款人取款;

⑤汇入行向收款人付款后,向汇出行寄交付讫收据。

3.票汇

票汇(Remittance by Banker's Demand Draft,简称 D/D)是指汇出行应汇款人的申请,代汇款人开立以其分行或代理行为解付行的即期汇票,支付一定金额给收款人的一种汇付方式。

实务中,根据汇票填写收款人的不同,持票人可作如下处理:

(1)当汇票上的收款人为出口商时,出口商应在汇票背后盖章签字后即可送银行收款。

(2)当汇票上的收款人为进口商时,汇票应有进口商的背书。若汇票为空白背书,出口商即可送银行收款;若汇票为记名背书,出口商应在汇票背后空白背书后,方可送银行收款。

票汇的付款行不必通知收款人取款,收款人应在收到汇票后自己上门取款。同时,除有限转让和流通外,汇票可经收款人背书进行流通转让。票汇业务的流程见图 8.5。

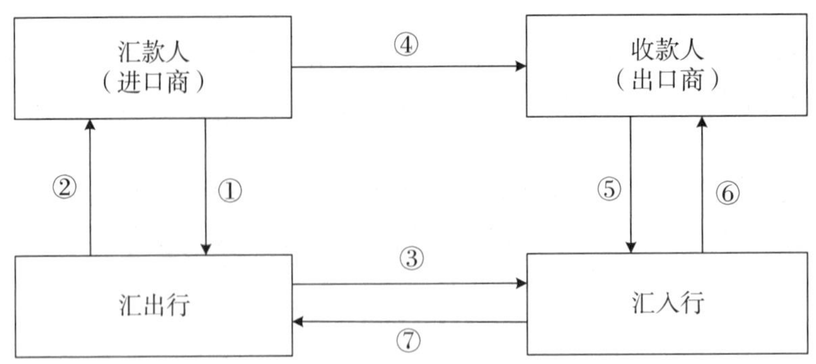

图 8.5　票汇业务流程图

①汇款人填写票汇申请书，连同款项提交汇出行；

②汇出行接受申请，开立以汇入行为付款人的即期汇票，交给汇款人；

③汇出行向汇入行寄送汇票通知书（票根）；

④汇款人向收款人寄送银行即期汇票；

⑤收款人背书后向汇入行提交银行即期汇票；

⑥汇入行将银行汇票与汇票通知书（票根）核对无误后，向收款人付款；

⑦汇入行向收款人付款后，向汇出行寄交付讫收据。

电汇、信汇、票汇三种汇付方式都是商业信用而非银行信用，提供信用方风险大；进口商均通过银行将款项交给出口商。电汇速度最快、安全，应用最广，但收费较高；信汇速度较慢，有一定风险（寄丢、作假），收费较低（少用）；票汇：速度最慢，风险较大（汇票作假），收费较低，可背书转让汇票。

（五）汇付在国际贸易支付中的应用

汇款方式在国际贸易中主要用于预付货款（payment in advance）、随订单定金（deposit）、凭单付款（remittance against documents）和赊账（open account）等业务以及小额佣金、费用的支付。我国：主要用于尾款、佣金等的支付，个别可靠客户采用赊账交易（open account trade，O/A）、预付款（pay in advance）、寄售（consignment）、货到付款（cash on delivery ，C. O. D.）、随订单付现（cash with order ，C. W. O.）。

汇付方式用于贸易结算，有货到付款（赊销）和预付货款（先付款，后发货）两种。前者，对进口商来说，可以节省资金，有利于资金周转；对出口商来说，在一定条件下，可以扩大销路，但要注意防范交易风险。后者，对出口商来说，可以提前获得资金垫付；对进口商来说，要防范预付款支付的风险（比如要求提供保函或其他担保）。

（六）合同中的汇付条款

汇付方式通常用于预付货款和货到付款交易，采用汇付方式时，应在买卖合同中明确规定汇付的办法、汇付的时间、汇付的金额和汇付途径等。

例如："买方应不迟于×月×日将100％的货款用电汇预付至卖方。"（The Buyer shall pay 100％ of the sales proceeds in advance by T/T to sellers not later than...）

二、托收

(一)含义

托收(Collection)是指债权人(出口商)出具汇票委托银行向债务人(进口商)收取货款的一种支付方式。

在实际业务操作中,一般情况下,委托人为卖方,托收行为卖方所在地的银行,代收行为买方所在地银行,提示行为买方所在地同一城市的银行,付款人为买方。托收方式在国际贸易中主要用于支付货款(Payment),在我国,银行一般按货款总额的1%收取手续费,最低100元人民币。

托收的基本做法是:(1)由出口商根据发票金额开出以进口商为付款人的汇票,并向出口地银行提出托收申请;(2)委托出口地银行(托收行)通过它在进口地的代理行或往来银行(代理行)代为向进口商收取货款。

按照一般国家的银行做法,委托人在委托银行办理托收时,需随附一份托收委托书(Collecting Order),形成委托人与委托行之间的委托代理关系,在委托书中明确提出各种指示。银行接受委托后,应按照委托书的指示内容办理托收。对于托收过程中委托人与银行之间就各自权利、义务和责任,国际商会制定了相应的规则,最新的是《托收统一规则》(Uniform Rule for Collections)522号出版物(ICC Publication No.522),简称《URC 522》。

(二)特点

1.属于商业信用。银行只是接受委托办理收款业务,他们对于托收过程中遇到的一切风险、费用和意外事故等都不承担责任。

2.属于逆汇方式。托收项下的结算工具票据与资金的结算工具的流向相反,因而属于逆汇。

3.跟汇付相比,安全性高。首先,对进口商来说,进口商必须在付款之后或承兑后,才能掌握货权。所以,托收方式使得出口商在控制货权、安全收回货款方面比货到付款更安全。其次,对进口商来说,出口商按合同装运货物,进口商被提示单据时,说明了货物确实已经装运,这样与预付货款下进口商先付款后收货相比,其利益更有保障。

(三)当事人

托收方式的当事人主要有委托人(Principal)、付款人(Payer)、托收行(Remitting Bank)、代收行(Collecting Bank)和提示行(Presenting Bank)等。

1.委托人(Principal)或出票人(Drawer):是开出汇票或不开汇票委托银行向外国付款人收款的人,通常是出口商。

2.付款人(Payer 或 Drawee):即汇票的付款人,通常是进口商。

3.托收行(Remitting Bank):也称寄单行,指接受委托人的委托,转托其在进口地的代理行代为收款的银行。

4.代收行(Collecting Bank):指接受托收行委托向付款人收取货款的银行,通常为进口地银行。

5.提示行(Presenting Bank),指应托收行或代收行委托,向付款人提示单据,代为索款的进口地银行。一般情况下，代收行就是提示行。如需要（当代收行与付款人不在同一地时，或代收行与付款人无直接账户关系时），代收行可指定另外的银行为提示行，但前提是托收行未指定提示行。

（四）托收的种类及业务流程

托收方式根据托收时金融单据（Financial Documents）是否附有商业单据（Commercial Document）分为光票托收（不附有商业单据）和跟单托收（附有商业单据），国际贸易中大多使用跟单托收。

在跟单托收的情况下，根据交单条件的不同又可以分为付款交单（Document Against Payment，简称 D/P）和承兑交单（Documents Against Acceptance，简称 D/A）。

1.付款交单

付款交单是指出口商的交单以进口商的付款为条件，即只有在进口商付清货款后，才能把货运单据交给进口商。按付款时间的不同，付款交单又可分为即期付款交单（D/P sight）和远期付款交单（D/P after Sight）。

(1)即期付款交单（D/P Sight）是指出口商发货后开具即期汇票连同货运单据，通过银行向进口商提示，进口商见票后立即付款，进口商在付清货款后向银行领取货运单据。

(2)远期付款交单（D/P after Sight）是指出口商发货后开具远期连同货运单据，通过银行向进口商提示，进口商审核无误后即在汇票上进行承兑，于汇票到期日付清货款后再领取货运单据（见图 8.6）。

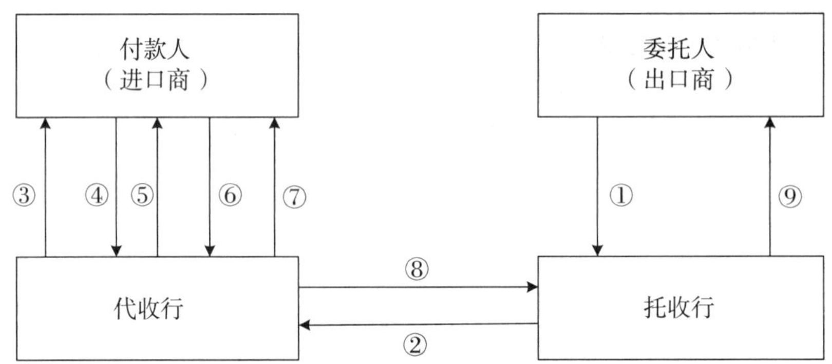

图 8.6　远期付款交单业务流程图

①出口商按合同规定装运货物后，缮制商业发票、货运单据和远期汇票等有关单证，填写委托申请书，交托收行，请求托收行代收货款；

②托收行接受出口商的申请，根据委托申请书缮制托收委托书，连同商业发票、货运单据和远期汇票等单证交进口国代收行，委托代收行代收货款；

③代收行根据委托书的指示向进口商提示商业发票、货运单据和远期汇票；

④代收行收回经进口商承兑的远期汇票和商业发票、货运单据；

⑤付款期限届满，代收行向进口商提示商业发票、货运单据和经进口商承兑的远期汇票；

⑥进口商付款；

⑦代收行向进口商交单；

⑧代收行通知托收行货款已收妥，并向托收行转交货款；

⑨托收行扣减托收费并向出口商交款。

示例：我某外贸进出口公司与比利时某贸易公司洽商某商品的出口交易，我方提出付款条件为30%定金，货物装运后凭提单传真T/T付款，比利时商人要求降价，否则付款条件应修改为D/P 90天，并通过其指定的代收行代收方可接受。问：比利时商人提出修改付款条件的意图是什么？

分析：比利时商人提出修改付款条件，将T/T付款修改为D/P 90天，其目的在于推迟付款，争取90天的资金周转时间。比商要求指定代收行，其目的在于凭信托收据向代收行借单，及早提货销售，达到利用我方资金的目的。

2.承兑交单

承兑交单是指出口商的交单以进口商在汇票上承兑为条件。在承兑交单下，出口商在付款人承兑后已交出了物权凭证及有关的单据，其收款的保障全依赖进口商的信用，一旦进口商到期不付款，出口商便会遭到货物与货款全部落空的损失。因而，对出口商而言，承兑交单的风险比付款交单的风险大(见图8.7)。

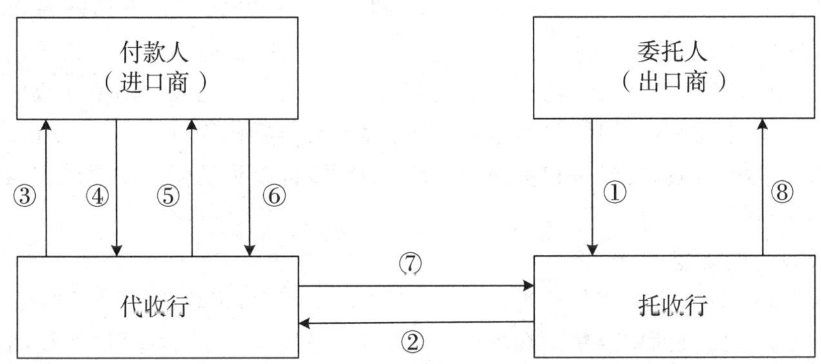

图8.7　承兑交单业务流程图

①出口商按合同规定装运货物后，缮制商业发票、货运单据和远期汇票等有关单证，填写委托申请书，交托收行，请求托收行代收货款；

②托收行接受出口商的申请，根据委托申请书缮制托收委托书，连同商业发票、货运单据和远期汇票等单证交进口国代收行，委托代收行收货款；

③代收行根据委托书的指示向进口商提示商业发票、货运单据和远期汇票；

④代收行收回经进口商承兑的远期汇票、进口商接收商业发票、货运单据；

⑤付款期限届满，代收行向进口商提示经进口商承兑的远期汇票；

⑥进口商向代收行付款；

⑦代收行通知托收行货款已收妥，并向托收行转交货款；

⑧托收行扣减托收费并向出口商交款。

示例：我某贸易发展进出口公司向非洲地区某贸易公司出口一批冷冻食品。合同规定3月份装船，付款条件为D/A见票后30天付款。卖方3月5日装船完毕，3月8日向托收行办理D/A 30天托收。3月17日买方在汇票上履行了承兑手续。货抵目的港后，买方提取货物并售出，但亏损严重。4月16日汇票到期时，买方因此借故提出拒付。我方只好委托我驻外机构直接与买方谈判，最终该批货物折价25%，货款在第二年分四次偿还而结案，我公司损失严重。问：我方应从此事件中吸取什么教训？

分析：本案的问题主要在于D/A托收方式。D/A方式的特点是买方只要在汇票上签字承兑，银行即可在买方不付款的情况下交单给买方，买方就可凭单据提货，等汇票到期时再付款。D/A方式对卖方而言，无疑存在极大的风险。如果买方资信不好，卖方能否收回货款就受制于买方，甚至可能"货款两空"。可见，采取D/A方式付款，一定要调查买方的资信，在不了解买方资信的情况下不要轻易接受D/A方式结算。

(五)托收的风险和防范

1.托收的风险

使用托收方式的有利之处在于进口商不但可免去申请开立信用证的手续，不必预付银行押金，减少费用支出，而且有利于资金融通和周转，增强进口商品的竞争能力。但托收方式结算对出口商而言也存在不少弊端，主要有：

(1)银行办理托收业务时，只是按委托人的指示办事，并无检查单据内容和承担付款人必然付款的义务。

(2)如果进口商破产或丧失清偿债务的能力，出口商则可能收不回或晚收回货款。

在进口商拒不付款赎单后，除非事先约定，银行无义务代管货物；如货物已到达，还要发生在进口地办理提货、交纳进口关税、存仓、保险、转售以致被低价拍卖或被运回国内的损失。

2.托收风险的防范

(1)要事先做好客户的资信调查，掌握适当的授信额度，贷款金额不宜过大。

(2)了解进口国家的贸易管制和外汇管制条例，以免货到目的地后，由于不准进口或收不到外汇而造成损失。

(3)了解进口国家的商业惯例，以免由于当地习惯做法而影响安全迅速收汇。

(4)选择好的价格条款。出口合同应争取CIF或CIP条件成交，由出口商办理货运保险，也可投保出口信用险，在不采取CIF或CIP条件时，投保卖方利益险(当买方未投保而不支付受损货物价款时，保险公司对卖方利益承担保险条款责任范围内的相关责任)——只适用于托收(D/D或D/A)、赊销(O/A)交易。

(5)健全管理制度，定期检查，及时催收清理。

(六)托收业务中的资金融通

1.银行对出口商的资金融通——出口押汇

在托收出口押汇时，出口人在向托收行交单时即能收款。出口商办理跟单托收，以汇票和货运单据作为质押品，向银行申请贷款。托收行根据出口商的资信，酌情贷给一定比例的票款，扣去利息将净款付给出口商。托收行贷款后，成为出口商的债权人，取得托收项下跟单汇票的质权；若托收遭进口商拒付，可以向出口商索回贷款；如索不回贷款，银行有权处理货物。

此种做法实际是托收行对出口人的一种垫款,也是以汇票和单据作为抵押品的一种贷款。有利于出口人加速资金周转和扩大业务量。托收银行作托收出口押汇,有较大风险,故在实际业务中,只有出口人资信可靠,市场行情、政治经济情况都良好的情况下,银行才酌情发放一部分贷款。

2.银行对进口商的资金融通——进口押汇

又称凭信托收据借单,是代收银行给予进口人凭信托收据借单提货便利的一种向进口人融通资金的方式。进出口双方签订买卖合同之后,进口方请求进口地某个银行(一般为自己的往来银行)向出口方开立保证付款文件,然后,开证行将此文件寄送给出口商,出口商见证后,将货物发送给进口商。商业银行为进口商开立信用保证文件的这一过程,称为进口押汇。

具体做法:当进口人欲在汇票到期或在付款前先行提货时,可在承兑汇票后出具信托收据,凭以向代收银行借取货运单据,并提取货物,货物售出后所得的货款在汇票到期后偿还代收银行,同时收回信托收据。

信托收据(trust receipt,T/R)就是进口商借单时提供的一种书面信用担保文件,用来表示愿意以代收行的受托人身份代为提货、报关、存仓、保险、出售货物,并承认货物所有权仍属代收行。货物销售后所得的货款,应于汇票到期时交代收行。

凭信托收据借单是代收行自己向进口商提供的信用便利,与出口商无关,如代收行借出单据后,到期不能收到货款,则代收行应对委托人负全部责任。因此,只有资信较好、实力较强的进口商,代收行才允许其凭信托收据借取货运单据,先行提货。

如果出口商主动授权代收行借单给进口商,即所谓"远期付款交单凭信托收据借单"(D/P·T/R),进口商在承兑汇票后可以凭信托收据先行借单提货。日后如果进口商在汇票到期时拒付,则与银行无关,应由出口商自己承担风险。

示例:我某外贸进出口公司与德国某贸易公司签订一份出口冷轧钢板的销售合同,6月份交货,合同金额为18万多美元,付款条件为D/P见票后45天付款。卖方6月15日装运出口,随即将一整套结汇单据和以买方为付款人的45天远期汇票向银行托收货款。当汇票及所附单据通过托收行寄抵进口地代收行后,德商及时在汇票上履行了承兑手续。货抵目的港时,行情看好,由于用货心切而付款期未到,德商经代收行同意,出具信托收据向托收行借得单据,先行提货转售。汇票到期时,德商因经营不善,失去偿付能力,无力付款赎单。

问:这种情况下,我出口公司应如何处理?为什么?

分析:我公司应通过托收行向国外代收行索偿货款。因为,本案中,代收行允许进口商凭信托收据借单先行提货并非我方授权,付款人德国公司不能如期付款的责任应由代收行承担。据此,我方应通过托收行要求代收行付款。

(七)合同中的托收条款

买卖双方通过洽商约定使用托收方式结算货款时,应在合同的支付条款中订明交单条件和付款、承兑责任以及付款期限等内容。其具体规定方法,一般可先列明卖方在装运货物后，开立汇票连同货运单据办理托收。

1.即期付款交单条款

如在合同中规定："买方应凭卖方开具的即期跟单汇票于见票时立即付款，付款后交单。"(Upon first presentation the buyer shall pay against documentary draft drawn by the seller at sight. The shipping documents are to be delivered against payment only.)

2.远期付款交单条款

如在合同中规定："买方凭卖方开具的跟单汇票，于提示日后××天付款，付款后交单。"(The Buyers shall pay against documentary draft drawn by the sellers at…days after date of B/L. The shipping documents are to be delivered against payment only.)

3.承兑交单条款

如买卖双方在合同中规定："买方对卖方开具见票后××天付款的跟单汇票，于提示时应即予承兑，并应于汇票到期日即予以付款，承兑后交单。"(The Buyer shall pay against the documentary draft drawn by the sellers at…days after date of B/L. The shipping documents are to be delivered against payment only.)

第三节　支付方式之信用证

案例导入 26

我某公司向外国某公司进口一批钢材，货物分两批装运，支付方式为不可撤销即期信用证，每批分别由中国银行开立一份信用证，第一批货物装运后，卖方在有效期内向银行交单议付，议付审单后该行议付货款，中国银行也对议付作了偿付，我方在收到第一批货物后，发现货物品质不符合合同规定，要求开证行对第二份信用证项下的单据拒绝付款，但遭到开证行拒绝。

请问，开证行拒绝是否有道理？

信用证支付方式把由进口商履行的付款责任转为由银行来承担，保证出口商安全迅速收到货款，买方按时收到装运单据。由此，在一定程度上解决了进口商之间互不信任的矛盾；同时，也为进出口双方提供了资金融通的便利，所以，自出现信用证以来，这种支付方式发展迅速，并在进出口业务中广泛应用，已成为当今国际贸易中普遍采用的一种支付方式。

一、信用证的含义和作用

（一）含义

信用证(letter of credit，L/C)是开证银行根据开证申请人的请求和指示，向受益人开立的在一定金额和一定期限内凭规定的单据承诺付款的凭证。简单地说，信用证就是银行开立的一种承诺有条件付款的书面文件。这个条件，就是提交符合信用证规定的各种单据。

（二）作用

信用证的支付方式为进出口双方以及银行都能带来一定的好处。信用证在国际贸易中的作用主要有以下几点：

(1)对出口商来说，只要按照信用证规定的条件提交单据，便可取得货款。同时，还使出口商获得外汇和资金融通，有利于加速资金周转、扩大出口。

(2)就进口商来说，保证进口商取得代表货物的单据；保证进口商按时、按质、按量收到货物；同时，进口商在申请开证时，通常要交纳一定的押金，如开证行确认进口商资信较好，就有可能少交或者免交部分押金而履行开证义务，如采用远期信用证还为进口商提供了资金融通的便利。

(3)对银行而言，通过开证和议付等业务可以收取一定的费用，还可以利用开证申请人交来的开证押金用于资金周转，获得一定的经济效益。在国际贸易中，信誉好、作风正派的银行以及高质量的服务，又促进了信用证业务的发展。

二、信用证的特点

信用证是开证银行对受益人的一种保证，只要受益人履行信用证项下所规定的义务，即受益人只要提交符合信用证所规定的各种单据，开证行就保证付款。信用证的主要特点如下：

1.信用证是一种银行信用

在任何情况下，信用证都表示银行（不管是开证行还是保税行）对受益人负第一性付款的责任，即由开证行以自己的信用来为其顾客（开证申请人）承担付款的义务。即使开证申请人未能履行其义务，只要受益人所提交的单据与信用证条款一致，银行就必须承担对受益人的付款责任。由此可见，只要受益人按照信用的规定行事，就能保证从银行取得贷款。

2.信用证是一种独立的自足的文件

信用证的开立是以买卖合同为依据的，但信用证一经开出，就成为独立于买卖合同之外的一种契约，不受买卖合同的约束。信用证业务中的当事人，包括开证行和其他银行以及出口商只按信用证规定办事。因此，银行依据信用证作出付款、承兑并支付汇票或议付或履行信用证项下其他义务的承诺，不受申请人与开证行或受益人之间在已有关系下产生索偿或抗辩的制约。同时，受益人在任何情况下，不得利用银行之间或者开证行之间存在的其他合同关系。

3.信用证是一种单据交易

在信用证业务中，实行凭单付款的原则。国际商会《跟单信用证统一惯例》(UCP500)中规定："在信用证业务中，各有关方面处理的是单据，而不是与单据有关的货物、服务或其他行业。"所以，信用证业务是一种纯粹的单据交易。银行虽然有义务"合理小心地审核一切单据"，但审核只是确定表面是否符合信用证条款，开证行只是根据表面上符合信用证条款的单据付款。因此，银行对任何单据的形式、完整性、准确性、真实性以及伪造或法律效力，或单据上规定的或附加的一般和特殊的条件概不负责。所以，在信用证业务中，实行严格单证符合原则，包括“单证一致”和“单单一致”。

四、信用证的当事人

信用证涉及很多当事人，其中开证申请人、开证行和受益人是基本的当事人。除此之外，信用证还需要通知行、保兑行、议付行、承兑行、付款行等当事人的配合和协作才能顺利完成信用证业务，现分述信用证的当事人如下：

(1)开证申请人(Applicant)是指向银行申请开立信用证的人，即进口商或者实际买主，也称开证行。

(2)开证行(Opening Bank, Issuing Bank)，是指接受开证申请人委托，开立信用证的银行，它承担保证付款的责任。开证行一般是进口商所在地的银行。

(3)通知行(Advising Bank, Notifying Bank)是指受开证行的委托，将信用证转交出口商的银行。它只鉴别信用证的表面真实性，不承担其他义务。通知行一般是出口商所在地银行。

(4)受益人(Beneficiary)，是指信用证上所指的有权使用信用证的人，即出口商或实际供货人。

(5)议付行(Negotiating Bank)，是指根据开证行的授权买入或贴现受益人开立和提交的符合信用证规定的汇票或单据的银行。议付银行可以是信用证指定的银行，也可以是非指定的银行。

(6)付款行(Paying Bank,Drawee Bank)，是指信用证上指定的付款银行。如果信用证未指定付款银行，则开证银行即为付款银行。

(7)偿付行(Reimbursing Bank)是指受开证行的指示或授权，对有关代付行或议付行的索偿予以付款的银行。偿付行一般有开证行存款账户，不负责审核单据，只负责付款，并在开证行的存款账户上扣款。因此，偿付行的付款不视为开证行终局性的付款。

五、信用证的业务流程

采用信用证结算货款，从开证申请人向银行开立信用证到开证行付清货款，需要经过许多业务环节，并需要办理各种手续。但是由于信用证的种类不同，信用证条款的规定也不尽相同，则其业务环节和手续也不会完全相同。不过从信用证方式支付的一般程序来看，主要有以下几个环节，如图 8.8 所示。

①申请人根据买卖合同在规定期限内申请开立信用证(提交开证申请书)，并交纳押金或提供其他担保及手续费；

②开证行接受申请，并根据开证申请书内容开出信用证；

③通知行核对印鉴无误后，向受益人通知信用证；

④受益人审核信用证认可后，在信用证装运期内，按信用证规定装运货物，装船后取得货运单据(如提单等)。

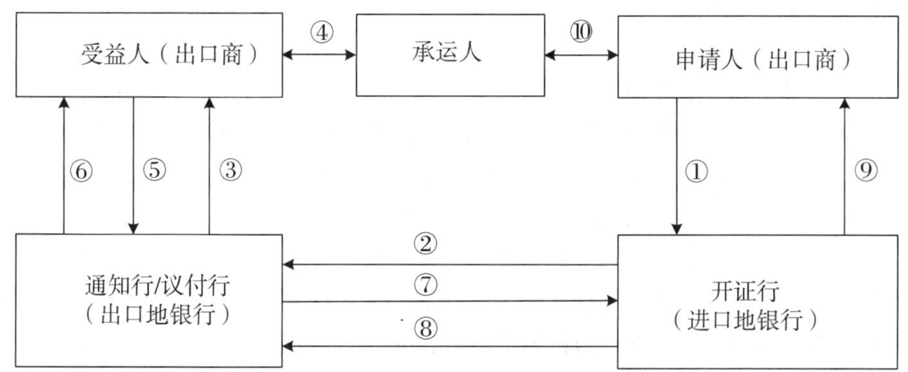

图 8.8 信用证业务流程图

⑤受益人签发汇票，连同全套货运单据，送交议付行或付款行请求议付或付款；

⑥议付行经与信用证核对（审单），确认汇票和单据符合信用证规定后，按汇票金额扣除若干利息，将货款垫付给受益人；

⑦议付行将跟单汇票寄交开证行或其指定的付款行索偿；

⑧开证行或其指定的付款行审单无误后履行偿付义务；

⑨开证行向申请人提示跟单汇票，申请人付款赎单；

⑩申请人向轮船公司（承运人）出示提单提取货物。

五、信用证的基本内容及其开立的形式

（一）信用证的基本内容

当前，世界各国银行所使用的信用证并无统一格式，其内容则由于信用证种类的不同而有所区别。尽管如此，信用证所包含的基本内容是类似的，主要包括以下几项。

（1）对信用证本身的说明。包括信用证的种类、性质、信用证号码、开证日期、有效期和到期日期、信用证适用的规则、当事人名称及地址等。

（2）对汇票的说明。包括汇票的出票人、受票人、收款人、汇票金额、汇票日期和主要条款等内容。

（3）对装运货物的说明。包括货物品名、品质规格、数量、包装及价格等。同时，这些内容应与买卖合同规定相一致。

（4）对运输事项的说明。包括装运港或装运地、目的港或目的地、装运期限、运输方式、运费是否预付、可否分批装运和转运等。

（5）对货物单据的说明。包括商业发票、运输单据、保险单及其他单据等。

（6）其他事项。如开证行对议付行的指示条款；开证行保证付款的文句，此条款是确定开证行付款责任的依据；开证行的名称及地址；特别条款；例如限制××银行议付，限制船舶的国籍、船舶年龄、限制航线等。

（二）信用证开立的形式

信用证开立的形式有信开本和电开本两种。

信开本（To Open by Airmail），是指开证行采用信函格式的信用证，开证后以航空邮

寄送通知行。虽然时间较长，但费用较低。这种形式目前已很少使用。

电开本(To Open by Cable)，是指开证行以电报、电传、传真、SWIFT 等各种电讯方式将信用证条款传达给通知行。电开本可分为以下三种形式。一是简电本(Brief Cable)。是指开证行只是通知已经开证，将信用证的主要内容如信用证号码、受益人名称和地址、开证行名称、金额、货物名称、数量、价格、装运期及信用证有效期等预先通告通知行，详细条款将另行航寄通知行。由于简电本内容简单，在法律上是无效的，不足以作为交单议付的依据。二是全电本(Full Cable)。就是开证行以电讯方式，把信用证全部条款传递给通知行。全电本的内容完整，因此是交单议付的依据。三是 SWIFT 信用证。SWIFT 信用证只能在 SWIFT(全球银行金融电讯协会)会员国银行之间传递。

发讯银行(开证行)向收讯银行(通知行)依照 SWIFT 使用手册规定的专用代号(Tags)开立信用证。目前开立 SWIFT 信用证的格式代号为 MT700 和 MT701。如对开出的 SWIFT 信用证进行修改，则采用 MT707 标准格式传递信息。使用 SWIFT 开证后，克服了全电本开证时各国标准不一，条款和格式不同以及文字烦琐，使信用证具有了标准化、固定化的统一格式的特征，而且传递速度快，成本亦较低。当前已被西欧、北欧、美洲和亚洲等地区(包括我国)的银行广泛使用。

五、信用证的种类

(一)跟单信用证和光票信用证

这是就信用证项下的汇票是否附有单据而言而划分的两大类型。

跟单信用证(Documentary L/C)是指凭借跟单汇票或仅凭借规定的单据(主要是货运单据)付款的信用证。国际贸易中所使用的信用证绝大部分是这类信用证。单据在国际贸易结算上一般是必不可少的，出口商提供一定的单据通常作为付款条件。

光票信用证(Clean L/C)是指仅凭汇票付款的信用证。它可以用在贸易结算和非贸易结算两方面。在贸易结算方面，如预支信用证就是一种光票信用证。在非贸易结算方面，光票信用证是受益人可以凭证签发收据(或汇票)分批或一次在通知行领取款项的信用证，旅行信用证就是一种非贸易的光票信用证。

(二)不可撤销信用证与可撤销信用证

这是以开证行对所开出的信用证所负的责任来划分的两大类型。

不可撤销信用证(Irrevocable L/C)是指信用证一经开出，经通知行通知受益人后，开证行便承担了按规定条件履行付款义务的信用证。换言之，信用证一经开证行开出，在信用证有效期内，如未得到信用证有关当事人的同意，开证行不能单方面撤销或修改信用证条款，开证行的付款责任是第一性的、确定的，只要受益人提供的单据符合信用证条款，开证行必须履行付款义务。现在使用的信用证，凡是不可撤销的，都在信用证明显的地方写有“不可撤销(Irrevocable)”字样。如未注明，应视为不可撤销的。国际贸易中，这类信用证较为常见。

可撤销信用证(Revocable L/C)是指开证行在开出信用证后，可不经受益人的同意甚至不通知受益人，随时可以修改或撤销的信用证。但要注意，开证行虽可不将信用证已撤销的事实通知受益人，但必须告知通知行，否则，信用证的修改或撤销将没有效力。这种信用证为进口商提供了最大的灵活性，但对出口商极为不利，故国际贸易中很少使用（仅占贸易额1%左右）。

根据国际商会《跟单信用证统一惯例》（UCP600）的规定："凡可撤销信用证都应明确表示是可撤销的，如无表示，信用证应视为不可撤销的。"

（三）保兑信用证和不保兑信用证

这是根据信用证有无开证行以外的其他银行加以保证兑付来划分的两大类型。

1.保兑信用证

保兑信用证（Confirmed L/C）是指开证行开出的信用证，由另一家银行保证对符合信用证条款规定的单据履行付款义务。对信用证承担保兑义务的银行称为保兑行（Confirming Bank）。这类做法起源于英国，但和现在的情况有所不同。实务中保兑通常由受益人提出，保兑行通常由通知行充任，保兑行所负的责任与开证行所负的责任完全相同。保兑信用证只限于不可撤销的信用证，对出口商最为有利。

2.不保兑信用证

不保兑信用证（Unconfirmed L/C）是指开证行开出的信用证未经另一家银行保证兑付的信用证。不保兑信用证多是不可撤销信用证。通常，这类信用证使用更多一些。

（四）即期付款、延期（迟期）付款、远期付款、承兑及议付信用证

这是按信用证的使用方法、付款方式与期限来分类的。

1.即期付款信用证

即期付款信用证（Sight Payment L/C）是指受益人向指定的付款银行提交符合信用证条款的单据时，付款行立即履行付款的信用证。

2.延期付款信用证（Deferred Payment L/C）是指不要汇票的远期付款信用证，受益人提示符合信用证条款的单据，在信用证规定的期限内，由该证指定的付款行付款的信用证。

3.承兑信用证

承兑信用证（Acceptance L/C）是指由信用证指定的付款人对远期汇票承兑的一种信用证，即"要汇票的远期信用证"。实务中，银行承兑后获取单据，并交还汇票于受益人，受益人在汇票到期前可办理贴现获得资金融通或持有到期获得款项的支付。按贴现费用（主要是贴现利息）承担者的不同，承兑信用证可分为两种类型：一是卖方远期信用证。该类信用证的背景为远期付款的交易，故贴现费用由卖方承担。二是买方远期信用证。此类信用证的背景为合同是即期付款交易，进口商要求银行开立远期承兑信用证，目的在于出口商在银行承兑汇票后即可通过贴现立即获得款项，使得进口商间接获得资金融通；由于合同是即期的，进口商需承担即期付款的责任，故贴现费用由买方承担，国内也称该类信用证为"假远期信用证"。

4.议付信用证

议付信用证（Negotiation L/C）是指指定某一银行或任何银行均可议付的信用证。议付信用证可分为两大类：一是限制议付信用证（Restricted Negotiation L/C），即指定某一银行为议付行的信用证，使用较少。二是公开议付信用证（Open Negotiation L/C），又称为自由议付信用证，是指开证行对愿意办理议付的任何银行做公开议付邀请和普通付

款承诺的信用证，即任何银行都可以按信用证条款自由议付的信用证。实务中，此类信用证的使用相对较多。

(五)可转让信用证和不可转让信用证

这是根据信用证的权利能否转让来划分的信用证类型。

1.可转让信用证

可转让信用证(Transferable L/C)是指开证行授权出口地银行在受益人的要求下，将信用证的权利全部或部分地转让给第三者(第二受益人)的信用证。根据国际商会《跟单信用证统一惯例》的规定，唯有开证行在信用证中注明“可转让”字样，信用证方可转让。可转让信用证只能转让一次，也就是说只能由第一受益人转让给第二受益人，第二受益人不可要求将信用证转让给其后的第三受益人，如果再转让给第一受益人，不属于禁止转让的范畴。

在实际进出口业务中，要求开立可转让信用证的第一受益人一般为中间商。为了赚取差额利润，中间商要将信用证转让给实际供货人，由供货人办理出运手续。但需要指出的是，信用证的转让不等于买卖合同的转让，如第二受益人不能按时交货或单据出现问题，第一受益人(原出口商)仍要负有买卖合同上的卖方的一切责任。

2.不可转让信用证

不可转让信用证(Non-Transferable L/C)是指受益人不能将信用证的权利转让给他人使用的信用证。凡信用证中未注明“可转让”字样者，则不可转让信用证。国际贸易实务中，此类信用证使用较多。

(六)对背信用证和对开信用证

1.对背信用证

对背信用证(Back to Back L/C)是指中间商接到进口商开来的信用证后，以原证为担保，要求原通知行或其他银行另开一张内容与原证相似的新证给实际供货人，此新证即为对背信用证。对背信用证的受益人可以是国外的，也可是国内的，对背信用证的开证行必须根据不可撤销信用证来开立。贸易实务中，中间商多用这种信用证。

对背信用证与可转让信用证有很多相似之处，如对中间商的功能及业务处理方面等，但两者在性质上仍有较大的区别。

2.对开信用证

对开信用证(Reciprocal L/C)是指买卖双方在进行互有进出交易时，各自对其进口部分向对方开出的信用证。对开信用证的特点是：两张信用证互相联系，互相约束，互为条件。表现为：一般而言，两张信用证必须同时生效；任何一张信用证的开证行和受益人分别为另一张信用证的受益人和开证行；任何一张信用证的开证行通常又是另一张信用证的通知行。对开信用证大多用于易货贸易、来料加工和补偿贸易业务。

(七)循环信用证和预支信用证

1.循环信用证

循环信用证(Revolving Credit)是指信用证金额被全部或部分使用后，能够恢复原金额再行使用的信用证。其特点是可多次循环使用，直至规定的循环次数或金额被用完为止。该类信用证又可分为按金额循环信用证和按时间循环信用证。循环信用证具有进口方不必多次开证节省开证费用和简化出口方的审证、改证等手续并有利于合同履行的优点。该类信用证主要在分批均匀交货的情况下采用。它与一般信用证的不同之处在于：一般信用证在使用后即告失效，而循环信用证则可多次循环使用。

2.预支信用证

预支信用证（Anticipatory L/C）是指允许受益人在未交装运单据之前，可凭汇票或其他证件预支货款的信用证。这种信用证可分为全部预支和部分预支两种。在预支信用证项下，受益人预支的方式有两种：一种是向开证行预支，出口商在货物装运之前开具以开证行为付款人的汇票光票，由议付行买下向开证行索偿。另一种是向议付行预支，即由出口行所在地的议付行垫支货款，等货物装运后交单议付时，扣除垫支本息，将余额支付给出口商。如货物未装运，则由开证行负责偿还议付行垫支的货款和利息。为引人注目，这种预支货款的条款常常用红字表示，所以习惯上称为“红条款信用证”（Red Clause L/C）。当前，在进出口业务中，信用证预支条款并非用红色表示，而其效力相同。

（八）备用信用证

1.定义。备用信用证（Stand-by Letter of Credit，SL/C）是指开证行根据开证申请人的请求对受益人开立的承诺承担某项义务的凭证。即开证行保证在开证申请人未能履行其应履行的义务时，受益人只要凭备用信用证的规定向开证行开具汇票（或不开汇票），并提交开证申请人未履行义务的声明或证明文件，即可取得开证行的偿付。它是一般信用证的变通做法。

备用信用证是一种介入商业信用中的银行信用，开证行对受益人保证，在开证申请人未履行其义务时，即由开证行付款。因此，备用信用证对受益人来说是备用于开证申请人发生毁约时，取得补偿的一种方式。如果开证申请人按期履行合同的义务，受益人就无须要求开证行在备用信用证项下支付货款或赔款，这是其称作“备用”（stand-by）的由来。

备用信用证起源于19世纪中叶的美国。当时，美国的联邦法律只允许担保公司开立保函，而禁止商业银行为客户提供担保或保证书服务。为了拓展业务和适应对外经济往来的需要，美国商业银行创立了备用信用证，用以代替保函，逃避法规的管制。备用信用证的用途几乎与银行保函相同，既可用于成套设备、大型机械、运输工具的分期付款、延期付款和租金支付，又可用于一般进出口贸易、国际投标、国际融资、加工装配、补偿贸易及技术贸易的履约保证等。

2.备用信用证与跟单信用证的共同点

国际商会UCP500将备用信用证包括在跟单信用证范畴内，可见备用信用证与跟单信用证有相同的特点，主要表现在：

（1）开证行所承担的付款义务都是第一性的。

（2）均凭符合信用证规定的凭证或单据付款。

（3）都是在买卖合同或其他合同的基础上开立的，但是，一旦开立就与这些合同无关，成为开证行对受益人的一项独立的义务。

2.备用信用证与跟单信用证的不同点

但是，备用信用证与跟单信用证也存在不同之处，主要如下：

（1）在跟单信用证下，受益人只要提交与信用证要求相符的单据，即可向开证银行要求付款。而在备用信用证下，受益人只有在开证申请人未履行义务时，才能行使信用证规定的权利。如开证申请人履行了约定的义务，则备用证就成为备而不用的文件。

(2)跟单信用证一般只适用于货物的买卖；而备用信用证可适用于货物以外的多方面的交易。例如，在投标业务中，可保证投标人履行其职责；在借款、垫款中，可保证借款人到期还款；在赊销交易中，可保证赊购人到期付款等。

(3)跟单信用证一般以符合信用证规定的货运单据为付款依据；而备用信用证一般只凭受益人出具的说明开证申请人未能履约的证明文件，开证银行即保证付款。

(九)其他信用证类型

其他信用证类型包括有追索权和无追索权信用证、现金信用证和伊士克罗信用证(Escrow L/C)等。

六、国际商会《跟单信用证统一惯例》

(一)《跟单信用证统一惯例》的由来

信用证自19世纪初出现以来，随着国际贸易的发展，其在进出口业务中被广泛地应用，信用证方式逐渐成为国际贸易中通常使用的一种支付方式。但是，由于对跟单信用证所涉及的有关当事人的权利、责任、付款的定义与术语在国际上缺乏一个统一的解释和公认的准则，世界各国银行根据自己的习惯和利益自行规定行事。因此，信用证各有关当事人之间经常发生争议和纠纷，尤其是在爆发经济危机、信用危机和市场不景气的情况下，进口商和开证行往往挑剔单据上某些内容不符合要求，借口提出异议，拖延甚至拒付货款而造成司法诉讼。

国际商会为了减少因解释不同而引起的贸易争端，协调各有关当事人之间的矛盾，于1930年拟定了《商业跟单信用证统一惯例》(Uniform Customs Practice for Commercial Documentary Credits)，并于1933年正式颁布，建议各国银行采用 。随着国际贸易的发展和变化，国际商会先后于1951年、1962年和1974年对该惯例进行了修改、增订。1983年又对“统一惯例”再一次修订，称之为《跟单信用证统一惯例》(Uniform Customs and Practice for Documentary Credits，UCP)，即《国际商会第400号出版物》(简称UCP400)。

UCP是国际银行界、律师界、学术界自觉遵守的“法律”，是全世界同业公认的、到目前为止最为成功的一套非官方规定。70多年来，160多个国家和地区的ICC和不断增加进入的ICC委员会不断为其完善而努力工作着。20世纪80年代末至90年代初，由于科学技术突飞猛进，世界经济进入了一个崭新的时代，为适应时代的要求，1993年国际商会对“统一惯例”又进行了一次修改。修订以后的《统一惯例》就是《国际商会第500号出版物》(UCP500)，并于1994年1月1日正式实施。该“统一惯例”共49条，主要包括总则与定义，信用证的形式与通知，责任与义务，单据、杂项规定，可转让信用证和款项让渡等六部分。

UCP并非国际性的法律，但它已为世界170多个国家和地区的银行普遍接受和使用，成为一种公认的国际惯例。可以这样说，UCP的适用已具有全球性。甚至有不少国际法院还把UCP作为裁决跟单信用证纠纷的依据或“准则”。为了获得法律上的保护，开证行在开出的信用证上务必注明“本证根据国际商会《跟单信用证统一惯例》(1993年修订本)，即《国际商会第 500 号出版物》开立”。

近年来，随着银行、运输、保险各行业的发展，自 1994 年开始生效适用的 UCP500 已经不能完全满足和适应实际业务的需要。由于 UCP500 在条款设置及措辞方面存在一定的不足，以及其他出版物如 ISP98 和 ISPB 中反映出的一些问题，推出新的统一惯例对信用证业务加以指引成为大势所趋。国际商会显然也意识到了这个问题，因此于 2003 年正式成立新惯例起草工作小组并逐步展开统一惯例条款的修订工作。该修订本(即 UCP600)于 2006 年 10 月顺利通过，2007 年 7 月 1 日起新的统一惯例正式生效。

(二)UCP600 的主要变化

UCP600 共有 39 个条款，比 UCP500 更准确、清晰，更易读、易掌握、易操作。综观 UCP 的主要变化如下所述。

1.结构上的改变

UCP600 在结构上有一个重要变化，即在第二、三两个条款集中归结了概念和某些词语在本惯例下的特定解释。把原本散落在各个条款中的解释定义归集在一起使全文变得清晰。从各个关系方的定义来看，其责任和义务没有实质变化，但相比 UCP500，UCP600 在个别用词上更加清晰和简洁，并补充了一些 UCP500 中未加以明确的定义。

UCP600 在全文结构上的另一个变化是按照业务环节对条款进行了归结。简而言之，就是把通知、修改、审单、偿付、拒付等环节涉及的条款在原来 UCP500 的基础上分别集中，使得对某一问题的规定更加明确和系统化。

2.重要的新定义

在 UCP600 的条款中，出现了两个十分重要的新定义。

(1)HONOUR:“兑付”这个词概括了开证行、保兑行、指定行在信用证下除议付以外的一切与支付相关的行为。仅从 UCP600 条款设计来看，这个定义的引入可以使其他条款的规定统一而简洁；深一层讲，可以认为国际商会在试图向这样一个方向努力：无论哪一种信用证，银行在信用证下的义务是同一性质的。从信用证使用角度，特别是从受益人角度来看，无疑是有利的。

(2)COMPLYING PRESENTATION:在 UCP600 的条款中，专门规定了何为“相符的交单”，强调要与信用证条款、适用的惯例条款以及国际银行标准实务相结合。这一对“相符”的界定，可能会减少实务中对于单据不符点的争议。

上述两个定义，特别是“HONOUR”很可能会出现在将来的信用证条款中，比如开证行给指定行的指示条款部分(SWIFT 电文 MT700 第 78 场)，需要各当事方在实务中加以注意，以判定开证行的承诺性质。

3.重大改变

在 UCP600 的条款中，有很多相对 UCP500 条款的实质变动，有些对进出口商可能会产生严重影响。

(1)议付的定义。UCP600 对于议付的定义有别于 UCP500，也与 ICC 关于“议付”的专门意见书有所不同。在新的定义中，明确了议付是对票据及单据的一种买入行为，并且明确是对受益人的融资——预付或承诺预付。定义上的改变承认了有一定争议的远期议付信用证的存在，同时也将议付行对受益人的融资纳入了受惯例保护的范围。

(2)新增的融资许可。UCP600 明确了开证行对于指定行进行承兑、作出延期付款承诺的授权,同时包含允许指定行进行提前买入的授权。这项规定旨在保护指定行在信用证下对受益人进行融资的行为。

(3)拒付后对单据的处理。在 UCP600 的条款中,细化了拒付电中对单据处理的几种选择,其中包括一直以来极具争议的条款:"拒付后,如果开证行收到申请人放弃不符点的通知,则可以释放单据。"加入这一条款主要是考虑到受益人提交单据最基本的目的是获得款项,因此可以推定,如果申请人同意放弃不符点并支付,对受益人利益不会造成根本性的损害。特别是当受益人明了单据存在不符点,依然要求指定行向开证行寄送单据的情况下,隐含了其希望申请人接受不符点并支付款项的意愿。现实业务中,已经有银行在开立的信用证中加具此类条款,应该说其做法与现行的 UCP500 是矛盾的,并且容易引发纠纷,甚至导致诉讼。UCP600 把这种条款纳入合理的范围内,符合了现实业务的发展,减少了因此产生纠纷的可能,并且有望缩短不符点单据处理的周期。

(4)单据处理的天数。关于开证行、保兑行、指定行在收到单据后的处理时间,在 UCP500 中规定"合理时间,不超过收单翌日起第 7 个工作日",而在 UCP600 中改为了"最多为收单翌日起第 5 个工作日"。UCP600 把单据处理时间的双重标准简化为单纯的天数标准,使得判断依据简单化。

(5)转让信用证。转让信用证最大的变化在于 UCP600 中明确了第二受益人的交单必须经过转让行。此条款主要是为了避免第二受益人绕过第一受益人直接交单给开证行,损害第一受益人的利益;同时,这些规定也与其他关于转让行操作的规定相匹配。

此外,UCP600 相比 UCP500 还有一个重要的条款改变,旨在保护没有过错的第二受益人。鉴于围绕转让信用证的争议很多,国际商会发布过一份专门针对转让信用证的指南,其中包含这样的规定:当第二受益人提交的单据与转让后的信用证一致,而因第一受益人换单导致单据与原证出现不符时,或者简单说当单据不符仅由第一受益人造成时,转让方有权直接提交第二受益人的单据给开证行。这项规定保护了正当发货制单的第二受益人利益,剥夺了不当作为的第一受益人赚取差价的权利。此次 UCP600 吸纳了这个条款,也就明确了此类业务的处理方法,需要引起进出口各方的特别注意。

七、信用证结算的风险防范

(一)信用证结算存在的主要风险

尽管在信用证结算过程中银行对单据进行审核,要求做到"单据一致""单单一致",相对比较安全,但由于信用证是一种纯粹的单据业务,各方当事人审核的只有单据,而不对货物予以审查,这就使得不法商人利用这一点伪造单据,进行欺诈。因此,在国际贸易中要特别警惕信用证欺诈。在实务中,常见的信用证风险包括以下三种:

1.使用伪造的信用证或附随单据、文件欺诈。

2.在信用证中加列软条款。软条款信用证又称陷阱信用证,是指申请人开立的信用证中附有限制性的、不确定性的、不合理的约束性条款。据此条款,开证申请人或开证行具有单方面随时解除付款责任的主动权,使出口商不能如期收款。

3.利用其他手段进行诈骗。如有些不法分子利用信用证到付款前的一段时间制造付款障碍以达到骗取货物的目的。

(二)信用证结算风险的防范

1.在订立合同时,必须进行深入的资信调查,包括买方和卖方之间资信的相互了解,银行与开证申请人、受益人之间的资信了解。

2.认真审核信用证。卖方收到信用证后,应及时、认真地对信用证与合同条款进行审核,对于软条款要特别警惕。发现信用证中存在不符合同之处以及无法接受的条款时,应立即向买方提出改证要求。

3.尽量要求买方在信誉良好、业务操作规范的银行开证。

4.要与银行保持密切联系,内部建立一套完整的业务操作规则,特别是有关信用证结算的工作流程,提高业务能力。

八、合同中的信用证支付条款

在国际货物买卖中,使用信用证方式时,应在合同中明确规定信用证的种类、开证时间、开证银行、信用证受益人、金额、装运期、信用证有效期和议付地点等。贸易合同中的信用证条款举例如下:

1.即期信用证条款

例如在合同中规定"买方应通过卖方所接受的银行,于装运月份前××天开立并送达卖方不可撤销即期信用证,议付有效期到装运月份后15天在中国到期"(The Buyer shall open through a bank acceptable to the seller an irrevocable sight L/C to reach the seller …days before the month of shipment, valid for negotiation in China until 15th day after the month of Shipment)。

2.远期信用证条款

远期信用证条款规定方法为"买方应通过卖方所接受的银行,于装运月份前××天开立并送达卖方不可撤销银行承兑信用证,议付有效期至装运月份后15天在中国到期"(The Buyer shall open through a bank acceptable to the seller an irrevocable bank's acceptance L/C to reach the seller… days before the month of shipment, valid for negotiation in China until 15th day after the month of shipment)。

第九章　争议的预防与处理

重点难点

(1)进出口货物检验的基本知识及相关条款。

(2)处理国际贸易争议的一般原则和解决争议的方法。

(3)索赔、不可抗力和仲裁的含义及相应的条款。

第一节　商品检验

案例导入 27

某公司从国外采购一批特殊器材，该器材指定由国外某检验机构负责检验合同后才能收货，后接到此检验机构的报告，报告称质量合格，但在其报告附注内说明，此项报告的部分检验记录由制造商提供。

请问：这种情况下，买方能否以质量合格为由接受货物？

货物检验检疫(Goods Inspection And Quarantine)是指在国际货物买卖过程中，通过由国家设置的检验管理机构或政府认可的民间公证鉴定机构，对卖方货物的品质、数量、包装、卫生、安全、残损和货物装运技术条件等进行检验和鉴定，同时出具检验证书，确定货物是否符合合同条款规定，是否符合交易双方国家有关法律和法规的规定。

在国际贸易中，买卖双方交接货物一般要经过交货、检验或验收、接受或拒收三个环节。一般而言，当卖方履行交货义务后，买方对货物进行检验，如果发现货物与合同不符，而又确实属于卖方责任时，买方有权向卖方提出索赔。如果未经检验就接受了货物，即使以后发现货物有问题，也不能行使拒收的权利。商品检验是结算货款和提出索赔、进行理赔的依据，以维护对外货物关系中有关各方的合法权益。在国际货物买卖中，由于交易双方身处异地，相距遥远，货物在长途运输过程中难免会发生残损、短少甚至灭失，尤其是在凭单证交接货物的象征性交货条件下买卖双方对所交货物的品质、数量等问题更易产生争议。因此，为了便于查明货损原因，确定责任归属，以利于货物的交接和交易的顺利进行，就需要一个公正的第三者，即商品检验机构，对货物进行检验。可见，商品检验是履行买卖合同的重要环节，它为解决买卖双方的争议提供索赔与理赔的依据，同时也是交换货物和支付货款的依据之一，可见货物检验检疫是国际贸易中一个相当重要的环节。

从另外一个角度出发，有些进出口商品的检验工作还直接关系到本国的国民经济能否顺利协调发展，生态环境能否保持平衡，人民的健康和动植物的生长能否得到保证，以及能否促进本国出口商品质量的提高和出口贸易的发展。因此，许多国家的法律和国际公约都对商品的检验问题作了明确规定。《中华人民共和国进出口商品检验法》（以下简称《商检法》）规定：凡未经检验的进口商品，不准销售、使用，凡未经检验合格的出口商品，不准出口。《公约》也规定："买方必须在按情况实际可行的最短时间内检验货物或由他人检验货物。""如果合同涉及货物的运输，检验可推迟至货物到达目的地后进行。"

一、商品检验的内容

货物检验的内容主要包括以下几方面：

（一）品质检验

品质检验主要是对货物的外观、化学成分、物理性能等进行检验。

（二）数量和重（质）量检验

这是指按合同规定的计量单位和计量方法对商品的数量和重（质）量进行检验。

（三）包装检验

包装检验是指对包装的牢固度、完整性进行检验。

（四）卫生检验

卫生检验是指对肉类罐头、奶制品、禽蛋及蛋制品、水果等货物进行检验。

（五）残损检验

残损检验是指对受损货物的残损部分予以鉴定，分析致残原因及其对商品使用价值的影响，估计损失程度，出具证明等。

二、检验的时间和地点

商品检验的时间和地点一般与交货的时间和地点一致。根据不同的贸易术语，商品检验的时间和地点也不尽相同。根据当前国际上的习惯做法和我国的对外贸易实践，关于买卖合同中检验时间与地点的规定主要有以下几种：

1.在出口国检验

（1）产地（或工厂）检验。由出口国的产地检验人员，或按照合约规定会同买方检验人员于货物在产地或工厂发运前进行检验，卖方承担货物离厂前的责任。在运输途中出现的品质、重量、数量等方面的风险，都由买方负责。这是国际贸易中普遍采用的习惯做法。

在我国，按《商检法》的规定，在进口重要的商品和大型成套设备时，收货人应按合同约定，在出口国装运前进行检验、监造或监装，主要部门应当加强监督，商检机构根据需要可以派出检验人员参加。

（2）装船前或装船时在装运港检验。出口货物在装运港装船前，以双方约定的装运港商检机构验货后出具的品质、重量、数量和包装等检验证明，作为决定商品品质、重量和数量的最后依据。这称为离岸品质和离岸质量。

最后依据是指卖方取得商检机构出具的各项检验证书时，就意味着所交货物的品质和重量与合同的规定相符，买方无权对此提出任何异议，从而否定了他对货物的复验权。除非买方能证明货到目的地时的变质或短量是由于卖方未能履行合同的品质、数量、包装等条款，或因货物固有的瑕疵，买方可提出复验。

2.在进口国检验

(1)在目的港(地)卸货后检验。

(2)在目的地买方营业所所在地或最终用户所在地检验，这是指在进口国目的港(地)检验。货到目的港(地)卸离运输工具后，由双方约定的目的港(地)商检机构验货并出具品质、重量、数量检验证明作为最后依据，称为到岸品质、到岸重量。如果发现货物的品质或重量与合同规定的不符而责任属于卖方时，买方可向其提出索赔或按双方事先的约定处理。

3.出口国装运港(地)检验重量，进口国目的港(地)检验品质

卖方在出口国装运货物时，以合同规定的检验机构出具的检验证书作为向银行议付货款的凭证之一，但不作为交货的最后依据。待货到达目的港(地)后，再由双方约定的、目的港(地)的检验机构对货物进行复检，若货物与合同规定不符并且确由卖方责任所致，买方有权凭该检验机构出具的检验证书，在合同规定的有效期内向卖方索赔。

这种检验办法对买卖双方都有好处，且比较公平合理，符合国际贸易的习惯和法律规则，因而在国际贸易中应用广泛，在我国进出口业务中较为常用。

4.装运港(地)检验，目的港(地)复验

以装运港(地)检验机构验货后出具的重量检验证书为卖方交货重量的最后依据，而以目的港(地)检验机构验货后出具的品质检验证书为买方交货品质的最后依据。若货物品质与合同规定不符，且是由卖方责任所致，则买方可凭检验证书向卖方索赔；但若是货物重量出现不符，则买方不得向卖方提出异议，这称为离岸重量、到岸品质。这种做法多用于大宗商品交易的检验中，以调和买卖双方在检验问题上存在的矛盾。

三、检验检疫机构

国际贸易中的商品检验工作，一般是由专业性的部门来办理，即检验机构。检验机构是指根据买卖双方的委托或有关法律法规的规定对进出口商品进行各方面的检验和鉴定，并出具真实、公正、具有权威性的检验证书的机构。

(一)国际商品检验机构

在国外，商品检验机构种类繁多，其类型大体可归纳为官方检疫机构、半官方检验机构和非官方检验机构。

1.官方检验机构

官方检验机构是指由国家或地方政府投资，按照国家有关法令对出入境商品实施强制性检验、检疫和监督管理的机构。例如美国食品药品管理局(FDA)、美国粮谷检疫署(FGES)、法国国家实验室检测中心等。

2.半官方机构

半官方机构是指有一定权威的、由国家政府授权，代表政府行使某项商品检验或某一方面的检验管理工作的民间机构。如只有经美国担保人实验室这一半官方机构检验合格

并得到 UL 标志的电器、供暖、防水等有关产品才能进入美国市场。

3.非官方机构

由私人开设，具有专业检验、鉴定技术能力，并被当地法律所认可，如同业公会、协会开办的公证行、检验公司等。如英国的劳埃氏公证行、瑞士日内瓦通用鉴定公司。

在实际交易中，究竟选用哪种检验机构，取决于各国的规章制度、商品性质和交易条件。检验机构的选定，一定是与检验时间和地点联系在一起的。

(二)我国商品检验机构及其基本任务

目前主管我国商检工作的机构为中华人民共和国国家质量监督检验检疫总局，主管全国质量、计量、出入境商品检验、出入境卫生检疫、出入境动植物检疫和认证认可、标准化等工作，是行使行政执法职能的国务院直属机构。其各省、自治区、直辖市的分支机构监督管理本地区的进出口商品检验工作。其基本任务有下列三项：

(1)实施法定检验检疫，指商品检验机构依据国家法律、行政法规的规定，对进出口商品实施强制性的检验或检疫。按规定属于法定检验的进出口商品，未经检验合格一律不准进出口。

(2)办理公证鉴定业务。公证鉴定是指检验检疫机构接受对外贸易关系人的申请、国外检验机构的委托或国内外有关单位的委托，办理规定范围内的进出口商品的鉴定业务。

(3)实施监督管理。监督管理是指国家商检部门、商检机构通过行政手段对进出口商品的收货人、发货人及生产、经营、储运单位以及国家商检部门、商检机构指定或认可的检验机构和认可的检验人员的检验工作实施监督管理。

四、检验检疫证书

检验证书(Inspection Certificate)是检验机构对进出口商品检验、鉴定后所出具的证明检验建议结果的书面文件。

(一)检验证书的种类

检验证书的种类很多，在实际进出口贸易中，应在检验条款中规定检验检疫证书的类别及其商品检验检疫的要求。

1.品质检验证书(Inspection Certificate Quality)。

2.重量或数量检验证书(Inspection Certificate of Weight/Quantity)。

3.包装检验证书(Inspection Certificate of Pack)。

4.兽医检验证书(Veterinary Inspection Certificate)。

5.卫生检验证书(Sanitary Inspection Certificate)。

6.消毒检验证书(Disinfection Inspection Certificate)。

7.熏蒸检验证书(Inspection Certificate of Fumigation)。

8.残损检验证书(Inspection Certificate of Damaged Cargo)。

9. 船舱检验证书(Inspection Tank/Hold)。

10.货载衡量检验证书(Inspection Certificate of on Cargo Weight & Measurement)。

11.价值检验证书(Inspection Certificate of Value)。

12.原产地检验证书(Inspection Certificate of Origin)。

(二)检验证书的作用

1.证明卖方所交货物的品质、数量、包装及卫生条件等符合买卖合同规定的合法证件。

2.买方对品质、数量、包装及卫生条件等提出异议、要求赔偿、拒收货物的法律证书。

3.证明货物在装卸、运输中的实际情况,明确其责任归属的依据。

4.卖方向银行议付货款的单据之一。

5.海关验关放行货物的有效证件。

五、检验标准与检验方法、程序

(一) 检验标准

检验标准是指对进出口商品实施检验所依据的标准。其具体内容视商品的种类、特性及进出口国家相关法律法规和签约双方的意思而定。

1.国际上对商品检验标准的分类

(1)约定检验技术标准。这是国际货物贸易中普遍采用的检验技术标准,它对买卖双方具有约束力。通常在买卖合同和信用证中加以规定。

(2)法定检验技术标准。这是与贸易有关的国家包括生产国、出口国、进口国、消费国或过境国所制定的强制执行的法规标准,如货物原产地标准、安全法规标准、环境法规标准和动植物检疫法规标准等。

(3)国际权威性检验技术标准。这是指国际上具有权威性的检验技术标准,其中包括国际专业化组织如国际标准化组织、国际海事组织、国际电工委员会及联合国食品法典委员会等所制定的检验技术标准;区域性标准化组织标准如欧盟标准委员会、欧洲电工委员会等所制定的检验技术标准;国际商品行业协会如国际电信联盟(ITV)、国际羊毛局(IWS)、国际民航组织(ICAO)等制定的检验技术标准。

2.我国实施检验的标准

按照《商检法》的有关规定,我国的商检机构按照下述标准对进出口商品实施检验。

(1)法律、行政法规规定有强制性标准或其他必须执行的检验标准的,按照法律、行政法规规定的检验标准检验。

(2)法律、行政法规未规定有强制性标准或其他必须执行的检验标准的,按照对外贸易合同规定的检验标准检验。

(3)法律、行政法规规定有强制性标准或其他必须执行的检验标准,低于对外贸易合同约定的检验标准的,按照对外贸易合同规定的检验标准检验;凭样品成交的,同时应当按照样品检验。

(4)既没有法定检验的要求,合同中也没有规定检验条款时,按照生产国标准、有关国际标准或者商检部门制定的标准检验。

(二) 检验方法与程序

1.检验方法

检验方法是指对进出口商品的质量、数量、包装等进行检验的做法,包括抽样的数量及方法。实际业务中检验方法主要有化学分析检验、仪器分析检验、感官检验、物理检验和微生物检验等。有些商品由于检验方法不同,其检验结果可能相差很大。为避免发生争议,必要时,在合同中可对检验方法作出明确的规定。

2.检验的一般程序

进出口商品的检验一般分为报检、抽样、检验和签证四个部分。

(1)报检是指外贸关系人(指商品的供货商、收货商、运输、保险契约部门)向商检部门提出申请。

(2)抽样是指商品检验部门在接受报检后,派人员按一定的方式对货物抽取样品,并发给抽样收据。

(3)检验是指商检机构对货物按检验的依据和合同进行检验。

(4)签证是指商检机构对检验的商品出具检验和鉴定证书。

六、买卖合同中的检验条款

国际货物买卖合同中的货物检验条款一般包括以下内容:检验的时间和地点、检验机构、检验标准和方法、检验证书以及其他双方商定的内容。例如:"It is mutually agreed that the Certificate of Quality and Weight (Quantity)issued by the China Exit and Entry Inspection and Quarantine Bureau at the port/place of shipment shall be part of the documents to be presented for negotiation under the relevant L/C. The Buyers shall have the right to reinspect the quality and weight (quantity) of the cargo. The re-inspection fee shall be borne of the contract, the Buyers are entitled to lodge with the Sellers a claim which should be supported by survey reports issued by recognized surveyor approved by the Sellers. The Claim, if any ,shall be lodged within 30 days after arrival of the cargo at the port/place of destination."[买卖双方同意以装运港(地)中国进出口商品检验局签发的品质和重量检验证书为信用证项下议付所提出的单据之一,买方有权对货物的品质和重量进行复检,复检费由买方负担。如发现品质和质量与合同规定不符,买方有权向卖方索赔,并提供经卖方同意的公证机构出具的检验报告。索赔期限为货物到达目的港(地)后 30 天内。]

七、订立商品检验条款应注意的事项

(1)对商品检验权的约定应公平合理。

(2)约定商品检验时间与地点应当考虑所使用的贸易术语、商品的特性、检验条件和有关国家的法律或规章制度的规定。

(3)应根据择优选择的原则约定合法的检验机构。

(4)合理约定成交商品的检验技术标准。

(5)确定需出具的检验证书的名称和份数,以满足不同部门的需要。

(6)确定买方对货物的品质、数(重)量等进行复检的时间、地点和复检的方法。

第二节　争议与索赔

案例导入 28

我方售货给加拿大的甲商，甲商又将货物转手出售给英国的乙商。货抵加拿大后，甲商已发现货物存在质量问题，但仍将原货经另一艘船运往英国。乙商收到货物后，除发现货物质量问题外，还发现有 80 包货物包装破损、货物短少严重，因而向甲商索赔。据此，甲商又向我方提出索赔。

请问：此案中，我方是否应负责赔偿？为什么？

一、争议

争议(Dispute)是指买卖的一方认为另一方未能部分或全部履行合同的责任与义务而引起的纠纷。

(一)争议的原因

1.卖方或买方违约。所谓违约(Breach of Contract)，是指买卖双方之中任何一方违反合同义务的行为。国际货物买卖合同是对缔约双方具有约束力的法律文件。

2.双方对合同条款规定的欠妥当、不明确，或同一合同的不同条款之间互相矛盾，致使双方当事人合同规定的权利与义务的理解互不一致，导致合同的顺利履行产生困难，甚至发生争议。

3.买卖双方国家的法律或对国际贸易惯例的解释不一致，甚至对合同是否成立有不同的看法。

4.在履行合同过程中遇到了买卖双方不能预见或无法控制的情况。

(二)各国法律对违约的规定

根据国际货物买卖合同，任何一方当事人都必须按照合同规定严格履行其合同义务，否则构成违约。一方违约，就应承担违约的法律责任，而受损害方有权根据合同或有关法律规定提出损害赔偿要求，这是进出口贸易中普遍遵循的原则。但是对违约行为的性质划分和据此可采取的补救办法，各国法律规定却不很一致。

1.《联合国国际货物销售合同公约》的规定

根据《联合国国际货物销售合同公约》，把违约分为根本性违约(Fundamental Breach)和非根本性违约(No-Fundamental Breach)两类。所谓根本性违约，是指一方当事人违反合同的结果，如使另一方当事人受到损害，以至于实际上剥夺了他根据合同规定有权期待得到的东西。发生根本性违约，受害方可以解除合同并要求损害赔偿。卖方完全不交付货物、买方无理拒收货物或抗拒货款等都属于根本性违约。未达到上述违约后果的，视为非根本性违约，受害人只能要求损害赔偿而无权解除合同。

2.我国法律的规定

我国法律规定，当事人一方延迟履行合同义务或者有其他违约行为，致使严重影响订立合同所期望的经济利益，对方可以不经催告解除合同。我国法律又规定，合同终止，不影响合同结算和清算条款的效力，也不影响当事人请求损害赔偿的权利。

3.英、美法律的规定

英国的法律把违约分为违反要件(Breach of Condition)和违反担保(Breach of Warranty)。美国的法律把违约分为重大违约(Material Breach)和轻微违约 (Minor Breach)；对于损害方，前者可以解除合同，后者只能要求损害赔偿，不能解除合同。

(三)争议的解决方法

当争议发生时，一般均首先采用友好协商方式解决。如协商得不到解决，则视情况采取第三方调解(Conciliation)、提交仲裁 (Arbitration)或进行司法仲裁 (Litigation)等方式进行处理。

二、索赔

索赔(Claim)是指遭受损害的一方在争议发出后，向违约方提出赔偿的要求，在法律上是指主张权利，在实际业务中，通常是指受害方因对违约方违约而根据合同或法规提出予以补救的主张。

(一)索赔的类型

根据损失的原因和责任的不同，索赔有三种不同的情况：

1.向贸易违约方索赔

凡属由买卖合同当事人的责任造成的损失，可向责任方提出索赔，索赔的基础为双方签订的货物买卖合同。

(1)向卖方索赔的情况主要有：原装数量不足；货物的品质、规格与合同规定不符；包装不良致使货物受损；未按期交货或拒不交货；FOB、CFR 情况下，卖方没有及时发出装运通知，买方没有及时投保，致使货物在运输途中受损而得不到保险公司的赔偿；FOB 情况下，买方指派的船舶已能按期到达指定的装运港，而卖方未备妥货，造成滞期费、港口费等费用的增加。

(2)向买方索赔的情况主要有：买方无理不按期收货或拒不收货；FOB 情况下，买方指派的船舶未按期到达指定的装运港，造成卖方货物在港口仓管等费用的增加；在托收、汇付方式下，买方已受领货物，但不按期付款。

2.向保险公司索赔

如果是承保范围内的货物损失，应向保险公司索赔。如由于自然灾害、意外事故或运输途中其他事故致使货物发生承保范围以内的损失；有关损失既在承保范围之内，又属于船公司的责任，但船公司赔偿金额不足抵补损失的案例。

3.向承运人索赔

如果是承运人的责任造成货物损失，则应向承运人索赔。如收货数量少于提单所载数量；提单是清洁的，而货物却有残损短缺情况，并属于承运方责任造成的；货物所受的损失，根据租船合约有关条款应由船方负责的。

三、索赔的依据和索赔期限

1. 索赔依据

索赔依据又称为索赔应具备的条件，一方当事人违约后，另一方当事人在提出索赔时，必须要有充分的合法证据，如买卖合同、货损证明、缺货证明等。索赔依据包括法律依据和事实依据：前者是指买卖合同和适用的法律规定；后者则指违约的事实、情节及书面证明。

2.索赔期限

索赔期限(Duration for a Claim)是指受损害一方有权向违约方提出索赔的有效期限。按照法律和国际惯例，受损害一方只能在索赔的期限内提出索赔，否则即丧失索赔权。索赔的期限有约定与法定两种。

一般来说，约定期限比较短，主要适用于货物外观状况如包装、外形、数量、规格等的约定。容易变质的商品，如食品、新鲜水产、新鲜蔬菜等，一般规定货到目的港(地)后 1～10 天；普通商品一般规定货到目的港(地)后 30～45 天；特殊商品如机械设备等可规定货到目的港(地)后 60 天以上，但一般不得超过 6 个月。

法定期限比较长。《公约》规定，买方向卖方提出索赔的期限是自买方实际收到货物之日起两年之内。

四、索赔条款

(一)索赔条款的规定方法

进出口合同中的索赔条款有异议与索赔条款和罚金条款两种规定方法。

1.异议与索赔条款(Discrepancy and Claim Clause)

异议与索赔条款多用于货物买卖合同中。在条款中一般规定了买卖双方在履约过程中任何一方违约后，另一方有权对所造成的损失提出赔偿要求，同时还可以对有关的索赔依据、索赔期限、赔偿损失的办法及赔偿金额等作出规定。

2.罚金条款(Penalty Clause)

罚金又称违约金(Damages for Breach Contract)，是合同当事人一方未履行合同义务而向对方支付约定的违约金。罚金条款目的是防止一方违约不履行合同义务，或延迟履行，或履行中有缺陷，如卖方延迟交货、买方延期接货、买方延期开立信用证等。

《中华人民共和国合同法》规定：“当事人可以约定一方违约时应根据违约情况向对方支付一定数额的违约金，也可以约定按违约产生的损失赔偿的计算方法。约定的违约金低于造成损失的，当事人可以请求人民法院或者仲裁机构予以增加；约定的违约金过分高于造成损失的，当事人可以请求人民法院或仲裁机构予以适当减少。当事人延迟履行约定的违约金的，违约方支付违约金后，还应当履行债务。”

(二)索赔条款的内容

国际货物买卖合同中的索赔条款的主要内容有：①约定解决索赔的基本原则；②提出索赔的有效期限；③规定索赔的范围；④提出索赔的通知方法；⑤规定索赔的证明文件等。如：

"In case discrepancy on the quality of the goods is found by the Buyers after arrival of the goods at the port of destination,claim may be lodged within 30 days after arrival of the goods at the port of destination, while for quantity discrepancy , claim may be lodged within 15 days after arrival of the goods at the port of destination, being supported by Inspection Certificate issued by a reputable public surveyor agreed upon by both parties. The Sellers shall , within 30 days after receipt of the notification of the claim, send reply to the Buyers. For the losses due to natural cause or causes falling within the responsibilities of the Ship-owners or the Underwriters, the Sellers shall not consider any claim for compensation. In case the Letter of Credit does not reach the Sellers within the time stipulated in the Contract, or under FOB price terms Buyers do not send vessel to appointed ports or the Letter of Credit opened by the Buyers does not correspond to the Contract terms and the Buyers fail to amend thereafter its terms shall have right to cancel the contract or to delay the delivery of the goods and shall have also the right to lodge claims for compensation of losses."(品质异议须在货到目的口岸之日起 30 天内提出,数量异议须在货到目的口岸之日起 15 天内提出,买方须同时提供双方同意的公证行的检验证明。卖方应于收到异议后 30 天内答复买方。由于自然原因或船方、保险商责任造成的损失,卖方将不予考虑任何索赔。信用证未在合同指定日期内传达卖方,或在 FOB 条款下,买方未按时派船到指定港口,或信用证与合同条款不符,买方在未接到卖方通知所规定的期限内修改有关条款时,卖方有权撤销合同或延迟交货,并有权提出索赔。)

(三)拟订索赔条款应注意的问题

1.明确索赔的对象

根据损失的原因和责任的不同,索赔有三种不同的情况。凡属合同当事人的责任造成的损失,可向责任方提出索赔;如是承保范围内的货物损失,应向保险公司索赔;如是承运人的责任造成的货物损失,则应向承运人索赔。

2.索赔期限的确定要适当

索赔期限是指受损害一方有权向违约方提出索赔的有效期限。不同的商品应规定不同的索赔期限,按照法律和国际惯例,受损害一方只能在索赔的期限内提出索赔,否则即丧失索赔权。

五、索赔单证

索赔时需要准备好有关的单证,国际货物买卖合同索赔的单证一般包括:

(1)提单(或其他装运单据)。

(2)商业发票。

(3)保险单(或保险凭证)。

(4)装箱单(或尺码单、重量单)。

(5)商检机构出具的货损检验证明(或船长签字的短缺残损证明)。

(6)索赔清单。

(7)索赔文函。

(8)索赔金额。

第三节　不可抗力

案例导入 29

我方按 FOB 条件进口一批商品，合同规定交货期为 5 月份。4 月 8 日，接对方来电称，因洪水冲毁公路(附有证明)，要求将交货期推迟至 7 月份。我方接信后，认为既然有证明表明洪水冲毁公路，推迟交货期应没有问题，但因广交会期间工作比较忙，我方一直未给对方答复。6、7 月份船期较紧，我方于 8 月份才派船前往装运港装货。因货物置于码头仓库产生了巨额的仓租、保管等费用，对方便要求我方承担有关的费用。

请问：我方可否以对方违约在先为由，不予理赔？为什么？

在国际贸物贸易中，由于自然原因或社会原因引起的人力不可抗拒的事件，使买卖双方签署的合同不能履行，在此情况下，按照国际贸易有关法律和惯例，可以免除合同当事人的责任。为了明确责任，在国际货物买卖合同中，一般都约定了此项免责条款，即所谓不可抗力条款(Force Majeure)，是指买卖合同签订后，不是由于当事人一方的过失或故意，发生了当事人在订立合同时无法预见、无法预防、无法避免和无法控制的事件，以致不能履行或不能如期履行合同，发生意外事件的一方可以免除履行合同的责任或推迟履行合同。

一、约定不可抗力条款的意义

国际上对不可抗力的含义及其称呼并不统一。在英美法中，有“合同落空”之说；在大陆法中，有“情势变迁”或“契约失效”之说；按《联合国国际货物销售合同公约》的解释是，合同签订后，发生了合同当事人订约时无法预见和事后不能控制的障碍，以致不能履行合同义务。尽管上述称呼和解释不一，但其基本精神和处理原则大致相同，即合同签订后，发生了当事人无法预见、无法预防和无法控制的意外事件，致使合同不能履行，可以免除当事人的责任。鉴于国际上对不可抗力事件及其引起的法律后果并无统一规定，为防止合同当事人对不可抗力事件的性质、范围作随意解释，或提出不合理的要求，或无理拒绝对方的合理请求，故有必要在买卖合同中订立不可抗力条款，明确约定不可抗力事件的性质、范围、处理原则和办法，以免引起不必要的争议，并有利于合同的履行。由此可见，在买卖合同中约定不可抗力条款，有着重要的法律和实践意义。

二、不可抗力条款的主要内容

不可抗力条款的约定简繁不一，也并无统一的格式和规定，但归纳起来，一般包括下列内容。

（一）不可抗力事件的性质与范围

不可抗力事件有其特定的解释，并不是任何一种意外事件都可随意称作不可抗力事件。不可抗力事件的范围较广，它包括自然力量引起的水灾、旱灾、冰灾、雪灾、雷电、暴风雨、地震、海啸等和社会原因引起的战争、暴动、骚乱、政府禁令、禁运和政策调整等。关于不可抗力事件的性质与范围，交易双方商定合同时应达成共识，并具体写明，以免事后引起争议。

（二）不可抗力事件的通知与证明

不可抗力事件发生后如影响合同履行，发生事件的一方当事人，应按约定的通知期限和通知方式，将事件情况如实通知对方，对方在接到通知后，应及时答复，如有异议也应及时提出。此外，发生事件的一方当事人还应按约定办法出具证明文件，作为发生不可抗力事件的证据。在国外，这种证明文件一般由当地的商会或法定公证机构出具。在我国，由中国国际贸易促进委员会出具。

（三）不可抗力事件的处理原则与方法

发生不可抗力事件后，应按约定的处理原则和办法及时进行处理。不可抗力的后果有两种：一是解除合同；二是延期履行合同。究竟如何处理，应视事故的原因、性质、规模及其履行合同所产生的实际影响程度，由双方当事人酌情依约处理。

鉴于在实践中往往会出现一旦发生不可抗力事件一方就提出解除合同的问题，且合同是否延期执行或解除直接关系到交易双方的经济利益，故在不可抗力条款中，应就不可抗力所引起的法律后果作出明确规定，以利于执行。

三、约定不可抗力条款的注意事项

（一）对不可抗力事件性质与范围的约定办法要合理

关于不可抗力事件的性质与范围，通常有下列几种约定办法，我们在权衡利弊的基础上，选用其中有利的一种。

1.概括规定

在合同中不具体规定哪些事件属于不可抗力事件，而只是笼统地规定："由于公认的不可抗力的原因，致使卖方不能交货或延期交货，卖方不负责任"；或"由于不可抗力事件使合同不能履行，发生事件的一方可据此免除责任"。这类规定办法，过于笼统，含义模糊，解释伸缩性大，容易引起争议，合同中不宜采用。

2.具体规定

即在合同中详列不可抗力事件。这种一一列举的办法，虽然明确具体，但文字烦琐，且可能出现遗漏情况，因此也不是最好的办法。

3.综合规定

列明经常发生的不可抗力事件（如战争、洪水、地震、火灾等）的同时，再加上"以及双方同意的其他不可抗力事件"的文句。这种规定办法，既明确具体，又有一定的灵活性，是一种可取的办法。在我国进出口合同中，一般都采取这种规定办法。

（二）约定不可抗力条款应体现公平合理原则

不可抗力条款应对买卖双方都有约束力，任何一方当事人因发生不可抗力事件，以致不能履行合同义务，均可免除责任。这种规定，体现了公平合理的原则。

(三)不可抗力条款的内容应当完备

为了便于履行合同和按约定办法及时处理不可抗力事件，故不可抗力条款的内容应当完备。在实际业务中，有的合同只约定了不可抗力事件的性质和范围，而对不可抗力事件的通知、出证和如何处理等事项，却缺乏明确具体的规定，以致影响对不可抗力事件作出及时妥善的处理。

第四节　仲裁

案例导入 30

我国某公司与外商订立一份出口合同，在合同中明确规定了仲裁条款，约定在履约过程中如发生争议，在中国仲裁。后来双方对货物品质发生争议，对方在其所在地法院起诉我公司，法院发来传票，传我公司出庭应诉。

请问，对于以上案例，你认为我公司应如何处理？简述理由。

一、争议的处理方式

在国际货物买卖中，买卖双方在履行合同过程中难免会出现种种争议，处理这些争议的方式主要有以下几种：

(一)协商

协商(Negotiation)，又称友好协商。是指发生争议后，当事人双方直接进行磋商，自行解决纠纷。这种做法可节省费用，而且气氛和缓、灵活性大，有利于双方贸易关系的发展，但这种方法有一定的局限性。

(二)调解

调解(Conciliation)是指当事人自愿将争议提交第三方，以促成双方达成和解。若调解成功，一般地，双方签订和解书或和解协议，从法律讲是新的契约，对当事人双方都有约束力。若一方不按新的契约履行义务，则另一方当事人可指控其违约。调解方式比较快捷灵活，它还可以与仲裁或诉讼结合起来。我国涉外仲裁机构成功地采用了“仲裁与调解相结合”这一具有中国特色的仲裁方法。

(三)诉讼

诉讼(Litigation)指由司法部门按法律程序来解决双方的贸易争端。通常是由于争议所涉及的金额较大，双方都不肯让步，或者一方缺乏解决问题的诚意，通过协商和调解难以达成协议，以致诉诸法律。诉讼有下列特点：

(1)诉讼带有强制性，只要一方当事人向有关有管辖权的法院起诉，另一方就必须应诉，争议双方都无权选择法官。

(2)诉讼程序比较复杂，处理问题一般比仲裁慢。

(3)通过诉讼处理争议,双方当事人关系紧张,有伤和气,不利于今后贸易关系的继续发展。

(4)诉讼费用较高。

(四)仲裁

仲裁(Arbitration)又称公断,指买卖双方在争议发生之前或之后签订协议,自愿将争议交给双方都同意的仲裁机构进行裁决。在国际贸易业务实践中,仲裁是解决争议的主要方法。其主要特点如下:

(1)采用仲裁是以双方自愿为基础,可由双方当事人约定仲裁机构并自行选定仲裁员,因而具有一定的灵活性。

(2)仲裁程序较简单,且仲裁员一般是熟悉国际贸易业务的专家和知名人士,故仲裁解决问题较快。

(3)仲裁费用较诉讼费低。

(4)仲裁气氛缓和,不影响争议双方继续发展贸易关系。

(5)仲裁是终局性裁决,败诉方不得上诉,必须执行裁决。否则,胜诉方有权要求法院强制执行。

一般来说,各国商人在解决争议时大都本着"仲裁优于诉讼,调解优于仲裁,而防止争议胜过调解,若有争议,尽量友好协商"的原则行事。中国一向提倡并鼓励以仲裁的方式解决国际商事争议。早在1956年中国的涉外商事仲裁机构便已宣告成立。60多年来,该机构在审理案件中,坚持根据事实,依照法律和合同规定,参照国际惯例,公平合理地处理争议和作出仲裁,其裁决的公正性得到国内外的一致公认,中国已成为当今世界上主要的仲裁中心之一。在中国进出口合同中,一般都订有仲裁条款,以便在发生争议时,通过仲裁方式解决争端。

二、仲裁协议的作用和形式

我国《仲裁法》规定,当事人采用仲裁方式解决纠纷,应当双方自愿,达成仲裁协议,一方申请仲裁的,仲裁机构不予受理。据此,发生争议的双方中任何一方申请仲裁时必须提交双方当事人达成的仲裁协议。仲裁协议是指双方当事人愿意将已经或可能发生的贸易争议提交仲裁解决的一种书面协议。

(一)仲裁协议的作用

按照我国和多数国家的仲裁法的规定,仲裁协议的作用主要表现在以下三个方面。

(1)表明双方当事人在发生争议时自愿将争议交由仲裁机构来裁决。仲裁协议约束双方当事人在协商调解不成时,只能以仲裁方式解决争议,不得向法院起诉。

(2)使仲裁机构取得对争议案件的管辖权。任何仲裁机构都无权受理没有仲裁协议的案件,这是仲裁的基本原则。

(3)可排除法院对争议案件的管辖权。世界上绝大多数国家的法律都规定法院不受理争议双方订有仲裁协议的争议案件。

上述三个方面的作用是相互关系、不可分割的。

（二）仲裁协议的形式

仲裁协议必须是书面的，它有两种形式。

1.合同中的仲裁条款

合同中的仲裁条款（Arbitration Clause）指在争议发生之前，交易双方在签订贸易合同时，就将可能发生的争议采取仲裁解决的内容，以合同条款的形式表示出来。

2.仲裁协议

仲裁协议（Arbitration Submission）指在争议发生之后订立的，双方当事人订立同意把争议提交仲裁解决的协议。这种协议可采用协议书形式，也可用往来函电和电传等方式达成。

以上两种形式的仲裁协议，其法律效力是相同的。我国仲裁规则确认了仲裁协议的独立性，即合同的变更、解除、终止、无效或失效，均不影响仲裁条款或仲裁协议的效力。

三、仲裁程序

仲裁程序主要是指进行仲裁的手续和做法，包括仲裁的申请、仲裁员的指定、仲裁的审理及仲裁的裁决等内容。

（一）仲裁申请

仲裁机构要求申请人提交双方当事人签订的仲裁协议和一方当事人的申诉书。申请人提交申请书时还要附上事实依据和证明文件，如合同、来往函电等的正本或副本，并预交规定的仲裁费，即受理立案。仲裁机构立案后，立即向被申请人发出仲裁通知。被申请人收到仲裁通知后，在规定时间内向仲裁机构提交答辩书及有关的证明文件，也可在规定时间内提出反请求书。

（二）指定仲裁员组成仲裁庭

根据国际惯例，双方当事人可以在仲裁协议中规定仲裁员的人数和指定方式组成仲裁庭。

如协议无规定，则按有关国家的仲裁法或仲裁机构的程序规则组成仲裁庭。如我国《仲裁法》规定，仲裁庭可以由三名或者一名仲裁员组成，由三名仲裁员组成的，设首席仲裁员。

（三）仲裁审理

仲裁审理的过程一般包括开庭、收集和审查证据或询问证人，如有必要还要采取“保全措施”，即对有关当事人的财产采用扣押等临时性强制措施。仲裁庭审理案件的方式有书面审理和开庭审理两种。在我国一般用开庭审理的方式，即由仲裁庭召集全体仲裁员、双方当事人和有关人士，听取当事人申诉、辩论、调查案件事实并进行调节，直至作出裁决。

（四）仲裁裁决

仲裁庭经过审理后，对争议案件作出处理，裁决作出后，审理程序即告结束。

四、仲裁裁决的承认和执行

仲裁裁决的承认与执行涉及一个国家的仲裁机构所作出的裁决要由另一个国家的当

事人去执行的问题。裁决的承认是指法院根据当事人的申请，依法确认仲裁裁决具有可予执行的法律效力；裁决的执行是指当事人自动履行裁决事项，或法院根据一方当事人的申请依法强制另一方当事人执行裁决事项。

由于仲裁机构和仲裁员本身无强制执行的权力，如果败诉方拒绝履行，胜诉方可向法院申请强制执行。但是，国际商事仲裁有可能发生另一种情况，即在甲国进行仲裁，而败诉方在乙国，这样胜诉方在向外国的法院申请强制执行时，有可能存在困难。因此，为了解决在执行外国仲裁裁决问题上所产生的一些矛盾，国家间曾经订有双边的和多边的国际公约。

1958 年 6 月 10 日联合国在纽约签订了《承认与执行外国仲裁裁决公约》(Convention on the Recognition and Enforcement of Foreign Arbitral Awards)(简称《1958 年纽约公约》)。该公约成为有关承认和执行外国仲裁裁决的一个最重要的国际公约。目前，世界上许多国家和地区参加了《1958 年纽约公约》。我国是在 1987 年 1 月 22 日批准加入的，该公约已于 1987 年 4 月 22 日对我国生效。《1958 年纽约公约》强调了两点：一是承认双方当事人所签订的仲裁协议有效；二是根据仲裁协议所作出的仲裁裁决，缔约国应该承认其效力并有义务执行。但该公约又规定，允许缔约国在加入时可做两项保留，即"互惠保留"和"商事保留"。我国在加入时做了这两项保留，即中华人民共和国只在互惠的基础上对在另一缔约国领土内作出的仲裁裁决的承认和执行使用该公约；中华人民共和国只对根据中华人民共和国法律认定为属于契约性和非契约性商事法律关系所引起的争议使用该公约。

我国政府对上述公约的加入和所做的声明，为我国承认与执行外国仲裁裁决提供了法律依据。对于与我国未签互相执行仲裁裁决协议的外国，或对方国未加入上述公约，而需要向它请求强制执行仲裁裁决时，只有到对方国的法院去申请或通过外交途径或由当事人直接要求对方国家政府有关部门协助执行，或通过对方国家的有关社会团体如商会、同业公会等机构协助执行。

五、合同中仲裁条款

仲裁条款的规定，应当明确合理，不能过于简单，其具体内容一般包括仲裁地点、仲裁机构、仲裁规则、仲裁效力及仲裁费用的负担等。

(一)仲裁地点的规定

按照大多数国家法律解释，在哪国仲裁就使用哪个国家的仲裁规则或程序法。由于采用了审判法律，对双方当事人的权利、义务的解释会有差异，直接导致仲裁结果的不同。所以应首先力争在本国仲裁，其次再选择在被申请人所在国仲裁或双方同意的第三国仲裁。仲裁地点与仲裁所适用的程序法以及合同所适用的实体法关系密切。

(二)仲裁机构的选择

国际贸易中的仲裁，可由双方当事人约定在常设的仲裁机构进行，也可以由双方当事人共同指定仲裁员组成临时仲裁庭进行仲裁。

1.常设仲裁机构

中国的常设仲裁机构是中国国际经济贸易仲裁委员会。在外贸业务中经常遇到的外国常设仲裁机构有国际商会仲裁院、英国伦敦仲裁院、美国仲裁协会等。

鉴于国际上仲裁机构很多，甚至一个国家或地区内就有若干个仲裁机构，因此，当事人双方选用哪个国家或地区的仲裁机构审理争议案件，应在合同仲裁条款中具体说明。

2.临时仲裁机构

临时仲裁机构指专为审理指定的争议案件而由双方当事人共同指定的仲裁员组织起来的，案件处理完毕后即自动解散的组织。因此，在采用临时仲裁机构解决争议时，仲裁条款中必须就指定仲裁员的办法、人数、组成仲裁庭的成员以及仲裁程序规则等问题作出明确规定。

(三)仲裁程序规则

各国仲裁机构一般都有自己的仲裁程序规则，但是，所采用的仲裁规则和仲裁地点并非绝对一致。按照国际仲裁的一般做法，原则上采用所在地的仲裁规则，但在法律上也允许根据双方当事人的约定，采用仲裁地点以外的其他国家(地区)仲裁机构的仲裁规则进行仲裁。中国《仲裁规则》规定，凡当事人同意将其争议提交中国国际经济贸易仲裁委员会仲裁的，均视为同意按本规则进行仲裁。但是，如果当事人约定使用其他仲裁规则，并征得仲裁委员会同意的，原则上也可使用其他仲裁规则。

(四)仲裁裁决的效力

国际上大多数国家都认定仲裁裁决的效力是终局性的，一经作出，对双方当事人都具有法律效力，必须依照执行。任何一方不得再向法院起诉要求变更。假如有一方上诉，法院也只审查裁决在法律手续上是否存在问题，不涉及裁决本身。为了明确仲裁裁决的效力，以利执行裁决，在订立仲裁条款时，通常都明确规定它的终局性及约束力。

(五)仲裁费用的负担

仲裁费用的负担，应在合同中订明，通常多规定由败诉方承担，也有的规定由仲裁庭酌情决定。根据中国《仲裁规则》规定，仲裁庭有权裁定败诉方应该补偿胜诉方由于办理案件所支出的部分合理的费用，但补偿金额最多不得超过胜诉方所得胜诉金额的10%。

(六)仲裁条款具体内容的拟定

1.规定在我国仲裁的条款

此条款的中文为："凡因本合同引起的或与本合同有关的任何争议，双方应通过友好协商解决：如果协商不能解决，均应提交中国国际经济贸易促进委员会，按照申请仲裁时该会现行有效仲裁规则进行仲裁。仲裁裁决是终局的，对双方都有约束力。"

此条款的英文为："All disputes arising out of the performance of, or relating to this contract, shall be settled amicably through friendly negotiation. In case no settlement can be reached through negotiation, the case shall then be submitted to the Foreign Economic and Trade Arbitration Commission of the China Council for the Promotion of International Trade, Beijing, China, for arbitration in accordance with its Provisional Rules of Procedure. The arbitral award shall be accepted as final and binding upon both parties."

2.在被申请人所在国仲裁的条款

此条款的中文为："凡因执行本合同所发生的或与本合同有关的一切争议，双方应通过友好协商解决:如果协商不能解决,应提交仲裁。仲裁在被申请一方所在国进行。如在中国,则由北京中国国际贸易经济仲裁委员会根据该会仲裁规则进行仲裁。如在××国(被申请所在国家),由××国××地仲裁机构根据该机构仲裁规则进行仲裁。仲裁裁决是终局的,对双方都有约束力。"

此条款的英文为:"All disputes arising out of the performance of , or relating to this contract, shall be settled amicably through negotiation. In case no settlement can be reached through negotiation, the case shall then be submitted for arbitration. The location of arbitration conducted by the International Economic and Trade Arbitration Commission, Beijing, China in accordance with its rules of arbitration. If in…… the arbitration shall be conducted by… in accordance with its rules of arbitration. The arbitral award is final and binding upon both parties. "

3.在第三国仲裁的条款

此条款的中文为:"凡因执行本合同所发生的或与本合同有关的一切争议,双方应通过友好协商解决:如果协商不能解决,应按××国××地××仲裁机构根据该仲裁机构的仲裁规则进行仲裁。仲裁裁决是终局的,对双方都有约束力。"

此条款英文为:"All disputes arising out of the performance of or relating to this contract,shall be settled amicably through negotiation. In case no settlement can be reached through negotiation, the case shall then be submitted to…for arbitration in accordance with its rules of arbitration. The arbitral award is final and binding upon both parties."

第三篇　国际货物买卖合同的商订和履行

第十章　交易磋商和合同订立

(1)交易磋商的形式、内容。

(2)合同订立的主要程序。

第一节　交易磋商

案例导入 31

我出口企业对意大利某商发盘,限 3 月 10 日复到有效,3 月 9 日意商用电报通知我方:接受该发盘,由于电报局传递延误,我方于 11 日上午才收到对方的接受通知,而我方在收到对方的接受通知前已获悉市场价格急升。

请问:依据《联合国国际货物销售合同公约》,我方应如何处理?

合同磋商(Business Negotiation)是指买卖双方为达成买卖合同而对各项交易条件进行协商,以期达成交易的过程,在业务中,又被称作贸易谈判。从贸易程序上看,合同磋商在先,达成和签订合同在后;磋商是合同的根据,合同是磋商的结果。因此,合同磋商决定交易的成败和合同质量的高低,直接关系到外贸企业的经济利益。

一、合同磋商的内容

合同磋商以使买卖双方在协商一致的基础上达成合同为目的。因此,合同磋商的内容,应当包括合同所涉及的全部交易条件,如品名、品质、数量、包装、运输、保险、支付、商检、索赔、不可抗力及仲裁等以及需要另行规定的其他特别的交易条件。但货物的品质、数量、包装、价格、交货和支付条件为合同磋商的主要内容或主要交易条件,买卖双方欲达成交易、订立合同,必须至少就这六项交易条件进行磋商并取得一致意见。

有时,合同的内容也可以得到简化,前提是买卖双方能够通过一定的方法确定一部分交易条件,这部分可能确定的条件可以不纳入磋商,买卖双方只需要协商议定其他尚未确定的交易条件。例如,在拟有"一般交易条件"或者有先前函电或合同的基础上,合同的内容就可以得到简化。

所谓"一般交易条件"(general terms and conditions)是指由出口商为出售或进口商为购买货物而拟定的对每笔交易都适用的一套共性的交易条件。出口商所拟定的一般交易条件,有的称为"一般销售条件"(general conditions of sales);进口商所拟定的一般交易条件,有的称为"一般购货条件"(general conditions of purchase)或"订购条件"(conditions of order)。外贸企业所经营的商品范围不同,所拟定的一般交易条件的内容也有所不同,但就我国出口企业所拟定的一般交易条件而言,通常包括以下几个方面。

(1)有关预防和处理争议的条件(如关于货物检验、索赔、不可抗力和仲裁的规定)。

(2)有关主要交易条件的补充说明(如品质机动幅度、数量机动幅度、允许分批/转运、保险金额、险别和适用的保险条款、信用证开立的时间和到期日、到期地点的规定)。

(3)个别主要交易条件(如通常采用的包装方法、凭不可撤销即期信用证支付的规定)等。

一般交易条件大都印在由进口商或出口商自行设计和印制的销售合同或购货合同格式的背面或格式正面的下部,有的则将其拟定的一般交易条件单独印制成文,以供分发给可能与之交易的客户之用。因此,一般交易条件也称为格式条款。

在实际交易之前,一方提出的一般交易条件须事先征得对方的确认,才能对双方日后订立的合同具有约束力。而且,在磋商具体交易时,买卖双方完全可以根据交易的实际需要,提出与一般交易条件不同的条件。在此情况下,双方在具体交易条件中洽商同意的条件,其效力将超越一般交易条件中所规定的条件。我国《合同法》第41条也明确规定:格式条款与非格式条款不一致的,应当采用非格式条款。

二、合同磋商的方式

合同磋商的方式包括当面磋商与函电磋商。

(一)当面磋商

当面磋商(face-to-face negotiation)又称口头磋商或口头谈判,是指买卖双方面对面地协商各种交易条件,最后达成合同。其主要途径包括参加各种有关国际商品买卖的交易会、博览会、展销会、拍卖会、邀请外商来访、组织贸易团体或贸易小组出访等。另外,进出口双方通过国际长途电话进行谈判也属于口头磋商形式。当面磋商简便、亲切,利于加强理解,沟通感情,促成交易,并能够现场得出是否成交的结论,如果成交,一般当场签订书面合同,这是一种高效率的磋商方式。

(二)函电磋商

函电磋商也称书面磋商,是指进出口商通过信函、电报、电传和传真等通讯方式传递信息进行合同磋商。随着EDI技术的发展和运用,交易磋商还可以通过EDI来进行。它是异地磋商的主要方式。

1.信函磋商

信函磋商(negotiation by correspondence)是指通过书信往来磋商各项交易条件。与当面磋商相比,这种方式费用低,使用范围广,并能够详细记录磋商内容,为日后签订合同留下详细有效的文本依据,是国际贸易中传统的和常用的磋商方式。

2.电传磋商

电传磋商(Negotiation by Telex)是指磋商者通过安装在办公室内的电传打字电报机进行磋商。电传(Telex)是国际电报交换的简称,"Telex"一词由 Teletypewriter、Teleprinter 和 Telegraph 的字头"Tel"和"Exchange"的字头"ex"拼合而成。需要使用电传的外贸公司在向电讯部门申请安装电传打字电报机后,即可在办公室内与国外客户进行通讯往来。

3.传真磋商

传真磋商(Negotiation by FAX)是指磋商者通过安装在办公室内的传真机进行磋商。在各种通讯方式中,传真具有突出的优点,因此,现在很多企业使用传真进行磋商。但传真件会褪色,不能长期保存,而且容易作伪;传真件是否可作为法律上有效的书面文件,当前各国法律尚无定论。

4.电报磋商

电报磋商(Negotiation by Cable)是指通过拍发电报传递磋商内容。电报磋商的信息传递速度较快,并能以其紧急性引起对方的注意,因而也时常得到采用。

除上述磋商方式外,电子邮件磋商交易已在国际上广泛使用,是目前应用最广泛的远程通信系统。企业在向电信管理部门办妥必要手续后,就可以通过互联网收发 E-Mail 与国外客户做快速即时的通信联系,进行交易磋商。此外,国际交易中还存在以行为方式进行的交易磋商,拍卖就是一个典型的例子。鉴于磋商方式多种多样,各具特色,磋商者应当根据磋商事件的轻重缓急,并结合市场行情、邮程、信息的传递费用等多种因素选择适当的磋商方式。

三、合同磋商的程序

在国际贸易实务中,合同磋商一般包括询盘、发盘、还盘和接受四个环节,然后再签订书面合同。其中发盘和接受是合同磋商中为使合同成立而必不可少的两个环节。

(一)询盘

询盘(Enquiry or Inquiry)是指交易的一方准备购买或出售某种商品,向对方询问买卖该商品的有关交易条件。这种口头或书面的表示即为询盘。

询盘的内容可涉及:价格、规格、品质、数量、包装、装运以及索取样品等,而多数是询问价格。所以,业务上常把询盘称作询价。

在国际贸易业务中,有时一方发出的询盘表达了与对方进行交易的愿望,希望对方接到询盘后及时发出有效的发盘,以便考虑接受与否。也有的询盘只是想探寻一下市价,询问的对象也不限于一人,发出询盘的一方希望对方开出估价单(Estimate),这种估价单不具备发盘的条件,所报出的价格也仅供参考。

询盘可以是出口方向进口方发出,也可以是进口方向出口方发出。在我国外贸企业中将前者称作索盘,后者称作递盘。例如:

Please cable offer soybean oil most favorable price. 请报豆油最惠价。

Can supply aluminum ingot 99 pct July shipment please cable if interested. 可供99%铝锭,七月份装运,如有兴趣请电告。

Please quote lowest price CFR Singapore for 500 pcs Flying Pigeon Brand bicycles May shipment cable promptly. 请报 500 辆飞鸽牌自行车成本加运费至新加坡最低价，五月份装运，尽速电告。

询盘对于买卖双方均无法律上的约束力，且不是每笔交易磋商所必经的步骤，有时可未经对方询盘而径向对方发盘。但它往往是交易的起点，故不能忽视。

（二）发盘

发盘(Offer)又称发价，在法律上称为要约。是交易的一方当事人向对方提出各项交易条件，并愿意按照这些条件达成交易，签订合同的一种肯定意思表示。在实际业务中，发盘通常是一方在收到对方的询盘之后提出来，但也可不经对方询盘而径向对方发盘。发盘一经对方(受盘人)表示接受，合同即告成立。因此，对于发盘人来说，发盘是一种具有法律约束力的行为。

发盘人可以是卖方，也可以是买方，前者称为售货发盘(Selling Offer)，后者称为购货发盘(Buying Offer)(或递盘 Bid)。例如：

Offer 5000 dozen sport shirts sampled March 15th USD 84.50 per dozen CIF New York export standard packing May/June shipment irrevocable sight L/C subject reply here 20th. 兹发盘 5000 打运动衫，规格按 3 月 15 日样品，每打 CIF 纽约价 84.50 美元，标准出口包装，5～6 月份装运，以不可撤销信用证支付，限 20 日复到。

Order 50 M/T dried yeast powder content 30 percent, packing 80kg glass fiber packages Aug/Sept shipment USD 500 per M/T CIF Genoa irrevocable sight L/C reply here 30/5 our time. 订购 50 公吨干酵母粉，含量约 30%，80 公斤纤维包装，8 月或 9 月装船，每公吨 500 美元 CIF 几内亚，以不可撤销即期信用证付款，5 月 30 日我方时间复到有效。

1.构成发盘的条件

构成一项法律上有效的发盘必须具备以下四个条件。

(1)表明订立合同的意旨

发盘必须清楚表明按发盘内容进行交易，订立合同，即发盘应该表明发盘人在得到接受时，将按发盘条件承担与受盘人订立合同的法律责任。表明订立合同的意旨，可以是明示的，也可以是暗示的。明示的方法是在发盘中使用有关术语，如“发盘”(Offer)、“订购”(Order)或明确规定发盘的有效期等。暗示的表示，则应与其他有关情况结合起来考虑，包括双方磋商的情况，双方已确立的习惯做法、惯例和当事人随后的行为。在实际业务中，如受盘人对于对方所做的表示是否具有订约意旨存在疑问时，受盘人应及时采用快速通信方式，要求对方予以澄清。

如果发盘中没有表明订约意旨，或表示了发盘人不受其发盘的约束，或者附有保留或限制性条件，该项发盘就不是真正的发盘，而只能被看作是发盘的邀请(invitation to offer)。如“以我方确认为准”(subject to our confirmation)，“以货物未售出为准”(subject to prior sale)，“以我方认可样品为准”(subject to our approval of sample)，“不受约束”(without engagement)。

(2)有特定的受盘人

发盘必须指定可以表示接受的特定人(即受盘人)。受盘人可以是一个,也可是多个。不指定受盘人的发盘,仅视为邀请作出发盘。如出口人向国外大批客户寄发商品目录,其中印有各种商品价格,或散发价目表,或在报刊上登载广告等,都只能视作发盘的邀请。因为它未规定收到者是有效的,只是吸引对方提出订货,所以这一类东西不构成对寄发人的约束。在实际业务中,为了防止误解,出口人在寄发商品目录和价目表时,最好注明"价格仅供参考"(The prices stated are for reference only)"价格需经确认为准"(The prices shall be subject to confirmation)或"价格不经事先通知得予变动"(The prices may be altered without prior notice)等保留条件。特定情况下的商业广告,如果它的内容十分确定具体,也可能成为一项发盘,如百货商场定期印发的宣传促销单,其中列明具体的促销商品、价格、日期等且宣传单上没有"所列价格仅供参考"的说明,对于见到该宣传单的消费者,只要按列明的时间和地点前往购买,就是一项发盘。

(3)发盘内容必须明确

发盘内容的确定性体现在发盘中所列的条件是否完整、明确而且是终局性的(即无保留)。所谓明确是指对主要交易条件的规定为不含糊的,不是模棱两可的。如"每吨约4万美元",即价格条件的不明确。对于一项条件完整的发盘,根据《公约》规定应包含三个基本要素的十分确定(sufficiently definite):"①明示货物的名称;②明示或暗示地规定货物的价格或规定确定价格的方法;③应明示或默示地规定数量或规定数量的方法。"按照此规定,一项订约建议只要列明货物、数量和价格三项条件,即可被认为其内容"十分确定",而构成一项有效的发盘。

我国外贸实践,通常应包含有关买卖货物的品质、数量、包装、价格、交货和支付六项主要条件。但在实际业务中,一项发盘往往不是以完整的这几项主要交易条件的形式出现,而是在一定情况下,允许表面的不完整。如:买卖双方事先订有"一般交易条件"协议,买卖双方彼此确定,或是援引来往函电及先前的合同,或是在先前业务中已形成的某些习惯做法,在这些情况下,可视具体情况处理。尽管如此,为了减少双方的误解和日后的争议,实务中发盘应尽量列明主要的条件,如品名、品质、数量、价格、付款方式、付款期限、交货期限等。

(4)发盘须送达受盘人方能生效

根据《公约》的解释,发盘于送达受盘人时生效。对于口头发盘,除非双方另有约定,否则只有当即被接受方为有效。

我国法律也规定,发盘到达受盘人时生效。采用数据电子形式订立合同,收件人指定特定系统接收数据电文的,该数据电文进入该特定系统的时间,视为到达时间;未指定特定系统的,该数据电文进入收件人的任何系统的首次时间,视为到达时间。

因此,受盘人只有收到发盘后才能考虑是否予以接受。如果发盘在传递途中遗失;或受盘人在收到发盘以前,受盘人通过其他途径了解到对方发盘的内容,没有收到发盘就主动作出接受的表示,在这种情况下,合同是不成立的。这只能被看作是双方的交叉发盘(Cross Offer)。

2.发盘的有效期

发盘有效期是指可供受盘人对发盘作出接受的期限。在国际贸易中，凡是发盘都有有效期，发盘人对发盘的有效期可作明确规定，也可不作明确规定。明确规定有效期的发盘，从发盘被传达到受盘人开始生效到规定的有效期届满为止。没有明确规定的，则按惯例在合理时间内有效。我国对外发盘的有效期规定，都采用明确受盘人接受到达我方的时间。

(1)规定发盘有效期的主要方法：

①规定最迟接受期限

发盘人在发盘中明确规定受盘人表示接受的最迟期限。例如："发盘限15日复到"(subject reply reaching here fifteenth)；"发盘限我方时间15日复"(offer subject reply fifteenth our time)；"发盘有效至我方时间星期五"(offer valid until Friday our time)。

②规定一段时间

即发盘人规定发盘在一段时间内有效。例如："发盘3天有效"(Offer valid three days)，"发盘7天内复"(Offer reply in seven days)。

③口头发盘。根据《公约》的解释，在没有其他约定的情况下，口头发盘只有立即被接受方为有效。

(2)发盘有效期的计算

①根据《公约》第20条的规定，发盘人在电报或信件中订定的一段接受时间，从电报交发时刻或信上载明的发信日期起算。如果信上未载明发信日期，则从信封上所载日期起算。发盘人以电话、电传或其他可立即传达到对方的通信方法订定一段接受期间，从发盘到达受盘人时起算。

②公约还规定，在计算一段接受期间时，这段时间内的正式假日或非营业日应计算在内。但是，如果接受通知在接受期间的最后一天未能送达发盘人的地址，因为那天在发盘人的营业所在地是正式假日或非营业日，则这段时间应顺延至下一个营业日。

③如发盘中未具体规定有效期，按惯例应理解为受盘人在合理期限内接受有效。对合理期限的理解，应根据不同的商品的不同特点来掌握，敏感性商品(畅销、紧俏、短缺商品)宜短，滞销商品可稍长。

3.发盘的失效

关于发盘失效的问题，《公约》第17条规定："一经发盘即是不可撤销的，于拒绝通知送达发盘人时终止。"

(1)受盘人作出拒绝或还盘。即是说当受盘人不接受发盘的内容，并将拒绝的通知送达发盘人手中时，原发盘就失去效力，发盘人不再受其约束。

(2)发盘人在受盘人接受之前撤销或撤回该发盘。发盘在未送达受盘人之前，发盘人可依法撤回发盘；发盘在送达受盘人之后，但在受盘人发出接受通知之前，发盘人可依法撤销发盘。

(3)发盘中规定的有效期届满。

(4)不可抗力事件的发生，非当事人所能控制的意外造成发盘的失效。如政府发布禁令或限制措施造成发盘失效等。

(5)其他方面的问题,还包括发盘人丧失行为能力、死亡、法人破产等特殊情况。

(三)还盘

受盘人在收到发盘后,如不同意或不完全同意发盘人在发盘中所提出的条件,并向发盘人提出自己的修改意见或条件表示,这就是所谓还盘(Counter-offer)。如:

Your price dated 7th too high counter-offer USD 50 reply before 15th.(你方 7 日电传价格太高,还盘 50 美元,限 15 日复到有效。)

从法律角度讲,还盘是对发盘的拒绝。因此,一经还盘,原来的发盘即行失效,原来的发盘人可不再受发盘的约束,受盘人也不得在日后再要求接受原来的发盘。所以,还盘等于是受盘人以发盘人的身份向原来的发盘人所做的一项新的发盘。它必须经过原发盘人无条件的接受才能达成交易。一方发盘另一方如对其内容不同意,也可以再进行还盘即可达成。有时要经过还盘,甚至往返多次的还盘才能达成。处理对方的还盘应注意:

1.实质性变更的条件属于还盘性质

根据《公约》的规定,受盘人对货物的价格、付款、品质、数量、交货时间与地点提出更改,一方当事人对另一方当事人的赔偿责任范围或解决争端的办法等条件提出添加或更改,均作实质性变更发盘的条件。对于实质性变更发盘条件的还盘,发盘人可以不予管理。

2.对发盘表示有条件的接受,也是还盘的一种形式。即受盘人在答复对方的发盘时虽然使用了接受这个词,但却附上某种条件,或者在复述我方发盘的内容时对其中的某些条件作了修改,这种做法在法律上称为有条件的接受。有条件的接受不是真正的接受,而是还盘的一种形式,实际上是对发盘的拒绝,其法律后果同还盘一样,原发盘人可以不受约束,既可同意,也可拒绝。

3.对发盘表示接受的同时,表示某种希望、愿望和建议,则该接受可视为一项有效的接受。如果接受的同时,受盘人表示某种希望、愿望或建议,由于没有改变或附加接受的条件,这时的接受属于有效的接受。

(四)接受

接受(Acceptance)是指受盘人在发盘的有效期内无条件地同意发盘人在发盘中所提出的交易条件,并同意按此条件订立合同的一种表示。接受在法律上称为承诺,发盘一经受盘人接受,交易即告达成,合同即告成立。如:

Your telex dated 10th we accept.(你 10 日的电传我接受。)

We agree your offer.(我同意你方发盘。)

1.构成接受的条件

根据《公约》的规定,一项法律上有效的接受,必须具备以下四个条件。

(1)接受必须是特定的合法的受盘人作出

发盘是对特定的人作出的,所以只能是受盘人作出的接受才具有法律效力,任何第三者对发盘作出的接受对发盘人均无约束力。

(2)接受必须是无条件地同意发盘所提出的交易条件

从原则上来讲,对发盘的内容有增减或修改,即为拒绝该项发盘并构成还盘。但是,在实际业务中,把对发盘的添加和更改分为实质性的和非实质性的,如果表示接受的答复中有关货物价格、付款、货物质量和数量、交货地点和时间、赔偿责任范围或解决争端等实质性内容的增减或修改，就视为还盘。如果接受通知中增减或修改的内容属于非实质性的，如单证的份数，则不影响接受的法律效力，并且如果发盘人没有及时提出异议，合同条件就以该发盘及接受通知中更改内容为准。除非发盘人不同意这些添加或变更，并及时提出异议。

(3)接受必须在发盘的有效期内送达发盘人

如果发盘明确规定了具体的有效期限，受盘人只有在此期限内表示接受才有效。在当面口头谈判或通过电话谈判或用电传磋商交易时，由于一方作出的接受可立即被传达到对方，所以在发盘有效期内作出的接受在发盘的有效期内传达到发盘人是不成问题的。如果是用信件或电报通知接受时，由于接受通知不能立即被送达发盘人，则有一个何时生效的问题。对此，国际上不同法系的法律规定不一样。

英美法的国家采用“投邮生效”原则。当信件投邮或电报交发，接受即告生效。按此规则，即使接受的函电在邮递途中延误或遗失以致发盘人未能收到，也不会影响合同的成立，除非发盘人在发盘中规定接受必须在有效期内传达到发盘人。

大陆法的国家采用“到达生效”原则。接受的函电只有在发盘有效期内到达发盘人时才生效。如果表示接受的信件或电报在邮递途中延误或遗失，该项接受无从生效，合同不能成立。

《公约》采用了“到达生效”原则，接受于到达发盘人时生效。如果接受在发盘的有效期内，或发盘没有规定有效期，在合理时间内未到达发盘人，接受即为无效。

在这里需要强调说明的是，接受通知在规定期限内到达发盘人，对于合同的成立有重要的作用。因此，各国的法律通常都对接受到达发盘人的期限作出了规定。

(4)必须以一定方式明确用声明或行为表示出来，保持缄默不能算作接受

根据《公约》的规定，受盘人对发盘表示接受，既可以通过口头或书面向发盘人发表声明的方式接受，也可以通过其他实际行动来表示接受。沉默或不行为本身，并不等于接受，如果受盘人收到发盘后，不采取任何行动对发盘作出反应，而只是保持缄默，则不能认为是对发盘表示接受。因为，从法律责任来看，受盘人一般并不承担对发盘必须进行答复的义务。但是，如缄默或不行为与其他因素结合在一起，足以使对方确信沉默或不行为是同意的一种表示，即可构成接受。假定交易双方有协议或按业已确认的惯例与习惯做法，受盘人的缄默也可以变成接受。

此外，接受还可以在受盘人采取某种行为时生效。《公约》第 8 条第 3 款规定，如根据发盘或依照当事人业已确定的习惯做法或惯例，受盘人可以做出某种行为来表示接受，而无须向发盘人发出接受通知。

2.逾期接受

接受必须在发盘规定的有效期内送达，如发盘未规定有效期，在合理时间内送达发盘人才属有效。如果接受晚于有效期或合理时间才送达发盘人，该项接受便成为一项逾期接受或迟到的接受。逾期接受一般无效，而是一项新的发盘。但是根据《公约》的规定，在下列两种情况下仍然有效。

(1)如果发盘人毫不延迟地用口头或书面将该逾期接受仍然有效的意见通知受盘人。

(2)如果载有逾期接受的信件或其他书面文件表明,它是在传递正常能及时送达发盘人的情况下寄发的,即逾期接受是由于传递不正常的情况而造成的延误,则该项逾期接受具有接受效力,除非发盘人毫不延迟地用口头或书面通知受盘人,他认为他的发盘已经失效。

由此可见,发生逾期接受时,合同可否成立,主要取决于发盘人。所以,在接受逾期接受时,发盘人及时通知受盘人明确他对该逾期接受所持的态度是十分必要的。

3.接受的撤回

根据《公约》的规定,接受是可以撤回的,只要撤回通知先于接受通知或与接受通知同时到达发盘人即可。大陆法的国家也有同样的规定。英美法的国家认为:接受的通知一旦投邮发出就立即生效,合同成立。而撤销一项已生效的接受,无异于撤销一项已成立的合同,即构成毁约行为,必须承担法律责任。

第二节　合同订立

案例导入 32

我某出口公司于2月1日向美商电报出口某家产品,在发盘中除列明必要条件外,还表示:packing in sound-bags。在发盘有效期内,美商复电称:refer to your telex first accepted ,packing in new bags.我方收到上述复电后,即着手备货,数日后该家产品国际市场价格猛跌,美商来电称:我方对包装条件做了变更,你方未确认,合同并未成立。而我出口公司则坚持合同已经成立,于是双方对此发生争执。

请问:此案应如何处理?

一、国际货物买卖合同成立的条件

一方的发盘一经被对方有效接受,合同即告成立。但合同是不是具有法律效力,还要视其是否具备了一定条件。不具备法律效力的合同是不受法律保护的。一个具有法律效力的合同应具备哪些条件,各国的法律规定不尽相同。归纳起来,应该具备以下几项。

(一)国际货物买卖合同必须在双方自愿的基础上达成意见一致

这是国际货物买卖合同的基本特征。国际货物买卖合同的签订是买卖双方的法律行为,只有双方当事人在自愿的基础上达成意见一致,合同才能成立。这种意见一致,通常是要通过一方当事人的有效发盘被另一方当事人有效接受这一特定程序。凡是在胁迫、欺诈、恐吓等条件下达成的合同,或未经双方当事人有效接受的合同,均属无效。

(二)当事人必须具备签订合同的资格与行为能力

也就是合同能力。所谓合同能力,指参加合同关系的当事人不仅具有签订合同的资格,而且必须具有履行该项合同的能力。签订买卖合同的当事人主要为自然人或法人。按照各国法律的一般规定,自然人签订合同的行为能力,是指精神正常的成年人才能订立合同。未成年人、精神病人、禁治产人订立合同必须受到限制。关于法人签订合同的行为能力，各国法律一般认为，法人必须通过其代理人，在法人的经营范围内签订合同，即越权的合同不能发生法律效力。在我国，只有依法取得外贸经营权的企业，才能够对外签订国际货物买卖合同。

(三)合同必须权责对等

任何一方当事人都应当承担一定的义务，并享有一定的权利。这种规则，在西方国家的法律中被称为“对价”(Consideration)或“约因”(Cause)。我国的《合同法》用“平等互利”一词表述了同样的意思。

(四)合同标的和内容必须合法

合同标的是指合同项下的货物与货款。合同的内容，是指合同的各项条款。合同的标的与内容均不得违反国家的法律、法规与政策，不得违反公共政策，无妨于公共安全、公共道德和社会福利，否则将会受到法律的否定与追究。我国《合同法》规定，订立合同必须遵守中华人民共和国法律，并且不得损害中华人民共和国的社会公共利益，否则合同无效。

凡是符合以上条件的合同，才为有效合同，才能受到法律的保护与约束。

二、书面合同的签订

尽管我国《合同法》中已规定在国际货物买卖中买卖双方可以以书面、口头或其他方式订立合同，但由于国际货物买卖经过的环节多、过程复杂，如果没有一份包括各项交易条件的综合书面合同，对买卖双方各自的权利和义务作出全面、清楚、具体的说明，会给合同的履行带来很多不便；而且一旦买卖双方在交易中出现需要提交仲裁或司法诉讼来解决争议，便会在证明双方当事人之间确实存在合同关系方面出现的困难。从这个角度出发，在具体业务中买卖双方所订立的合同仍主要采取书面形式。

(一)书面合同的作用

1.可以作为合同成立的依据

特别是对于口头协商达成的交易，其作用更为明显，这也就是通常所说的“空口无凭，立字为据”。尽管许多合同法中并不否认口头合同的效力，但在国际贸易中一般都要签订书面合同，当双方事后发生争议需要提交仲裁或诉讼时，仲裁员和法官也要先确定双方是否已建立了合同关系，可见证据的重要性。

2.作为合同履行的依据

无论是口头还是书面达成的协议，如果没有一份包括各项条款的合同，则给履行带来许多不便。所以在业务中，双方都要求将各自应享有的权利和应承担的义务用文字规定下来，作为正确履行合同的依据。

3.有时作为合同生效的条件

在实际业务中，合同生效以书面签订合同作为条件。这只是在特定环境下，如在磋商中，双方都同意以签订书面合同为准或者根据有关国家法律规定必须经主管部门批准的合同。在这种情况下，可作为合同生效的条件，否则即是以接受生效作为合同生效的条件。

(二)书面合同的签订

国际货物买卖的书面合同形式包括正式合同(Contract)、确认书(Confirmation)、协议(Agreement)、备忘录(Memorandum)等多种形式。在我国的进出口业务中,主要采用正式合同和确认书两种形式。而我国原来的《涉外经济合同法》规定的书面形式,除一般的书面合同及确认书外,还包括电报、电传和双方来往的信件。随着科技的发展,书面形式在不断多样化。1980 年通过公约时,书面形式仅包括通常意义上的书面、电报和电传。当时传真还没有出现或不普及。1990 年《国际贸易术语解释通则》引入了 EDI 这种数据电文形式。1996 年联合国贸易法委员会《电子商贸示范法》将数据电文形式扩大化,除包括 EDI 外,还包括电子邮件、电报、电传或传真,并且也没有穷尽。我国对这种科技发展也做出了反应,表现在《合同法》上,书面形式是指合同书、信件和数据电文(包括电报、电传、传真、电子数据交换和电子邮件)等可以有形地表现所载内容的形式。

1.合同

合同的内容比较全面,除包括交易的主要条件如品名、规格、数量、包装、价格、交货期、支付方式外,还包括保险、检验、索赔、不可抗力和仲裁等条件。出口人草拟提出的合同称为"销售合同",进口人草拟的合同称为"购货合同"。使用这种合同,由于内容全面、详细,对于明确双方责任,避免争议十分有利。所以大宗交易一般都采用这种合同形式。

2.确认书

确认书是合同的简化形式,其内容一般包括货物买卖的主要条件,而诸如异议索赔、不可抗力、仲裁等条款一般不予列入。确认书适用于成交金额不大、批次较多的轻工日用品、土特产品,或已有包销、代理等长期协议的交易。在实际业务中,出口方拟就的确认书称为"销售确认书",进口方拟就的确认书称为"购货确认书"。

在我国外贸业务中,一般均由我方根据双方同意的条件制成一式两份的合同或确认书后,先在上面签字,然后寄给对方,对方在经审核无误并签字后,保留一份,将另一份寄还给我们。如果对方未按要求将其中一份签字退回,除磋商时有一方声言以"签订书面合同为准"以外,并不影响双方已经达成的协议内容。假如对方在签回的合同或确认书中更改或附加条款,与原达成的协议内容有抵触,而我方又不能接受时应及时拒绝,否则即以经过双方签字由对方更改过的书面合同或确认书为准。

(三)合同成立的时间

在国际贸易中,合同成立的时间是一个十分重要的问题。根据《公约》的规定,合同成立的时间为接受生效的时间,而接受生效的时间,又以接受通知到达发盘人或按交易习惯及发盘要求做出接受的行为为准。由此可见,合同成立的时间有两个判断标准:一是有效接受的通知到达发盘人时,合同成立;二是受盘人做出接受行为时,合同成立。此外,在实际业务中,有时双方当事人在洽商交易时约定,合同成立的时间以订约时合同上所写明的日期为准,或以收到对方确认合同的日期为准。

在现实经济生活中,有些合同成立的时间有特殊规定。如我国《合同法》第 32 条规定:"当事人采用合同书形式订立合同的,自双方当事人签字或者盖章时合同成立。"签字或盖章不在同一时间时,最后签字或者盖章时合同成立。

(四)书面合同的结构与基本内容

国际货物买卖正式合同一般由三个部分组成,即合同的约首(首部)、正文(主题)和约尾(尾部)。

1.约首

约首通常包括合同的名称、编号、序言,订约的日期、地点,订约当事人的名称和法定地址、电报挂号、电传号码、传真号码、买卖双方订立合同的意愿和执行合同的保证等。

这一部分的内容有两点必须特别注意。

(1)要把订约当事人的全名称和详细地址列明。因为有些国家的法律规定这是合同正式成立的条件之一。

(2)要明确订约的地点。因为在合同中如果没有对合同适用的法律作出规定,则根据某些国家的法律规定和贸易习惯解释,可适用于合同订约地国家的法律。

2.正文

正文是合同的主要部分,具体规定着买卖双方各自的权利和义务,所以也叫作权利义务部分。它包括合同的主要条款和一般条款,用于规定有关货物买卖的各项交易条件,如品质、质量、包装、价格、装运、支付、保险、商检、索赔、仲裁和不可抗力。

3.约尾

约尾通常包括使用的文字及其效力、合同正本份数、副本效力、买卖双方的签字、订约的时间与地点等项内容。有的合同还根据需要制作了附件附在后面,作为合同不可分割的一部分。合同的约尾涉及合同的效力范围和有效条件等主要问题,所以又称为效力部分。

销售(购买)确认书的内容比较简单,一般只包括商品名称、规格、数量、单价、总值、装运期、付款条件及包装等几项主要交易条件,也不像正式合同那样明确地由三部分组成。确认书一般都没有约尾,有的还没有约首。

在国际货物贸易中,合同的名称与格式并无统一规定,合同格式的繁简程度也不一致,究竟采用何种格式,取决于贸易习惯做法和交易双方的意愿。

示例:

销售确认书

SALES CONFIRMATION

编号 No.

日期 Date

买方

Buyer:

地址

Address:

电话　　　　　　　　　　传真

Tel:　　　　　　　　　　Fax:

兹经买卖双方同意成交下列商品并订立条款如下:

The undersigned Sellers and Buyers have agreed to close the following transaction to the terms and conditions stipulated below:

货物名称及规格 NAME OF COMMODITY AND SPECIFICATION	数量 QUANTITY	单价 UNIT PRICE	金额 AMOUNT
			总值 TOTAL VALUE

装运
SHIPMENT
付款条件
PAYMENT
包装
PACKING
唛头
MARKS & NOS.
保险
INSURANCE

买方(签章)　　　　　　卖方(签章)
THE BUYER　　　　　　THE SELLER

第十一章　出口合同的履行

掌握在 CIF 合同和信用证(L/C)付款方式下出口合同履行的各个环节。

案例导入 33

A 公司在 1999 年委托其客户指定的船公司出口近 50 万美元的货物,涉及 50 多万元人民币的出口退税。具体情况是,由于 A 公司采购时是以“盒”为单位采购的,A 公司提供的报关单上也是注明“506000 BOXES”,所以工厂的增值税发票开的单位也是以“506000 盒”为单位。由于船公司在重新填写报关单时却将“BOXES”漏打,只标明“6000KGS”,因此海关计算机上该产品的数量为“6000 千克”,导致报关单上的内容与发票上的数量和单位不同,A 公司不能正常退税。A 公司要求船公司办理改单(修改报关单据),就是要在品名下注明“506000 BOXES”,但是由于船公司的一再拖延,导致 A 公司无法办理退税手续。A 公司不断催促船公司办理改单,考虑到手续麻烦需要较长时间,要求对方必须在 3 个月内将改后的单据退还给 A 公司,否则要其承担由于不能正常退税造成的相关经济损失。3 个月后,总算了结此案。

请问:可以从本案吸取哪些教训?

在国际贸易中,国际货物买卖合同一旦依法有效成立,双方当事人必须各自履行合同规定的权利和义务。出口合同的履行是指出口方按照合同的规定履行交货等一系列义务,直到收回货款的整个过程。这个过程是整个出口工作最后阶段,也是重要阶段。在这个阶段中,工作环节比较多,手续比较复杂,涉及的面和部门也比较广,时间性强,所以出口方必须按照合同规定诺守“重合同,守信用”的原则,按时、按质、按量地履行自己的义务。如果合同中没有作出具体规定,则要按照该合同适用的法律和国际贸易惯例去做。

因此,出口商要做好出口合同的履行工作,首先做好“四排”和“三平衡”。“四排”就是以出口合同为对象,对每份出口合同的有关信用证是否开到、货源是否落实进行分析排队,即有证有货、有证无货、无证有货、无证无货。通过排队,可以发现出口合同履行中的薄弱环节和存在的问题,以便及时处理。

“三平衡”即是以信用证为对象,按信用证上规定的货物装运期和有效期的远近,根据货源情况和运输能力,做到证、货、船三方面的衔接和综合平衡。

在出口贸易中，进出口商选择的贸易术语及货款结算方式不同，出口合同履行的过程也不同。出口合同履行的环节主要有催证、审证和改证，备货、申领出口许可证，租船订舱、投保、报验、报关和制单结汇等。本章按CIF术语成交、凭信用证方式付款的合同为例，将出口合同履行所涉及的各项业务分述如下。概括起来就是货（备货、报检）、证（催证、审证和改证）、船（办理租船订舱和报关、投保）、款（制单结汇）四个环节。

第一节　备货和报检

一、备货

备货就是出口商根据信用证和出口合同的规定，按时、按质、按量地准备好应交的货物。出口商没有准备好货物的就不能交货，备货是交货的前提。《公约》第30条规定："卖方必须按照合同和本公约的规定，交付货物，移交一切与货物有关的单据并转移货物所有权。"因此，交付货物是出口商的基本义务。当以信用证方式付款时，出口商在收到信用证后，必须按信用证和合同的规定备货；当以托收或汇付方式付款时，出口商应按合同的规定备货。

（一）备货的主要内容

1.筹备资金

出口商无论自己生产产品出口，还是向国内厂家购买产品出口，都必须筹备资金，用于原材料的采购或成品的购进。

当出口商资金紧张时，出口商可以利用打包贷款。所谓打包贷款，是指出口商在接到信用证后，以信用证正本作抵押，银行经审核后发放贷款。打包贷款的金额一般不超过信用证金额，贷款期限为贷款收妥结汇之日止，最长不超过收汇后的一个星期。

2.生产、加工

如果出口产品由出口商自己加工生产，则出口商必须根据合同和信用证的要求，制订生产、加工计划，组织产品的生产、加工，保证按期供货。

3.产品购进

对非出口商自己生产的产品，出口商必须预先联系生产部门，跟踪产品的生产进度，按时购进产品。

4.包装、仓储

组织的货源，必须按照合同和信用证的要求包装，喷制唛头，入仓待运。

（二）备货应注意的问题

1.货物的品质、规格应与合同的要求一致。不论是采用凭样品交货，还是凭文字说明交货，货物的品质都应严格按合同的要求，不要过高也不要过低。出口商对货物质量要求不完全一致的，不能采用凭样品交货，样品只能作为参考样品。此时应说明样品仅供参考，不是交货标准，更不能同时采用既凭样品又凭文字说明表示货物的品质。

2.货物的数量应符合合同的规定。为争取主动，出口商应在合同中订立溢短装条款，以便出口商可在机动范围内的数量交货，如信用证中数量有"大约""约"等字样时，则交货数量可增减10%。对于散装货，即使信用证没有规定溢短装条款，交货数量也可增减5%，但不能超过信用证的总金额。

3.货物的包装和唛头(运输标志)应符合合同的要求。备货时货物的内包装和外包装应仔细检查，特别是外包装破损、包装袋松懈、唛头模糊不清等情况，应及时更换和重新刷制唛头，避免承运人出具不清洁提单而无法结汇。内包装的图案要考虑进口国的风俗文化，不能出现其忌讳的图案和文字。

4.备货时间应留有余地。要考虑交货时间和船期，避免因备货时间太紧，再加上其他突发因素，造成交货时间延误，对于出口商未按时交货，根据《公约》的规定，买方有权拒收货物并提出索赔，还可宣告合同无效。因此，签订合同时，特别是合同条款规定收到信用证后若干天交货的，出口商应预留足够的时间，实务中一般要留30天的时间。对于特殊产品，须收到信用证后才安排生产的，其预留的时间要更长。对于分期交货的情形，要考虑每批数量按时交货的可能性，避免因其中一期未按时交货而使该期和以后各期无法收取货款，严重的还可能造成该期和以后各期的合同无效。

5.遵守国际社会对知识产权的有关规定，重视自我知识产权的保护。出口商出口的货物，不得随意使用别人或别国的商标和专利技术，特别是国外的商标和专利；对进口商来样生产的产品，应在合同中声明任何违反知识产权的行为概由进口商负责，避免出口商因不知情而侵犯他人权利的事件发生；对于传统品牌产品、核心技术产品，出口商要注意在出口国和进口国所在地办理商标和技术专利的注册手续，防止国内和国外其他企业抢注和使用。

二、报检

凡属国家规定法检的商品，或合同规定必须经中国进出口商品检验检疫局检验出证的商品，在货物备齐后，应向商品检验局申请检验。只有取得商检局发给的合格的检验证书，海关才准放行。

货物经检验合格，即由商检局发给检验证书，进出口公司应在检验证书规定的有效期内将货物出运。如超过有效期装运出口，应向商检局申请展期，并由商检局进行复验，经复验合格货物才能出口。

凡属法定检验或出口合同中约定必须经中国商品进出口检验机构检验的出口商品，在货物备齐后，持买卖合同等有关单证向商检机构申请检验，只有取得商检机构发给的合格的检验证书，并能证明货物符合合同规定要求，海关才准放行。凡检验不合格的货物，一律不得出口。

非法定检验、出口合同也未规定由商检机构出证的商品，则应视不同情况，委托商检机构、生产部门或供货部门进行检验，或由外贸企业自行检验，合格后装运出口。凡属危险货物，其包装容器应由生产该容器的企业向商检机构申请包装容器的性能鉴定。包装容器经商检局机构鉴定合格并取得性能鉴定证书，方可用于包装危险货物。生产出口危险货物的企业，必须向商检机构申请危险货物包装容器的使用鉴定，使用未经鉴定合格的包装容器的危险货物不准出口。

申请报检的手续是：凡需检验出口的货物，应填制“出口报检申请单”向当地商检机构办理报检手续，在向商检机构提交"申请单"时，还应附上合同、信用证副本及其他要求的相关凭证。申请报检后，如发现"出口报检申请单"的内容填写有误或内容发生变更，应提交更改申请，并填写"更改申请单"，说明更改的事项和原因。

经商检机构检验合格的出口商品，发货人应当在检验证书或者放行单签发之日起60天内报运出关。逾期报运出关的，必须重新向商检机构报验，取得合格证书方可出口。

（一）检验程序

1.接受报检

报检是指进出口货物的出口商或进口商向出入境检验检疫局申请检验。其申请行为体现在填写并提交"中华人民共和国出入境检验检疫出境货物报检单"或"中华人民共和国出入境检验检疫入境货物报检单"。

2.抽样(Sampling)

抽样是指检验检疫人员到现场抽取样品。除委托检验外，一般不得由送检方送样，而是由检验检疫人员在货物堆存现场自行抽样。

抽样按进出口合同规定的方法抽取，若进出口合同没有规定抽样方法的，按有关标准进行抽样。

对所抽取的样品经过加工方能进行检验的称为制样，如矿产品、铁合金、粮谷等成分的检验，金属材料的拉力性能检测，纺织面料性能检测等。

3.检验(Inspection)

检验检疫机构抽取样品后，按规定的检验标准和方法对样品进行检验。同时，做到认真、准确、迅速、证货相符。

4.签发证书(Grant Certificate)

凡法律、行政法规、规章或国际公约规定须经检验检疫机构检验检疫的出境货物，经检验检疫合格的，签发"出境货物通关单"，作为海关核放货物的依据；经检验检疫不合格的，签发"出境货物不合格通知单"。

进出口合同要求签发有关检验检疫证书的，检验检疫机构根据对外贸易关系人的申请，经检验检疫合格的，签发相关的检验检疫证书作为买卖双方交接货物的依据；这也是向银行办理议付的单证之一。

凡法律、行政法规、规章或国际公约规定须经规定检验检疫机构检验检疫的入境货物，检验检疫机构接受报检后，先签发"入境货物通关单"海关据此验放货物。然后，经检验检疫机构检验检疫合格的，签发入境货物检验检疫情况通知单；不合格的对外签发检验检疫证书，供有关方面对外索赔。

商检证书一般使用英文书写，进口商检证书一般使用中英文合并本。商检证书一般只在签发之日起两个月内有效，鲜果、蛋类的商检证书两星期内有效。

（二）检验内容

《商检法》于1989年8月1日开始施行。根据《商检法》的规定，商检机构实施进出口商品检验的内容包括商品的质量、数量、包装以及是否符合安全、卫生要求。

1.商品的质量检验

商品的质量不仅包括商品的化学成分、物理和机械性能、生物特征、造型、结构、色香味以及技术指标等内在的特征，还包括颜色、光泽、透明度、款式、花色等外在因素。其检验方法一般采取感官检验、物理检验、化学检验、微生物检验等方法。

2.商品的数量检验

商品的数量检验方法，一般是查点包装件数。

3.商品的重量检验

对商品重量的检验，根据商品性质的不同而采用不同的方法。对固态商品，一般用衡器计量；对液态商品，一般采用流量、容积计量；对大宗原料商品，一般采用水尺计量。

（三）报检时限

1.对入境货物，应在入境前或入境时向入境口岸指定的或到达站的检验检疫机构办理报检手续；入境的运输工具及人员应在入境前或入境时申报；

2.入境货物需对外索赔出证的，应在索赔有效期前不少于 20 天内向到货口岸或货物到达地的检验检疫机构报验；

3.输入微生物、人体组织、生物制品、血液及其制品或种畜、禽及其精液、胚胎、受精卵的，应当在入境前 30 天报检；

4.输入其他动物的，应当在入境前 15 天报检；

5.输入植物、种子、种苗及其繁殖材料的，应当在入境前 7 天报检；

6.出境货物最迟应于报关或装运前 7 天报检；

7.需隔离检疫的出境动物在出境前 60 天预报，隔离前 7 天报检。

（四）报检时必须提供的单证

1.入境报检时，一般应填写“中华人民共和国出入境检验检疫入境货物报检单”并提供合同、发票、提单等有关单证。特殊情况还须提交其他相关文件。

2.出境报检时，一般应填写“中华人民共和国出入境检验检疫出境货物报检单”并提供对外贸易合同、信用证、发票、装箱单等有关单证。特殊情况还须提交其他相关文件。

（五）原产地证明书的申领

1.一般原产地证明书

出口商应至少在货物出运前 3 天，向检验检疫机构或贸促会申请签证，并提交如下文件：

（1）一般原产地证申请书一份；

（2）缮制正确、清楚并经申请单位手签人员手签和加盖公章的一般原产地证一式四份；

（3）出口商的商业发票副本一份；

（4）含有进口成分的产品还得提交产品成本明细单。

2.普惠制原产地证明书

我国规定，普惠制原产地证明书由出入境检疫局签证，出口商应向当地的检验检疫机构办理注册登记，并将其使用的中英文对照的企业签证公章、负责签字人员姓名及手签笔记向当地的检验检疫机构备案。

出口商申请普惠制原产地证明书签证应提交如下文件：

（1）普惠制原产地证明书申请书一份；

(2)普惠制原产地证明书(FORM A)一套;
(3)出口商业发票副本一份、装箱单一份;
(4)含有进口成分的产品,应提交"申请 FORM A 产品成本明细单"。

第二节　催证、审证和改证

案例导入 34

我某外贸公司以 CIF 鹿特丹与外商成交出口一批货物,按发票金额 110%投保一切险及战争险。售货合同中的支付条款只简单填写"Payment by L/C"(信用证方式支付)。国外条款中有如下文句:"Payment under this Credit will be made by us only after arrival of goods at Rotterdam"(该证项下的款项在货到鹿特丹后由我行支付)。

受益人在审证时未发现,因此未请对方修改删除。我某外贸公司在交单结汇时,银行也未提出异议。不幸 60%货物在运输途中被大火烧毁,船到目的港后开证行拒付全部货款。

请问:对此,应如何处理?为什么?

一、催证

在出口合同中,买卖双方如约定采用信用证方式付款,买方应严格按照合同的规定按时开立信用证。如合同中对买方开证时间未作规定,买方应在合理时间内开出,因为买方按时开证是卖方正常履约的前提。但在实际业务中,有时经常遇到国外进口商品拖延开证,或者在行市发生变化或资金发生短缺的情况时,故意不开证。对此,我们应催促对方迅速办理开证手续。催证时应由出口商直接向国外的进口商发出函电,例如:

"The cargo has been prepared to come forward to open credit, call me."(合同 * * 号,货已备妥,请速开证,电复。)

"Please open credit ASAP, to arrange shipment, call me."(合同 * * 号,请速开证,以便安排装运,电复。)

二、审证

在实际业务中,银行和进出口公司应共同承担审证任务。其中,银行着重审核该信用证的真实性、开证行的政治背景、资信能力、付款责任和索汇路线等方面的内容。银行对于审核后已确定其真实的信用证,应打上类似"印鉴相符"的字样。出口公司收到银行转来的信用证后,则着重审核信用证的内容与买卖合同是否一致。但是由于种种因素,往往会出现开立的信用证条款与合同规定不符,有的是出于疏忽,有的是由于一些国家的习惯或规定所致,有的是因客户对我政策不了解;也有的是故意玩弄手法。因此,审核信用证是一项很重要的工作。

审核信用证是银行与出口企业共同的责任。其中，银行主要负责审核有关开证行资信、付款责任以及索汇路线等方面的条款与规定；出口企业则主要审核信用证的条款是否与买卖合同规定相一致。出口方在收到信用证后，应根据合同内容和《跟单信用证统一惯例》对信用证进行认真审核。一般情况下，审核的内容包括以下几个方面。

（一）开证行的政治背景和资信情况

一般我方只接受符合政策的贸易国家或地区和与我有业务往来关系的银行所开立的信用证。对于无业务往来的国外银行来证，须对其政治背景、资信情况和经营能力进行审查。考虑证内是否有歧视性文句、开证行的资信、信用证的真伪、收汇是否安全、索汇路线是否妥当等。

（二）信用证的性质和开证付款责任的审核

为保证收汇安全，信用证中不应有"可撤销"字样。而且通常在信用证内，应有明确表示保证付款的责任文句，并不得对开证行应付责任附加限制或有保留条款。如规定"本银行只负责传递单据，不承担保证付款责任"或"须持进口许可证批准后另行通知方能生效"等。这些条款改变了信用证的性质和开证行的付款责任，因此出口方必须加以注意。

（三）对信用证当事人的审核

要审核信用证当事人的名称和地址是否正确。对名称和地址的拼写错误、对旧的名称和地址、对张冠李戴的名称和地址，应要求对方改正或做适当处理，以免影响收汇。

（四）对信用证的货币和金额的审核

审核金额与单价、数量是否相符，大小金额是否一致。如果数量有溢短装条款，信用证金额也应有增减幅度。原则上，信用证使用的货币应与合同规定的计价和支付货币一致。如发现二者不一致，应按中国银行外汇牌价折算成合同货币，在不低于或相当于原合同货币总金额时方可接受。

（五）对信用证有效期、交单期和装运期的审核

装运期是指对货物装运时间的规定。装运期原则上应与出口合同中的规定一致，如因信用证到达过迟，不能按期装运，应及时提出要求展期。信用证上必须有有效期，而信用证的有效期应与装运期有一定的合理间隔，以便货物装运后有足够时间做好制单、交单工作。有的信用证会规定议付交单期，应同样要求交单期与装运期之间有合理间隔。

（六）对信用证有关货物情况的审核

信用证中关于货物的品名、品质、规格、数量及包装等交易条件的规定都必须与合同有关条款相符。

（七）对信用证有关装运条款的审核

要注意信用证中有关是否允许分批装运和转运的规定。来证中有关分运和转船的规定应与合同规定相符。要注意证内对转船和分批装运有无特殊限制或要求以及这些规定是否恰当。

（八）对单据的审核

对来证中提供的单据种类、份数及填写内容等要求，应认真审核，若发现有不正常规定，如要求商业发票或产地证明由国外第三者签证以及提单上的目的港后面加上指定码头等字样，都应慎重对待。

(九)对其他特殊条款的审核

在审核时,除对上述内容进行仔细审核外,有时信用证内加列许多特殊条款,如指定船公司、船籍、船龄、船级等条款或不准在某个港口转船等,一般不应轻易接受,但如对我方无关紧要,而且也可办到,则也可酌情灵活掌握。

三、改证

信用证经过全面的审核后,一般发现的问题主要有信用证的条款与合同条款不符、信用证的内容前后有矛盾、信用证出现合同中没有明示的条款并且对受益人不利或受益人不可能办到等三大类。若出现以上三类问题,出口商应及时通知国外客户通过开证行进行修改。改证时一般应掌握以下几点:

(1)一份信用证如有几处需要修改,应集中一次通知开证人办理修改,避免一改再改,既增加双方的费用又浪费时间,而且还会引起不良影响。

(2)修改信用证的要求一般应用电讯通知开证人,同时应规定一个修改书的到达时限。

(3)对收到的信用证修改通知书应认真进行审核,如发现修改内容有误或我方不能同意的,出口商有权拒绝接受,但应及时做出拒绝修改的通知送交通知行,以免影响合同的顺利履行。

(4)根据UCP600的规定,一份信用证的修改通知书的内容要么全部接受,要么全部拒绝,不能接受其中一部分拒绝另一部分。

(5)信用证修改通知书必须由原通知行转递或通知,如由开证人或开证行直接寄给出口商的应提请原证通知行证实。修改的信用证必须经所有信用证当事人同意方为有效。

第三节 办理租船订舱和报关投保

案例导入35

广州A公司准备托运一批家用电器到美国纽约。

请问:该公司业务员小张应如何操作订舱这一业务环节?

一、租船订舱

以CFR或CIF成交时,出口商必须在合同规定的装运期内,办理租船或订舱手续。出口商租船订舱的基本程序:

(1)出口商将填制好的海运出口托运单提交船公司,船公司结合船期安排船只和舱位。

实务中,出口商可根据船公司定期公布的船期表,寻找符合合同和信用证规定的船期和航线,填制海运出口托运单(Shipping Note)。出口托运单因船公司的不同,其格式各不相同。

(2)船公司在确定了船只和舱位的情况下,填制托运单中的有关内容,并在装货单上盖章、签字后交出口商。

(3)船公司根据货物配舱,并将一联配舱回单交出口商,出口商据以缮制报关单、投保单和预制提单。

(4)在办理货物集港的同时,出口商报关员持整套报关单据及装货单、收货单向海关办理出口报关。

(5)海关验货后,在装货单(俗称"关单")上盖章放行,并将装货单、收货单退还出口商,由出口商将装货单、收货单交船公司。

(6)船方收到装货单、收货单后,留下装货单作为随船货运资料,并根据装船时货物的实际状况由大副在收货单上签字或作适当批注后退交出口商。

(7)出口商取得大副签字的收货单(即大副收据)后,即可凭此及预制好的提单到船公司换取正本提单。

二、投保

CIF 出口合同下,出口商在装船前,必须及时向保险公司办理投保手续,即根据合同或信用证中有关保险条款的规定,填制投保单,列明具体的保险金额、保险范围、保险加成率、保险标的、装运港、目的港、被保险人以及唛头等内容。保险公司接受投保后,根据投保单出具正本的保险单交出口商。

根据 UCP600 的规定,若信用证没有规定投保险别和保险加成率,卖方只有义务投保最低险别平安险,投保加成率为 10%。出口商品的投保手续一般都是逐笔办理的。

出口商在履行 CIF 合同时,在配舱就绪,确定船名、航次和装运日期后,应于货物运离仓库或其他储存处所前,按照出口合同和信用证的规定向保险公司办理投保手续,以取得约定的保险单据。在办理投保手续时,通常应填写对外运输险投保单(Application For Foreign Transportation Insurance),一式两份。一份由保险公司签署后交出口企业作为接受承保的凭证;一份由保险公司留存,作为缮制、签发保险单的依据。出口企业收到由保险公司签署的投保单后,向保险公司缴纳保险费。然后,获取由保险公司签发的保险单。

三、报关

报关是指进出境运输工具负责人、进出口货物发货人、进出境物品的所有人或者他们的代理人向海关办理运输工具、货物、物品进出境手续及相关手续的全过程。

报关的主体就是报关人,即进出境运输工具负责人、进出口货物收发货人、进出境物品的所有人或他们的代理人。

(一)海关报关制度

1.报关注册登记制度

向海关注册办理报关企业可分为三大类:

(1)专业报关企业。

(2)代理报关企业。

(3)自理报关企业。

2.异地报关备案制度

异地报关备案制度是指已经在所在地海关办理了报关注册登记的企业,为取得在其他海关所辖关区报关的资格,而在有关海关办理报关备案审批手续的海关管理制度。该制度一般只适用于自理报关单位。

(二)报关行为

1.自理报关

自理报关是指进出口货物的收发货人自行办理报关手续的法律行为。

2.代理报关

代理报关是指进出口货物收发货人委托其他企业代理其进出口报关手续的法律行为。代理报关行为可分为直接代理和间接代理,在间接代理的条件下,报关企业对报关行为应承担与收发货人相同的法律责任。

(三)报关的基本内容

进出口货物的申报是以货物本身为中心的,包括进出口商品的基本情况,进出口贸易的成交方式,货物进出境的运输情况,以及对特定货物适用不同的海关管理办法和进出境国家管制的办法。

(四)报关单

对于一般贸易方式,报关单一般填写一式三联,第一联为海关留存联,第二联为海关统计联,第三联为企业留存联。如果是利用计算机进行数据录入的口岸报关,只需要提供一份报关单,并交指定的预录入中心将数据输入计算机。

为了更方便地区分,对不同贸易方式,报关单采用不同的颜色。一般贸易进出口货物,填写白色的报关单;进料加工的进出口货物,填写粉红色的报关单;来料加工装配和补偿贸易的进出口货物,填写浅红色报关单;外商投资企业进出口货物,填写浅蓝色的报关单;出口后需国内退税的货物,填写浅黄色的报关单。

出口报关单的主要内容包括:出口口岸、出口日期、申报日期、经营单位、运输方式、运输工具名称、贸易方式、运抵国(地区)、结汇方式、指运港、成交方式、合同协议号、批准文号、运费、件数、包装种类、毛重、净重、商品编号、商品名称和规格型号、数量及单位、最终目的国(地区)、单价及总价、币制、标记唛码及备注。

(五)报关提交的单证

办理报关,必须填写出口货物报关单,提供出口合同副本、发票、装箱单或重量单、商检书及其他有关证件。具体为:

1.进出口货物报关单。一般出口货物应填写一式两份;需要由海关核销的货物,如加工贸易货物和保税货物等,应填写专用报关单一式三份;货物出口后需国内退税的,应另填一份退税专用报关单。

2.货物发票。要求份数比报关少一份,对于货物委托国外销售,结算方式是待货物销售后按实销金额向出口单位结汇的,出口报关时可准予免交。

3.陆运单、空运单和海运进口的提货单及海运出口的装货单。海关在审单和验货后,在正本货运单上签章放行，退还报关单，凭此提货或装运货物。

4.货物装箱单。其份数同发票，但是散装货物或单一品种且包装内容一致的件装货物可免交。

5.出口收汇核销单。一切出口货物报关时，应交验外汇管理部门加盖“监督收汇”章的出口收汇核销单，并将核销编号填在每张出口报关单的右上角处。

6.海关认为必要时，还应交验贸易合同、货物产地证书等。

7.其他有关单证。包括：

①经海关批准准予减税、免税的货物，应交海关签章的减免税证明，北京地区的外资企业须另交验海关核发的进口设备清单。

②已向海关备案的加工贸易合同进出口的货物，应交验海关核发的“登记手册”。

（六）报关期限及滞报金

报关期限是指货物运到口岸后，法律规定收货人或其代理人向海关报关的时间。根据我国《海关法》的规定，进口货物的报关期限为从运输工具申报进境之日起 14 天内，由收货人或其代理人向海关报关，超过这个期限报关，由海关征收滞报金。

进境货物滞报金的起收日期为运输工具申报进境的第 15 天，而邮运进境的货物滞报金起收日期为收件人接到邮局通知之日起的第 15 天。此外，转关运输进境货物滞报金起收日期有两个：一是运输工具申报进境之日起第 15 天，二是货物运抵指定运地之日起第 15 天。滞报金的征收对象是进口货物的收货人或其代理人。按日征收，日征金额为进口货物到岸价格的 5‰，起征点为人民币 10 元，不足者不征。进口货物的到岸价格以外币计价的，海关按征收滞报金之日国家外汇牌价的买卖中间价折合人民币计征。

（七）报关具体程序

出口货物交付装运前，必须经过海关清关（Customs Clearance）。清关，或称通关，需经五个环节：出口申报、审核单证、查验货物、办理征税、清关放行。

1.出口申报

出口申报是指发货人（出口企业）或其代理（货运代理）在出口货物时，在海关规定的期限内，以书面方式向海关报告其出口货物的情况，并随之附有关货运和商业单据，申请海关审查放行，并对所报告内容的真实准确性承担法律责任的行为。

海关接受申报时要求申报人出示以下证明：

（1）申报单位在海关办理的企业海关注册登记手续。

（2）申报人员的报关员证。

（3）由申报单位和申报人员盖章的出口货物报关单（一式两份）。

（4）申报单证。

2.审核单证

海关接受出口申报后，应对报关员所递交的所有单证进行审核。包括出口货物报关单、与出口货物直接相关的商业和货运单证以及国家有关法律、法规规定实行特殊管制的证件等。审单通常是以出口货物报关单为基础，根据国家有关法律、行政法规的规定，核对所收到的报关单证是否齐全、正确、有效、内容是否一致。如果所审核的单证符合国家法律、法规规定，所交验的单证齐全、无误，海关随即着手对出口货物进行查验。

3.查验货物

查验货物是指海关以出口货物报关单和其他报关单证为依据，在海关监管区域内对出口货物进行检查和核对，以确定实际货物与报关单证所列是否一致。海关查验集装箱货物，一般在集装箱堆场和港区码头堆场。在特定情况下，可经海关同意派人员去发货人的仓库或工厂查验。海关查验货物时，报关单位应派人员到场提供协助，搬运货物、开拆和重封货物的包装等。

4.办理征税

我国目前征收出口税的货物较少，但有少数出口货物由于种种原因仍需征收出口税。所以，按规定应当缴纳出口税的出口货物，当海关查验货物，认为情况正常后，由海关根据我国《关税条例》和《海关税则》规定征收出口税。出口企业或其代理在向海关按规定税率缴清税款或提供适当担保后，海关方可签章放行。

5.清关放行

清关放行是海关对出口货物进行监管的最后一项业务程序。出口企业或其代理(货运代理)按海关规定办妥出口申报(报关)，经海关审核单证、查验货物和征收出口税后，海关解除对货物的监管，准予装运出境。在放行前，海关派专人负责审查核批货物的全部报关单证及查验货物记录，并签署认可，然后在转货单(在海运情况下)上盖放行章交货主签收申报人方可把货物装运出境。

第四节 制单结汇

案例导入 36

我A公司向加拿大B公司以CIF术语出口一批货物，B公司于4月5日开来不可撤销信用证，此证按UCP600规定办理，证内规定：装运期不得晚于4月15日，交单期为4月24日前，信用证有效期为5月4日。我A公司赶在4月14日装船，提单签发日期为4月14日，4月22日我公司备齐单据向银行交单，恰逢4月22日、23日为银行非营业日，只好在4月24日将全套符合信用证规定的单据交银行办理议付。

请问：我A公司能否顺利议付？为什么？

出口商完成上述环节后，收齐有关资料，根据信用证或合同的要求缮制单据并提交银行议付。

一、制单结汇的基本原则

开证行只有在审核单据与信用证表面完全相符后，才承担付款的责任。开证行如发现出口商所提交的单据与信用证有任何不符，均有可能出现拒付货款的情况。因此，结汇单据的缮制是否正确完备与安全迅速收汇有着十分重要的关系。对于结汇单据，一般都要本着“正确、完整、及时、简明、整洁”的原则来制作和审核。

(1)正确。制作单据只有做到内容正确,才能保证及时收汇,单据应做到两个一致,即"单证一致"(指单据与信用证一致)、"单单一致"(指单据与单据一致)。此外,还应注意单据对货物的描述与实际装运货物相一致。这样,单据才能真实地代表货物,以免发生错装错运事故。

(2)完整。单据的完整是指信用证规定的各项单据必须齐全,不能短缺,单据的份数和单据本身的项目等都必须完整。

(3)及时。制作单据必须及时,并应在信用证规定的交单期或 UCP500 规定的交单有效期内将各项单据送交指定的银行办理议付、付款或承兑手续。如有可能,最好在货物装运前,先将有关单据送交银行预审,以便有较充裕的时间来检查单据,及早发现其中的差错并进行改正。如有必要,也可及早联系国外买方办理修改信用证,以免在货物出运后不能收汇。

(4)简明。单据内容应按信用证规定和有关的国际惯例填写,力求简单明了,切勿加列不必要的内容,以免弄巧成拙。

(5)整洁。单据的布局要美观大方,缮写或打印的字迹要清楚,单据表面要整洁,更改的地方要加盖校对图章。有些单据,如提单、汇票以及其他一些重要单据的主要项目,如金额、件数、数量、重量等,不宜更改。

二、常用结汇单据的缮制

(一)汇票

汇票的填制请参考第八章第一节。

(二)商业发票

1.出票人名称与地址

一般情况下,出票人即为出口公司,制单时应标出出票人的中英文名称和地址。当企业采用印刷空白发票或电脑制单时,都已预先印上或在程序中编入出票人的中文名称和地址。出票人的名称和地址应与信用证的受益人的名称和地址一致。

2.发票名称

发票名称必须用粗体标出"COMMERCIAL INVOICE"或"INVOICE"。

3.发票抬头人名称与地址(Messrs.)

当采用信用证支付货款时,如果信用证上有指定抬头人,则按来证规定制单。否则,一般情况下填写开证申请人(进口商)的名称和地址;当采用托收方式支付货款时,填写合同买方的名称和地址。填写时名称和地址不应同行放置。

4.运输资料 (Transport Details)

填写货物实际的起运港(地)、目的港(地)以及运输方式,如果货物需经转运,应把转运港的名称表示出来。如:FROM GUANGZHOU TO PIRAEUS W/T HONGKONG BY VESSEL.

5.发票号码(Invoice No.)

发票号码由出口公司根据本公司的实际情况自行编制。

6.发票日期 (Invoice Date)

在所有结汇单据中，发票是签发日期最早的单据，根据 UCP600，该日期可以早于开证日期，但不得迟于信用证的议付有效期(Expiry Date)。

7.信用证号码 (L/C No.)

当采用信用证支付货款时，填写信用证号码，若信用证没有要求在发票上标明信用证号码，此项可以不填；当采用其他支付方式时，此项不填。

8.唛头及件号 (Marks And Number)

如信用证或合同没有指定唛头，出口商可自行设计唛头。唛头内容包括客户名称的缩写、合同号(或发票号)、目的港、件号等几部分。如货物运至目的港后还要转运到内陆城市的，可在目的港下面加打 INTRANSIT TO ××× 或 IN TRANSIT 字样。

9.货物描述 (Description of Goods)

货物的内容一般包括货物的名称、规格、数量、单价、贸易术语、包装等项目，制单时应与信用证的内容严格一致，省略或增加货名的字或句都会造成单证不符，开证银行有权拖延或拒付货款。当使用其他支付方式(如托收)时，货物内容应与合同内容一致。

10.数量 (Quantity)

填写实际装运的计价数量及单位，并与其他单据相一致。根据 UCP600，凡信用证数量前有“约”“大概”“大约”或类似的词语，交货时允许数量有 10%的增减幅度。

11.单价 (Unit Price)

完整的单价由计价货币、计量货币、单位金额、价格术语四个部分组成。根据 UCP600，凡信用证前有“约”“大概”“大约”或类似的词语，交货时允许单价有 10%的增减幅度。

12.总值 (Amount)

填写商业发票上显示的数量与单价的乘积数值。信用证项下的发票总值根据以下几条掌握：

(1)信用证数量、金额规定了增减幅度的，发票的总值可在信用证总额的机动幅度内机动。

(2)信用证数量、金额前有“约”或“大约”字样的，根据 UCP600 第 30 条 a 款的规定：“约”或“大约”用于信用证金额、数量或单价时，应解释为允许有关金额、数量或单价不超过 10%的增减幅度。依此规定，发票的总值可在信用证总额的 10%内机动。

(3)信用证数量、金额没有规定增减幅度的散装货，根据 UCP600 第 30 条 b 款的规定：只要信用证未注明货物以包装单位或个数计数，并且总支付金额不超过信用证金额，货物数量准许有 5%的增减幅度。依此规定，考虑单价情况，发票的数量可在 5%内增减，但总值只能在信用证总额的 5%内减幅。

(4)根据 UCP600 第 30 条 c 款规定：如果信用证规定了货物数量，且该数量已全部装运，以及当信用证对单价有规定，而此单价又未降低时，或者当第 30 条 b 款不适用时，即使不允许部分装运，允许支取的金额也有 5%的减幅。若信用证规定特定的增减幅度或者使用第 30 条 a 款提到的用语限定数量，则该减幅不适用。依此规定，考虑发票的单价、数量不能增减，信用证金额大于合同金额时，发票总值可在信用证总额的 5%内减幅。

13.价格术语(Trade Terms)

价格条件一定要在发票中体现出来,因为它涉及买卖双方的责任、费用和风险的划分问题,同时,也是进口地海关核定关税的依据。信用证中的价格术语一般在货物内容的单价中表示出来。

14.声明文句

如信用证要求在发票内特别加列船名、原产地、进口许可证号码的声明文句,制单时必须一一详列。

15.出单人签名或盖章

商业发票只能由信用证中规定的受益人出具,除非信用证另有规定,如果以影印、电脑处理或复写方法制作的发票作为正本的,应在发票上注明“正本”(ORIGINAL)字样,并由出单人签字。《UCP 600》规定商业发票可不必签字,但有时来证规定发票需要手签的,则不能盖胶皮签字章,必须手签,对墨西哥、阿根廷出口,即使信用证没有规定,也必须手签。

(三)提单

提单的填制请参考第六章第一节。

(四)保险单

保险单的填制请参考第七章第二节。

(五)一般原产地证

(1)证书编号(Certificate No.)。此栏不得留空,否则证书无效。

(2) 出口商 (Exporter)。出口商填写出口商的详细地址、名称和国家(地区)名,一般可按合同和发票抬头人填写。若经其他国家或地区需填写转口商名称时,可在出口商后面加填英文 VIA,然后再填写转口商名称、地址和国家。

(3)收货人(Consignee)。填写最终收货人的名称、地址和国家(地区)名。通常是外贸合同中的买方或信用证上规定的提单通知人。如信用证规定所有单证收货人一栏留空,在这种情况下,此栏应加注“TO WHOM IT MAY CONCERN”或“TO ORDER”,但不得留空。若需填写转口商名称时,可在收货人后面加填英文 VIA,然后再填写转口商名称、地址和国家。

(4)运输方式和路线(Means of transport and route)。填写目的港和装运港、运输方式。经转运的,还应注明转运地。

(5)目的地国家(地区)(Country/Region of destination)填写目的地国家(地区)。通常是货物最终运抵港,一般应与最终收货人或最终目的港国别一致,不能填写中间商国家名称。

(6)签证机构用栏(For certifying authority use only)由签证机构在签发后发证书、补发证书或加注其他声明时使用。证书申领单位应将此栏留空。一般情况下该栏不填。

(7)运输标志(Marks and numbers)填写唛头,应按照出口发票上所列唛头填写完整图案、文字标记及包装号码,不可简单填写“按照发票(AS PER INVOICE NO.)”或者“按照提单(AS PER B/L NO.)”。货物无唛头时,应填写 N/M (NO MARK)。此栏不得留空。如唛头多,本人不栏够填写,可填写在第 7、8、9 栏的空白处,还不够,可用附页填写。

(8)商品名称、包装数量及种类(Number and kind of packages; description of goods)。填写商品名称及包装数量。商品名称要填写具体名称,不得用概括性术语表述,包装数量及种类也要按具体单位填写。本栏的末行要打上表示结束的符号(* * *),以防添加内容。

(9)商品编码(H.S.Code)此栏要求填写 HS 编码,若同一证书包含有几种商品,则应将相应的税目号全部填写。此栏不得留空。

(10)数量(Quantity)此栏要求填写出口货物的量值以及商品的计量单位。如 100 箱彩电此栏填写"100 SETS"。1000 公吨散装生铁,此栏填"N.W.1,000M/T"(净重 1000 公吨)或"1,000mM/T(N.W.)"。如果只有毛重时,则需注明这"G.W."。

(11)发票号码及日期(Number and date of invoices)。此栏填写申请出口货物的商业发票日期和号码。此栏不得留空。为避免对月份、日期的误解,月份一律用英文表述,如 1995 年 12 月 10 日,用英文表述为"DEC.10,1995"。

(12)出口商声明(Declaration by the exporter)。填写出口商的名称、申报地点及日期,由已在签证机构注册的人员签名并加盖有中英文的印章。

(13)签证(Certification)。由签证机构签字、盖章,并填写签证地址和日期。

(六)普惠制原产地证明书

(1)Reference No..证书号码。此栏不得留空,否则证书无效。

(2)Goods consigned from.填写出口商名称、地址和国家。

(3)Goods consigned to.填写收货人名称、地址和国家。根据信用证要求应填写给惠国的最终收货人名称(即信用证上规定的提单通知人或特别声明的收货人),如果信用证未明确最终收货人,可以填写商业发票的抬头人,但不可填中间商的名称。

欧盟、挪威对此栏没有强制性要求,如果商品直接运往上述给惠国,而且进口商要求将此栏留空时,则可以不填。

(4)Means of transport and route.填写所知的运输方式和航线。一般应填装货、到货地点(始运港、目的港)及运输方式(如海运、陆运、空运)等内容,对转运商品应加上转运港,如 VIA HONGKONG。该栏还要填明预定自中国出口的地点和日期。对输往内陆给惠国的商品,如瑞士、奥地利,由于这些国家没有海岸,因此,如系海运,都须经第三国,再转运至该国,填证时应注明。如:

ON/AFTER NOV. 6, 1995 BY VESSEL FROM GUANZHOU TO HAMBURG W/T HONGKONG IN TRANSIT TO SWITZERLAND.

(5)For official use.供官方使用。此栏目正常情况下留空。下列特殊情况,签证当局在此栏加注:

①货物已出口,签证日期迟于出货日期,签发"后发"证书时,此栏盖上"ISSUED RETROSPECTIVELY"红色印章。

②证书遗失、被盗或损毁,签发"复本"证书时加盖"DUPLICATE"红色印章,并在此栏注明原证书的编号和签证日期,并声明原发证书作废,其文字是"THIS CERTIFICATE IS IN REPLACEMENT OF CERTIFICATE OF ORIGIN NO DATED WHICH IS CANCELLED".

(6)Item number.商品顺序号。如同批出口货物有不同品种,则按不同品种、发票号等分列“1”“2”“3”……单项商品,此栏填“1”。

(7)Marks and numbers of packages. 唛头及包装号。如果没有唛头应填写“N/M”或“NO MARK”。如唛头过多,此栏不够填写,可填写在第 7、8、9、10 栏之截止线以下的空白处。如果还不够,此栏打上“SEE THE ATTACHMENT”,用附页填写所有唛头(附页的纸张要与原证书一般大小),在右上角打上证书号,并由申请单位和签证当局授权签字人分别在附页末页的右下角和左下角手签、盖印。附页手签的笔迹、地点、日期均与证书第 11、12 栏相一致。

(8)Number and kind of packages;description of goods. 填写包装件数、包装种类及商品的名称。

(9)Origin criterion. 原产地标准。此栏是国外海关审核的核心项目。对含有进口成分的商品,因情况复杂,国外要求严格,极易弄错而造成退证查询。对输往澳大利亚、新西兰的商品,此栏可以留空。

(10)Gross weight or other quantity.毛重或其他数量。此栏应与商品的正常计量单位填写,如“只”“件”“双”“台”“打”等。以重量计算的则填毛重,只有净重的,填净重亦可,但要标上 N.W.(NET WEIGHT)。

(11)Number and date of invoices.发票日期和号码。此栏不得留空。月份一律用英文(可用缩写)表示。此栏的日期必须按照正式商业发票的日期格式填制。

(12)Certification. 签证当局的证明。签证单位要填写商检局的签证地点、日期。商检局签证人经审核后在此栏(正本)签名,盖签证印章。本栏日期不得早于发票日期(第 10 栏)和申报日期(第 12 栏),而且应早于货物的出运日期(第 3 栏)。

(13)Declaration by the exporter.出口商声明。在生产国横线上填“中国 CHINA”。进口国横线上填最终进口国内,进口国必须与第 3 栏中目的港的国别一致。凡货物运往欧盟十五国范围内,进口国不明确时,进口国可填 E.U.。申请单位应授权专人在此栏手签,标上申报地点、日期,并加盖申请单位中英文印章,手签人手迹必须在商检局注册备案。此栏日期不得早于发票日期(第 10 栏)(最早是同日)。盖章时应避免覆盖进口国名称和手签人姓名。

(七)装箱单

1.出口公司中文、英文名称和地址。

2.填写装箱单、重量单和尺码单的中英文字样。中英文字样用粗体标出。常见的单据名称有①PACKING LIST (NOTE)装箱单;②WEIGHT LIST(NOTE)重量单;③MEASUREMENT LIST 尺码单。

3.填写发票的开票日期。

4.填写发票的号码。

5.唛头。

6.填写商品的数量。该数量为运输包装单位的数量,而不是计价单位的数量。

7.填写商品的名称。

8.填写商品的单位净重和总净重。

9.填写商品的单位毛重和总毛重。

10.填写商品的单位尺码和总尺码。

11.根据合同或信用证的要求，需要在装箱单上特别说明的事项。

12.出口公司落款。

三、常用结汇单据的审核

(一)常用结汇单据的审核标准

银行对结汇单据的审核，依照 UCP600 和 ISBP 的有关规定处理。出口商必须了解这些惯例中银行审核单据的标准。UCP600 第 14 条规定：

a.按照指定行事的指定银行、保兑行(如有)，以及开证行必须仅以单据为基础对提示的单据进行审核，并且以此决定单据是否在表面上与信用证条款构成相符提示。

b.按照指定行事的指定银行、保兑行(如有)，以及开证行各自拥有从其收到提示单据的翌日起最多不超过 5 个银行工作日的时间，以决定提示是否构成相符。该期限不因单据适逢提示有效期或者最迟提示期当日及其之后而被缩减或受到其他影响。

c.提示若包含一份或多份按照本惯例第 19 条、第 20 条、第 21 条、第 22 条、第 23 条、第 24 条或第 25 条出具的正本运输单据，则必须由受益人或其代表按照上述条款在不迟于装运日后的 21 个日历日内提交，但无论如何提交不得迟于信用证的到期日。

d.单据中的内容不必与信用证、该项单据本身以及国际标准银行实务完全一致。但该项单据中的内容之间，或单据中的内容与其他规定的单据或信用证不得互相冲突。

e.除商业发票外，如果其他单据中有关货物、服务或行为描述须明示，可使用统称，但不得与信用证中的描述相矛盾。

f.如果信用证中要求提交除运输单据、保险单据和商业发票以外的其他单据，且未规定该单据由何人出具或单据的内容。只要所提交单据的内容满足其功能需要且其他方面与第 14 条 d 款相符，银行将对上述单据予以接受。

g.对提交的单据中不是信用证中要求的，银行将不予置理，并且可以退还提示人。

h.如果信用证中包含某项条件而未规定与之相符的提示单据，银行将认为信用证中未列明此条件，并对此不予置理。

i.单据的出单日期可以早于信用证开立日期，但不得迟于信用证规定的提示日期。

j.当受益人和申请人的地址显示在任何规定的单据上时，这些地址不必与信用证或其他规定单据中显示的地址相同，但必须分别与信用证中所述地址处于同一国家内。详细联系方式(电传、电话、电子邮件及类似方式)如作为受益人和申请人地址的组成部分，银行对此将不予置理。然而，当申请人的地址及详细联系方式作为按照第 19 条、第 20 条、第 21 条、第 22 条、第 23 条、第 24 条或第 25 条出具的运输单据中收货人或通知方详细情况的组成部分时，则这些地址必须按照信用证规定予以显示。

k.在任何单据中述及的货物托运人或发货人不必是信用证的受益人。

l.如果运输单据能够满足本惯例第 19 条、第 20 条、第 21 条、第 22 条、第 23 条或第 24 条的要求，则运输单据可以由除承运人、船东、船长或租船人以外的任何一方出具。

(二)常用结汇单据的审核要点

1.商业发票

(1)商业发票的出票日期和号码是否漏填？出票日期是否迟于信用证规定的到期日？

(2)商业发票中货物的描述是否与信用证的要求一致？

(3)商业发票是否列明合同或信用证规定的贸易术语？

(4)商业发票的总值大小是否一致？含佣金或折扣是否按要求列明？

(5)商业发票的总值是否超过信用证规定的最高金额？

(6)信用证要求在商业发票内加列如船名、原产地等的声明文句，是否按要求一一详列？

(7)信用证要求商业发票手签时，是否按要求处理？

(8)商业发票的出票人是否为信用证的受益人？

2.汇票

(1)信用证付款时，是否按信用证规定的出票条款填写？

(2)汇票的金额是否与商业发票的金额一致？

(3)汇票的金额是否超过信用证规定的金额？

(4)汇票的付款人是否误填为进口商？

(5)付款人的名称、地址是否填写齐备？

(6)出票人的名称、地址、签章是否填写齐备？

(7)汇票须背书时是否按合同或信用证的要求处理？

(8)汇票的出票日期是否在信用证规定的有效期内？

3.提单

(1)提单的种类(如已装船提单、舱面提单、直运提单或集装箱提单等)是否符合信用证的要求？

(2)提单是否有不良批注？

(3)提单的收货人、被通知人是否按信用证的要求填制？

(4)FOB出口成交时，提单是否错填为“运费预付”(FREIGHT PREPAID)？CFR或CIF出口成交时，提单是否错填为“运费待付”(FREIGHT COLLECT)？

(5)提单中的船名、航次是否填写具体完整？

(6)提单中的装运港、目的港及转运港是否填写正确？

(7)提单日期是否迟于投保日期及信用证规定的最迟装运日期？

(8)提单是否需要背书？

(9)提单内容的更改是否有提单签字人的签章？

4.保险单

(1)被保险人是否按信用证的要求填写？

(2)保险金额是否已含要求的保险加成率？

(3)保险金额的大小写是否一致？

(4)保险金额货币单位是否与信用证一致？

(5)保险条款是否按信用证的要求填写？

(6)对舱面提单,保险单是否加保抛弃和浪击落海附加险?

(7)保险单中的船名、船次、装运港、目的港是否与提单相一致?

(8)赔款偿付地点和投保地点是否混淆?

(9)保险单是否按要求背书?

5.原产地证明书

(1)是否按信用证或合同的要求出具一般原产地证明书或普惠制原产地证明书FORM A?

(2)签证机构是否符合信用证或合同的要求?

(3)一般原产地证明书或普惠制原产地证明书FORM A的第1项和第2项是否漏填了出口国和进口国的名称?

(4)一般原产地证明书第7项的包装数量和第9项的计价数量是否混淆?

(5)普惠制原产地证明书FORM A第12项的出口国和进口国是否错填为装运港和目的港?

(6)一般原产地证明书或普惠制原产地证明书FORM A的签发日期是否早于申请日期?

四、交单结汇

(一)最迟交单日的理解

1.最迟交单日的顺延

UCP600第29条规定:

a.如果信用证的到期日或最迟交单日适逢接受单据的银行因第36条条款以外的原因而中止营业,则到期日或最迟交单日将根据具体情况顺延至银行开业的第一个营业日。

b.如果在顺延后的第一营业日交单,则指定银行必须向开证行或保兑行申明交单系根据第29条a款规定的顺延期限内提交。

c.最迟装运日不因第29条a款规定的原因而顺延。

第36条规定:“银行对于天灾、暴动、骚乱、叛乱、战争、恐怖主义行为或任何罢工、停工或银行本身无法控制的任何其他原因所导致的中断营业的后果,概不负责。银行在恢复营业后,对于在中断营业期间已逾期的信用证,将不再据以付款或议付。”因此,对于最迟交单日的顺延,只有“第36条条款以外的原因”才可以顺延,这里主要是指正常情况下的停业。如星期六、星期天、劳动节、国庆节等法定节假日以及银行盘存、搬家等临时停业。对于不可抗力引起的非正常停业,不得顺延。

2.同一运输工具上多次装运的最迟交单日

在出口贸易中,有时出现同一信用证项下的货物在同一运输工具、不同装运地点多次装运的情形,出口企业获得多个装运地点签发的提单,每份提单的装运日期都不同。根据UCP600的规定,最迟交单日应按照最后装运时提单签发的日期开始计算。

(二)UCP600对结汇单据存在不符点的规定

1.UCP600第16条规定:

a.当按照指定行事的指定银行、保兑行(如有)或开证行确定提示不构成相符时,可以拒绝付款或议付。

b.当开证行确定提示不构成相符时,可以依据其独立的判断建议申请人放弃不符点,然而并不能因此延长第 14 条 b 款中述及的期限。

c.当按照指定行事的被指定银行、保兑行(如有)或开证行决定拒绝付款或议付时,必须单独发送含有此内容的通知给提示人。通知必须声明:

i.银行拒绝付款或议付。

ii.银行凭以拒绝付款或议付的各个不符点。

iii.a)银行持有单据等待提示人进一步指示。

b)开证行持有单据直至收到申请人的不符点放弃且同意接受该弃权,或开证行在同意接受弃权前从提示人处收到进一步指示。

c)银行退回单据。

d)银行根据以前从提示人处收到的指示行事。

d.按第 16 条 c 款中要求发出的通知必须以电讯方式发出,或者,如果不可能以电讯方式通知时,则须在不迟于提示单据日翌日起算第 5 个银行工作日结束前以其他快捷方式通知。

e.按照指定行事的指定银行、保兑行(如有)或开证行,可以在提供第 16 条 c 款 iii c)、a)或 c)、b)款要求的通知后,在任何时间将单据退还提示人。

f.如果开证行或保兑行未能按照本条款行事,则无权宣称单据不构成相符提示。

g.当开证行拒绝付款或保兑行拒绝付款或议付,并已经按照本条款要求发出通知时,该银行将有权就已经履行的偿付索取退款及其利息。

2.单据存在不符点的处理

出口企业提交的结汇单据存在不符点,并由议付行发现并指出时,实务中可作如下处理:

(1)电报提出(简称电提)。即议付行在向开证行寄单之前,以电讯方式先告知开证行,详细列明信用证项下单据的不符点,等待开证行回复表示接受这种单据以后,议付行再将单据寄出。

(2)表盖提出(简称表提)。即受益人向议付行出具一份保函,在保函上具体列明单据上的各项不符点,同时声明要求议付行凭此保函提交具有不符点的单据,如果开证行拒付,受益人自己承担由此引起的一切后果。在此基础上,议付行将货款支付给受益人,然后将全套单据寄送开证行索款。

(三)特殊交单情形

在实际业务中,有一种情形比较特殊,此情形中不必向进口商提交海运单据,我们称为"电放"。所谓电放,是指货物装船完毕后,船公司或货物代理公司已向托运人签发了正本海运提单,但托运人把全套的正本提单退还给船公司或货运代理公司,同时要求船公司或货运代理公司凭托运人的书面放货通知,把货物交给收货人。由于船公司或货运代理公司通常采用电传、电子邮件等形式通知目的港的代理放货,故称为"电放"。

电放一般用于近海国家的短程运输,避免货到单未到,在托运人收到电汇货款后,向承运人和买方同时发电放通知。电放的前提是卖方必须先收到货款,否则风险很大,有可能出现货款两空。

(四)出口结汇的费用

货款收汇的方法有汇付、托收和信用证等,根据不同的收付方法和货款金额的大小,银行对国际结算的费用有具体的规定。

(五)出口结汇的常用方法

1.收妥结汇

收妥结汇是指议付行收到出口商的出口单据后,经审查无误,将单据寄交国外付款行索取货款,待收到付款行将货款拨入议付行账户的贷记通知书时,即按当日外汇牌价,折成人民币,扣除有关费用后拨给出口商。银行收妥结汇与议付不同,议付是议付行先买单付款,后找开证行索款。银行议付一般要扣除从议付之日起到开证行付款之日止的货款利息以及议付费、寄单费等费用,议付费一般为货款的1.25%,最低为200元人民币。

目前,我国大多数采用收妥结汇的方法。银行一般在扣除议付费后拨给出口商,议付费用中资银行一般以人民币扣费,外资银行一般以外汇扣费。因此,当议付行为外资银行时,核算出口外汇净收入时应减去以外汇支付的议付费,这也是出口报关单金额与银行水单的金额不一致的原因之一。

2.押汇

押汇是指议付行在审单无误的情况下,按信用证条款买入受益人的汇票和单据,从票面金额中扣除从议付日到估计收到票款之日的利息,将余款按议付日外汇牌价折成人民币拨给外贸公司。

押汇是我国出口公司融资的一种方法。在跟单信用证付款方式下,我国的出口公司提交了全套单据给议付银行,此时的议付银行只审查单据,而没有把货款议付给出口公司,但仍然称为议付,出口公司要取得货款,可通过押汇的办法,取得信用证项下部分货款,通常为总金额的90%,另10%预留为利息和手续费等扣款,议付银行收到货款后,再以货款扣除先前的贷款、利息和手续费等费用。

3.定期结汇

定期结汇是指议付行根据向国外付款行索偿所需时间,预先确定一个固定的结汇期限,到期后主动将票款金额折成人民币拨交外贸公司。

定期结汇有时给出口公司的资金使用造成紧张,出口公司也可以通过打包放款的方式贷款。所谓打包放款,是指出口商以国外开来的信用证作为抵押,向未来的交单银行(通常为通知银行)取得一定额度(通常为信用证金额的80%)贷款的一种融资方式。

(六)出口结汇的常用单据

目前,国际货物买卖使用的贸易术语多为FOB、CFR、CIF以及FCA、CPT、CIP,这些贸易术语都属于象征性交货,不管是采用汇付、托收,还是信用证付款方式,结汇时一般都需要提交一系列单据。常用的结汇单据有:①商业发票(Commercial Invoice);②装箱单(Packing List);③提单(Bill of Lading);④产地证(Certificate of Original)C/O或FORM A;⑤保险单(Insurance Policy);⑥汇票(Draft)。

五、出口收汇核销

为了防止出口商将外汇截留在境外，国家外汇管理部门通过海关对出口货物的监管，银行通过对出口货物收汇是否实际到账的监督，确定货、款的去向和比例是否合理，这就是出口收汇核销。出口收汇核销单是指由国家外汇管理局制发，出口商和银行填写，海关凭此受理报关，外汇管理部门凭此核销收汇的凭证。

（一）出口收汇核销的特点

1.以核销单为核心

外汇管理部门的出口收汇核销管理贯穿于发放和收回核销单并办理核销的全过程，出口单位凭核销单及其附件办理报关或委托报关和有关核销手续。海关凭核销单受理有关出口货物的“验讫”手续，出口退关时，海关在核销单上签注意见并盖章。

2.以事后核销为基调

出口收汇核销手续是在货物出口且及时收回或明确“去向”后，方可办理。换言之，出口单位除事先需向外汇管理部门领取一定量的核销单外，出口货物能否报关，何时报关无须也不应经过外汇管理部门认可。

3.以全方位为范畴

一方面覆盖面广，出口收汇核销在全国各地都贯穿执行；另一方面涉及点多，核销业务涉及所有的出口单位、外运、海关、金融机构、外汇管理部门和渗透在货物出口、货款收妥或实物进口或明确“去向”的全过程。

4.以增收汇为宗旨

出口收汇核销制度通过规定交回核销单的不同时间，以及对不同的出口地区、贸易方式和结算方式，明确不同的最迟收款日期和相同的核销工作日来办理核销，以此全面、准确地掌握出口收汇实绩，并及时、有效地促进安全收汇，催促逾期收汇。

（二）出口收汇核销的原则

1.属地管理

由出口单位向其注册所在地的外汇管理部门申领核销单，一般来说，在何地申领的核销单，就在何地办理核销。

2.专单专用

谁申领的核销单就由谁使用，不得相互借用。核销单的交回核销、作废遗失或注销手续也由原领用该核销单的出口单位在其所在地的外汇管理部门办理。

3.领用衔接

多用多发、不用不发——续发核销单的份数与已用核销单及其已核销情况和预计出口用单的增减量相“呼应”。

4.单单对应

原则上一份核销单对应一份报关单。报关单、核销单、发票、汇票副本上的有关栏目的内容应一致，如有变动，应附有关的更改单或凭证。

（三）出口收汇核销程序

1.领单。出口商凭单位介绍信、出口核销员证或开户单位印鉴卡向外汇管理局领取核销单。出口收汇核销单自领单备案起三个月内有效，过期没有用的核销单要退回外汇管理局。

2.使用。出口货物报关时向海关提交核销单，由海关盖章。

3.交单。出口商出口报关，海关对出口货物查验、放行，并在出口收汇核销单上加盖验讫章后，出口商收回核销单存根及其附件，并在报关之日起 60 天内，凭核销单、报关单、外贸商业发票到外汇管理局送交核销单存根。

4.核销。出口商在收到外汇日起 30 天内必须到外汇管理部门办理出口收汇核销。

(四)出口收汇核销单据

1.出口报关单。出口报关单应贴有防伪标签并盖有海关“验讫章”。

2.出口收汇核销单。该出口收汇核销单存根上应填写出口单位名称、出口单位代码、出口币种总价、收汇方法、预计收款日期、报关日期、报关单编号、出口货物名称和数量的内容。

3.银行水单。即“出口收汇核销专用联”。

4.出口发票。即“商业发票”。

(五)出口收汇核销应注意的问题

1.出口收汇核销应及时。

2.转关的出口收汇核销要留足时间。

3.出口收汇核销时金额不一致的处理。

六、出口退税

为帮助出口企业降低成本，增强出口产品的竞争力，鼓励出口，我国实行退税制。出口企业在货物出口报关离境后，可凭有关单证办理出口退税。退税包括出口产品各生产环节已缴纳的增值税或产品税。根据 2015 年 5 月 1 日起实施的《出口货物(免)税管理办法(试行)》，对出口退税管理办法介绍如下：

(1)出口企业的退税认定。

(2)出口产品的退税申报。

(3)出口产品的退税受理。

(4)税务机关的退税审核。

①人工审核。

②计算机审核。

(5)税务机关的退税审批。

样单 11-1 汇票

F14

凭
Drawn under. ……………………………………………………
信用证 第 号
L/C No. ……………………………………
日期 年 月 日
dated……………………………………………………………
按 息 付 款
Payable with interest @………………………% per annum
号码 汇票金额 中国．广州 年 月 日
No. …………………Exchange for GUANGZHOUV. China…………20…………
见票 日后（本汇票之副本未付）付
At……………………… sight of this FIRST of Exchange (Second of exchange being unpaid)
pay to the order of………………………………………………………………… 或其指定人
金 额
the sum of

此致
To:
……………………………………………

……………………………………………

样单 11-2 商业发票

广东省纺织品进出口毛织品有限公司
GUANGDONG TEXTILES IMP. AND EXP. WOOLEN KNITWEARS COMPANY LTD.
168 XIAOBEI ROAD GUANGZHOU 510045 CHINA.

商 业 发 票 ORIGINAL
COMMERCIAL INVOICE

Messrs: Invoice No. :
Invoice Date :
S/C No. :
L/C No. :
L/C Date :
Exporter:

Transport details: Terms of payment:

Marks & numbers	Descrip. of goods	Quantity	Unit price	Amount

样单 11-3 提单

1. Shipper Insert Name, Address and Phone
AUSTRALIA AIMEIJIA IMPORT AND EXPORT TRADE COMPANY
No.212,syden ave,syden,Australia

B/L No.
COBL0000016

国际货运有限公司

INTERNATIONAL TRANSPORTATION CO.,LTD.

2. Consignee Insert Name, Address and Phone
TO ORDER

ORIGINAL
Port-to-Port or Combined Transport
BILL OF LADING

3. Notify Party Insert Name, Address and Phone
(It is agreed that no responsibility shall attsch to the Carrier or his agents for failure to notify)
Brian Trading Company
No.99 Queen Street Rio Brazil

RECEIVED in external apparent good order and condition except as other-Wise noted. The toTALSW number of packages or unites stuffed in the container,The description of the goods and the weights shown in this Bill of Lading are Furnished by the Merchants, and which the carrier has no reasonable means Of checking and is not a part of this Bill of Lading contract. The carrier has Issued the number of Bills of Lading stated below, all of this tenor and date, One of the original Bills of Lading must be surrendered and endorsed or sig-Ned against the delivery of the shipment and whereupon any other original Bills of Lading shall be void. The Merchants agree to be bound by the terms And conditions of this Bill of Lading as if each had personally signed this Bill of Lading.
SEE clause 4 on the back of this Bill of Lading (Terms continued on the back Hereof, please read carefully).
*Applicable Only When Document Used as a Combined Transport Bill of Lading.

4. Combined Transport* Pre - carriage by	5. Combined Transport* Place of Receipt
6. Ocean Vessel Voy. No. TBA 002T	7. Port of Loading Melbourne,Australia
8. Port of Discharge Rio De Janeiro,Brazil	9. Combined Transport* Place of Delivery

Marks & Nos. Container / Seal No.	No. of Containers or Packages	Description of Goods (If Dangerous Goods, See Clause 20)	Gross Weight Kgs	Measurement
BRIANCO 0001 Rio De Janeiro 1/1000	1000CARTONS	CANNED LITCHIS 850Gx24TINS/CTN FRIGHT PREPAID	22440KGS	22.588CBM
		Description of Contents for Shipper's Use Only (Not part of This B/L Contract)		

10. ToTALSW Number of containers and/or packages (in words)
Subject to Clause 7 Limitation

11. Freight & Charges	Revenue Tons	Rate	Per	Prepaid	Collect
Declared Value Charge					

Ex. Rate:	Prepaid at	Payable at	Place and date of issue Melbourne,Australia 2018-08-21
	Total Prepaid	No. of Original B(s)/L 3/3	Signed for the Carrier, 国际货运有限公司

LADEN ON BOARD THE VESSEL
DATE 2018-08-21　　BY

INTERNATIONAL TRANSPORTATION CO.,LTD.

样单 11-4 海运保险单

中保财产保险有限公司
The people's insurance (Property) Company of China, Ltd.

PICC PROPERTY

发票号码
Invoice No.

保险单号次
Policy No.

海洋货物运输保险单
MARINE CARGO TRANSPORTATION INSURANCE POLICY

被保险人：
Insured: ....

中保财产保险有限公司(以下简称本公司)根据被保险人的要求，及其所缴付约定的保险费，按照本保险单承保险别和背面所载条款与下列特别条款承保下列货物运输保险，特签发本保险单。

This policy of Insurance witnesses that The People's Insurance(Property)Company of China, Ltd (hereinafter called "The Company"), at the request of the Insured and in consideration of the agreed premium paid by the Insured, undertakes to insure the undermentioned goods in transportation subject to the conditions of this Policy as per the Clauses printed overleaf and other special clauses attached hereon.

保险货物项目 Descriptions of Goods	包装 单位 数量 Packing Unit Quantity	保险金额 Amount Insured

承保险别
Conditions.

货物标记
Marks of Goods

总保险金额：
Total Amount Insured: ....

保费
Premium......As arranged......

载运输工具
Per conveyance S.S.......................................

开航日期
Slg. on or abt...

起运港
From...

目的港
To...

所保货物，如发生本保险单项下可能引起索赔的损失或损坏，应立即通知本公司下述代理人查勘。如有索赔，应向本公司提交保险单正本(本保险单共有　份正本)及有关文件。如一份正本已用于索赔，其余正本则自动失效。

In the event of loss or damage which may result in a claim under this Policy, immediate notice must be given to the Company's Agent as mentioned hereunder. Claims, if any, one of the Original Policy which has been issued in　　Original(s) together with the relevant documents shall be surrendered to the Company. If one of the Original Policy has been accomplished, the others to be void.

中保财产保险有限公司
THE PEOPLE'S INSURANCE (PROPERTY) COMPANY OF CHINA, LTD.

赔款偿付地点
Claim payable at ....

日期
Date...

在
at...

地址：
Address：

样单 11-5 出境货物报检单

中华人民共和国出入境检验检疫
出境货物报检单

报检单位（加盖公章）：　　　　　　　　　　　　　　　　*编　号＿＿＿＿＿＿

报检单位登记号：　　　联系人：　　　电话：　　　报检日期：　　年　月　日

发货人	（中文）
	（外文）
收货人	（中文）
	（外文）

货物名称（中/外文）	H.S.编码	产地	数/重量	货物总值	包装种类及数量

运输工具名称号码		贸易方式		货物存放地点	
合同号		信用证号		用途	
发货日期		输往国家（地区）		许可证/审批号	
启运地		到达口岸		生产单位注册号	
集装箱规格、数量及号码					

合同、信用证订立的检验检疫条款或特殊要求	标记及号码	随附单据（划"✓"或补填）	
		□合同 □信用证 □发票 □换证凭单 □装箱单 □厂检单	□包装性能结果单 □许可/审批文件 □ □ □ □

需要证单名称（划"✓"或补填）		*检验检疫费	
□品质证书　＿正＿副 □重量证书　＿正＿副 □数量证书　＿正＿副 □兽医卫生证书　＿正＿副 □健康证书　＿正＿副 □卫生证书　＿正＿副 □动物卫生证书　＿正＿副	□植物检疫证书　＿正＿副 □熏蒸/消毒证书　＿正＿副 □出境货物换证凭单 □ □ □ □	总金额（人民币元）	
		计费人	
		收费人	

报检人郑重声明： 1. 本人被授权报检。 2. 上列填写内容正确属实，货物无伪造或冒用他人的厂名、标志、认证标志，并承担货物质量责任。 签名：＿＿＿＿＿＿	领取证单	
	日期	
	签名	

注：有"*"号栏由出入境检验检疫机关填写　　　　◆国家出入境检验检疫局制

[1-2(2000.1.1)]

样单 11-6 一般原产地证明书

ORIGINAL

1. Exporter	Certificate No. CERTIFICATE OF ORIGIN OF THE PEOPLE'S REPUBLIC OF CHINA
2. Consignee	
3. Means of transport and route	5. For certifying authority use only
4. Country/region of destination	

6. Marks and numbers	7. Number and kind of packages; description of goods	8. H. S. Code	9. Quantity	10. Number and date of invoices

11. Declaration by the exporter	12. Certification
The undersigned hereby declares that the above details and statements are correct, that all the goods were produced in China and that they comply with the Rules of Origin of the People's Republic of China. …………………………………… Place and date, signature and stamp of authorized signatory	It is hereby certified that the declaration by the exporter is correct. …………………………………… Place and date, signature of authorized signatory

样单 11-7 普惠制原产地证明书

ORIGINAL

1. Goods consigned from (Exporter's business name, address, county)

Reference No.

GENERALIZED SYSTEM OF PREFERENCES
CERTIFICATE OF ORIGIN
(Combined declaration and certificate)
FORM A
issued in THE PEOPLE'S REPUBLIC OF CHINA
(COUNTRY)

See Notes overleaf

2. Goods consigned to (Consignee's name, address, country)

3 Means of transport and route (as far as known)

4 For official use

5. Item number	6. Marks and numbers of packages	7. Number and kind of packages; description goods	8. Origin criterion (see Notes overleaf)	9. Gross weight or other quantity	10. Number and date of invoices

11. **Certification**
It is hereby certified, on the basis of control carried out, that the declaration by the exporter is correct.

....
Place and date, signature and stamp of certifying authority

12. **Declaration by the exporter**
The ubdersigned hereby declares that the above details and statements are correct; that all the goods were produced in

....
(country)
and that they comply with the origin requirements specified for those goods in the Generalized System of Preferences for goods exported to

....
(importing country)

....
Place and date, signature of authorized signatory

第十二章　进口合同的履行

掌握在 FOB 合同和信用证(L/C)付款方式下进口合同履行的各个环节。

进口合同的履行主要是指进口方支付货款和收取货物的过程。本章主要介绍在以 FOB 价格条件成交,即期信用证支付方式的条件下进口合同履行的一般程序和进口纠纷的解决事宜。

第一节　信用证的开立、审核与修改

案例导入 37

我某出口公司与外商就某商品按 CIF 即期信用证付款条件达成一项数量较大的出口合同,合同规定 11 月装运,但未规定具体开证日期,后来因该商品市场价格趋降,外商便拖延开证。我方为防止延误装运期,从 10 月中旬起多次电催开证,终于使外商在 11 月 16 日开来了信用证。但由于该商品开证太晚,使我方安排装运发生困难,遂要求对方对信用证的装运期和有效期进行修改,分别推迟一个月,但外商拒不同意,并以我方未能按期装运为由,单方面宣布解除合同,我方也就此作罢。

请问:我方如此处理是否得当?

进口合同签订以后,进口企业应当按照合同规定的时间和方式,向银行申请开立信用证。在出口方接收到信用证后一旦提出修改,进口方要视情况给予修改。

一、申请开立信用证

进口合同签订以后,进口方应按照合同的规定填写开证申请书(Application for Letter of Credit),向银行办理开证手续。开证申请书是开证银行开立信用证的依据,也是申请人和开证行之间契约关系的法律证明。因此,其内容必须准确完整。进口方填制好开证申请书后,要连同进口合同副本递交开证行,申请开立信用证。银行在收到申请书和合同后,按照合同和申请书上标明的金额要求进口方缴纳一定比例的开证押金和开证手续费，然后按照开证申请书开立信用证。申请开立信用证的流程如图 12.1 所示。

图 12.1 申请开立信用证的流程

（一）申请开立信用证的具体程序

1.递交有关合同的副本及附件

进口商在向银行申请开证时，必须在规定的时间内向开证银行递交进口合同的副本以及所需附件，如：进口许可证、进口配额证、某些部门的审批文件等。

2.填写开证申请书

进口商填写开证申请书通常是一式三份，一份留业务部门，一份留财务部门，一份提交给银行。开证申请书是银行开立信用证的依据，必须按照合同的具体规定，写明对信用证的各项要求，内容要明确、完整、无词义不清的记载。

开证申请书主要包括两部分内容。一是正面。正面为格式化的开证申请人对信用证的要求，即开证申请人按照买卖合同条款，要求在信用证上列明的条款。二是背面。背面为开证申请人对开证行的声明，用以明确双方的责任。开证申请书主要的内容有：①开证行名称。②开证通知方式，要明确指示信用证采用全电、简电或信开方式。③申请日期。④信用证效期及地点。⑤通知行、申请人、受益人名址。⑥金额（大小写）和币别。⑦信用证类型，即明确信用证是即期付款、承兑、议付或延期付款。⑧受益人必须提供的单据种类、正副本份数、内容及要求等。⑨有关货物的简要描述。必要的附加提示，如国外银行费用由谁负担、提交单据的期限、以第三方为发货人的运输单据可否接受等。⑩价格条件及原产国。⑪装运条款。⑫开证申请人签章。⑬开证申请人保证书，即开证申请书背面的内容。

3.缴纳保证金

进口商需向银行缴纳一定比例的保证金，其金额一般为信用证金额的百分之几至百分之几十，这根据进口商的资信情况而定。在银行的授信额度内，进口商也可免缴保证金。

4.开证、收取开证手续费

银行在审核申请人提交的有关单证和查收保证金后，按照开证申请书的内容开立信用证，并向申请人收取开证手续费。一般情况下，我国银行的开证手续费为信用证金额的1.5‰。

在我国的进口业务中，大部分采用信用证支付方式，有时也采用托收、预付定金加银行保函等支付方式。作为外贸经营单位，在合同生效以后，应立即按照合同规定的支付方式办理对外付款保证手续。

凡是进口合同规定采用信用证支付，由外贸经营进口业务的单位，按照合同规定填写“开立不可撤销跟单信用证申请书”，向中国银行办理申请开立信用证手续。申请书的内容包括两部分：一部分是开证申请人（外贸经营单位）向中国银行承诺和保证付款，另一部分是开立信用证的内容。

（二）开证申请与保证的内容

1.开证申请人首先应明确要求中国银行开立信用证的种类和方式，例如，请中国银行按照所列条款以航邮或简电或全电开立一份不可撤销的信用证；

2.申请人保证向中国银行提供偿付该证下货款、手续费、其他费用及利息等所需外汇；

3.还需要向中国银行声明，该信用证如因邮电传递发生遗失、延误、差错，中国银行概不负责；

4.开证申请人向中国银行作出保证之后，还须附“外汇金额申请书”（在开证申请书上印就）。

（三）申请开立信用证的内容

1.信用证的性质，不可撤销的跟单信用证；

2.信用证号码、有效期及信用证失效地点；

3.受益人，国外出口人；

4.转递银行，出口人当地银行；

5.开证申请人，外贸经营单位；

6.信用证总值；

7.单据要求；

8.装运说明和依据，支付费用的分项说明、合同号和运输标志；

9.装运港、目的港和装运期；

10.分批装运和转船，是否允许分批装运和转船；

11.机器设备制造工厂名称；

12.包装条件；

13.特殊要求与声明，如不能接受第三方为发货人等。

（四）申请开立信用证应注意以下事项

1.有充足的、可使用的外汇是进口方向银行申请开立信用证的前提。

2.申请开证的时间要符合合同规定。

应按照合同规定的时间确定信用证的开证时间。如合同规定由出口方确定交货日期，进口方应在接到出口方交货日期通知后开证。如合同规定出口方获得许可证或提交履约保证金后开证，则进口方应在收到出口方已领到许可证的通知，或者银行告知保证金已照收后开证。

由于信用证的开证时间会影响装运期，出口方只有在收到信用证后才可以放心地安排生产和装运。进口方一定要在规定的装运期前开出信用证，以便出口方有足够的时间安排货物出运。

3.信用证申请的内容应与合同条款一致。

合同是信用证开立的基础，因此，开证申请人应根据合同的要求开立信用证。信用证的种类、金额、装运的时间、提单的种类、保险类别和保险金额等应符合合同的规定。

4.单据条款应当明确。

信用证的单据条款要列明受益人需要提交的各项单据的种类、份数以及签发机构，并且要规定各种单据表述的内容。

5.不要把合同以外的内容规定在申请书内。

合同以外的内容，是未经过双方同意的，一旦把合同以外的内容加列到申请书中，它在信用证条款中必然体现，就会导致出口方要求修改信用证的结果。

6.不要加列“参照××号合同”条款。

在信用证条件下，仅列明条件，而不列明与之相对应的单据。

7.汇票的付款人和种类要明确。

汇票的付款人不能为开立信用证的申请人，而应为开证行或者其他银行。另外，应严格规定汇票的种类，是即期汇票还是远期汇票。

8.开证申请书应注意装运条款的规定。

申请人在开证申请书中应对分批装运和转运作出明确的规定，如果没有规定，将被视为允许分批和转运；如果是海洋运输，申请书应要求受益人提交全套凭申请人指示并经过受益人空白背书的清洁已装船提单。

9.我国银行在开证时，一般不允许其他银行保兑。

10.开证申请书中的文字表述应规范、准确。

申请人在开证申请书中要使用完整、规范、明确的文字表述，不要使用“约”“近似”等类似的词语，以避免将来给履约带来不便。

11.许可证商品要求在发票上显示许可证号。

如果进口的货物属于许可证下的商品，申请书中应要求受益人在商业发票上记载进口许可证号码，以备进口通关时海关验货。

开证行在收到开证申请书后，首先要对客户（进口方）进行资信调查（例如其是否有足够的现汇资金或是否有批准的外汇用汇计划等），以决定进口方应交纳保证金的数额。同时还要审查开证申请书的内容，发现不妥之处（如开证申请书前后内容矛盾、与有关条款及国家的相关规定是否抵触等）提出修改意见，然后按照开证申请人的要求开立信用证。

二、信用证的审核

出口方在收到通知行通知的信用证以后，首先要认真细致地对国外开来的信用证进行审核，因为它是出口方能否安全及时收取货款的关键。

（一）信用证审核的依据和原则

出口方审核信用证时的主要依据是国内的有关政策和规定、交易双方成交的合同、UCP600、ISBP、ICC其他出版物以及实际业务中出现的具体情况等。

审核信用证通常遵守的原则是信用证条款规定比合同条款严格时，应当作为信用证中存在的问题提出修改；而当信用证条款比合同条款宽松时，往往可不要求修改。

1.信用证审核的主要内容

（1）开证银行。包括开证行的政治背景、资信情况、印鉴、密押是否相符，索汇路线是否正确，是否符合支付协定，是否要加具保兑或由偿付银行确认偿付。

(2)信用证的类型。信用证不论是即期、远期、保兑、可转让、循环或备用的信用证,都应该有"Irrevocable"字样。若信用证没有明示是否可撤销,根据 UCP600 的规定,应理解为不可撤销。当合同规定开出的是保兑信用证或可转让信用证时,应检查信用证内是否有注明"Confirmed"字样或"Transferable"字样。

(3)开证人。开证人一般情况下是订立货物买卖合同的买方,也可能是买方的客户或是买方委托的开证人。

(4)受益人。受益人应是订立货物买卖合同的卖方。审核时应以合同为依据,逐字查核受益人的名称和地址是否写错。

(5)币别和金额。原则上信用证上的币别和金额应当与合同中的币别和金额相一致。

(6)有效期和地点。信用证应规定一个有效期,到期地点应该在我国国内。根据 UCP600 的规定,若信用证没有规定有效期,视为无效信用证。若信用证规定的有效期的最后一天适逢法定节假日或银行例假日,该期限可顺延至下一个营业日。

(7)汇票条款。若信用证为即期付款,其汇票条款一般为"Credit available by your draft(s)at sight for 100 percent of Invoice value drawn on…"。若信用证为远期付款,要分清是真远期付款还是假远期,真远期的汇票条款一般为"Available by your draft(s)at 30 days sight drawn on the issuing bank for 100% of Invoice value"。

(8)分批装运及转运。根据 UCP600 的规定,除非信用证另有规定,允许分批装运和转船。UCP600 的第 32 条规定,除非信用证特别授权,若信用证规定在指定时期内分期付款或分期装运,其中任何一个期未按信用证规定的期限支取或发运时,则信用证对该期和以后各期均告失效。

来证规定在某个港口转船,有的指定由某个船公司接转或在某港转装集装箱等,收证后都要核实能否按照来证要求办理,避免额外的费用(如 ORC、THC)大量增加。

(9)装运港和目的港。来证规定海运的启运港为中国港口或当地的港口,甚至规定亚洲口岸都可以,但不能是一个内陆城市,如乌鲁木齐、拉萨或北京等。

(10)装运期。信用证的装运期一般应规定为最迟某月某日。来证没有规定装运期,根据惯例,可理解为双到期。

(11)货物描述。

(12)单据要求,具体可分为以下几种类型。

①商业发票(Commercial Invoice)。来证要求出两份不同买主名称的商业发票时,应要求改证。

②装箱单(Packing List)。来证要求提供中性包装单,装箱单上不显示受益人名称和地址即可,不必改证。

③提单(Bill of Lading,简称 B/L)。以 FOB 交易,提单应注明 FREIGHT COLLECT,如果来证误开为 FREIGHT PREPAID,应要求改证。

④保险单(Insurance Policy)。来证要求保险单中的保险条款、险别、保险加成、保险人和理赔人等方面内容应与合同一致。

⑤产地证(Certificate of Origin)。来证指定由出入境检验检疫局或贸促会出具产地证可接受,但要求上述两家机构互相加具证明的不能接受。

⑥普惠制产地证格式 A(Generalized System of Preferences Certificate of Origin FORM A,简称 GSP)。

⑦品质证(Certificate of Quality)和检验证(Inspection Certificate)。

⑧受益人证明书(Beneficiary's Certificate)。受益人证明书主要有寄单证明、电抄本和履约证明等。来证要求出具的受益人证明书应是受益人实际已完成或受益人力所能及的任务的证明。

⑨装船通知(Advice of Shipment)。来证规定在装运前若干天发装船通知并且要列明装运日期,应要求改证,改为装运后发电(Immediately after shipment)。

⑩海关发票(Customs Invoice)。如来证指定某种格式或编号的海关发票,应核查能否提供。否则,应改证。

⑪领事发票(Consular Invoice)。

⑫交单期限。来证一般规定一个装运后的交单期限,如果来证没有要求,根据 UCP600 第 14 条 c 款的规定,受益人或其代表须在不迟于本惯例所指的发运日之后的 21 个日历日内交单,但是在任何情况下都不得迟于信用证规定的截止日。

⑬跟单信用证统一惯例文句。来证一般规定有依照惯例声明,如"This credit is subject to the Uniform Customs and Practice for Documentary Credit, International Chamber of Commerce, Publication No.600."[本信用证是根据国际商会 600 号出版物《跟单信用证统一惯例》而开出的]。

对于 SWIFT 信用证,可以省略依照惯例的声明。

2.信用证审核中常见的问题

(1)信用证的性质。例如,信用证未生效或者有限制性生效的条款;信用证为可撤销的;信用证中没有保证付款的责任文句;信用证内漏列适用国际商会 UCP 规则条款;信用证未按照合同要求加保兑;信用证密押不符。

(2)信用证有关期限。例如,信用证中没有到期日(有效期);到期地点在国外;信用证的到期日和装运期有矛盾;装运期、到期日或者交单期规定与合同不符;装运期或者有效期的规定与交单期矛盾;交单期过短。

(3)信用证当事人。例如,开证申请人公司名称或地址与合同不符;受益人公司名称或地址与合同不符。

(4)金额与货币。例如,信用证金额不够(不符合合同、未达到溢短装要求);金额大小写不一致;信用证货币币种与合同规定不符。

(5)汇票。例如,付款期限与合同规定不符;没有将开证行作为汇票的付款人。

(6)分批和转运。例如,分批规定与合同规定不符;转运规定与合同规定不符;转运港口与合同规定或者成交条件不符;目的地不符合合同或者成交条件;转运期限与合同规定不符。

(7)货物。例如,货物品名规格不符;货物数量不符;货物包装有误;贸易术语错误;使用术语与条款有矛盾;货物单价数量与总金额不吻合;证中援引的合同号码与日期错误;漏列溢短装规定。

(8)单据。例如,发票种类不当;商业发票要求领事签证;提单收货人一栏的填制要求不当；提单抬头和背书要求有矛盾；提单运费条款规定与成交条件矛盾；正本提单全部或者部分直寄客户；产地证明出具机构有误（国外机构或者无授权机构）；漏列必须提交的单据（如 CIF 成交条件下的保险单）；费用条款规定不合理；运输工具限制过严；要求提交的检验证书种类与实际不符；保险单种类不对；保险险别范围与合同规定不一致；投保金额未按照合同规定。

三、信用证的修改

开证行按开证申请人申请书中的要求开立信用证。信用证开出以后，如果发现内容与开证申请书不符，或者因情况发生变化或其他原因，需要对信用证进行修改，应立即向开证行递交修改申请书，要求开证行办理修改信用证的手续。

（一）从要求修改者的角度划分

1.出口方（受益人）要求修改信用证，原因常为以下几个方面。①由于信用证内容与合同不符；②信用证中某些条款受益人无法办到，例如，来证规定货物不允许转运，但实际并无直航船只抵达目的地；③货源或船期等出现问题，要求展期。

2.进口方（开证申请人）要求展期，原因有以下几种。①由于市场或销售情况发生变化，如需要提前或推后发货，增加或减少货物数量或品种，改变信用证单价、金额等。②进口国某些情况发生变化，使信用证必须修改，才能进口有关货物，如进口国政策改变，规定进口某些货物必须具备某特定单据等。③国际政治、经济形势变化，使进出口风险增加。例如，当战争爆发时，进口方要求增保战争险或者改变航运路线等。

3.开证行工作疏漏，在打字或传递上造成的错误使信用证必须更正。

（二）信用证的修改需要注意的地方

1.信用证经通知受益人后，受益人需要对信用证内容进行审核，如果发现信用证内容与合同内容有所出入时，或者因其他情况需要对信用证进行修改的，应该立即通知申请人，请求申请人就某些条款内容向开证行提出修改申请，办理改证手续。

2.申请人在收到受益人提出的信用证修改请求后，应视情况决定是否同意其修改。如果同意修改，应及时通知开证行办理相关修改手续；如果拒绝修改，应及时通知对方，要求其按原来的合同条约履行装货和交单。

3.受益人在接到修改通知以后应当发出接受或者拒绝修改的通知。就信用证修改的内容不允许部分接受，部分接受视为拒绝。

4.如果受益人在接到修改通知以后没有发出接受或者拒绝修改的通知，但他所提交的单据与修改后的信用证条款相符，视为接受该信用证修改的通知。

5.如果受益人在接收到信用证后对信用证条款没有异议，但是开证申请人发现信用证中某些条款或者内容与合同不相符，此时他不能单方面对信用证进行修改，须经开证行和受益人的同意后方可进行修改申请。

第二节　租船订舱、保险、审单付汇

案例导入 38

我国某公司从德国M公司进口一批医疗器械。合同中规定这批加工器械分为两次交货，分批开证。买方应于货物到港后两个月内进行复检，若与合同规定不符，买方凭借我国商检机构出具的检验证书，向M公司索赔。买方按照合同规定，向银行申请开出首批货物的信用证。M公司履行装船并凭合格单据向议付行议付。在第一批货物尚未到达目的港之前，第二批货物的开证日期临近，买方又向银行申请开出信用证，此刻首批货物抵达目的港，经检验发现货物与合同规定严重不符，买方当即通知开证行，要求其拒付第二次信用证下的货款，并听候指示。此时，开证行在收到议付行寄来的第二批货物的单据，审核无误后，再次偿付议付行，当开证行要求买方付款赎单时，该公司拒绝付款赎单。

请问：该开证行能否依买方的要求拒付第二次信用证下的款项？

一、租船订舱

按照FOB交货条件成交的进口合同，应由我方负责租船或订舱。目前，我国进口货物的租船或订舱工作统一委托外运公司办理。如合同规定，出口方在交货前一定时期内，应将预计装运日期通知进口方，在接到上述通知后，应及时向外运公司办理租船或订舱手续。根据《2010通则》对FOB术语的解释，进口方必须在合同规定的装运期内订妥船只，并派船接货。如果由于进口方租船订舱不及时或所订船只不适航、不适载等问题造成出口方在装货方面的损失，均由进口方承担。因此，进口方按照合同规定租船订舱非常重要。在办妥租船或订舱手续后，应按照规定的期限通知对方船名及船期，以便出口方备货装船。同时，还应随时了解和掌握出口方的备货和装船前的准备等情况，必要时催促出口方按照合同履行，在特殊情况下，可派人到出口地点检验监督装运。

在装运过程中，进口方需要与船公司和出口方随时保持联系，以掌握装船的进度。当货物完成装货时，进口方可以及时向保险公司投保。因为有时候会发生出口方在货物上船以后，没有及时发装运通知而造成货物漏保或迟保的现象。同时，为了避免船货脱节的情况，在必要的情况下要及时发电催运。对于成交量较大或者重要的商品，也可以委托驻外机构就近了解或派人督装。装船后出口方应通知进口方，以便进口方及时办理其他相关事宜。在租船订舱过程中需要注意以下三个环节。

(一)办理租船订舱手续

进口方对于租船订舱的选择，应当视情况而定。整船大批货物，需要租船；对于数量不多的货物则需要订舱。

进口方在接到出口方的预计装船日期的通知后，即可向船公司办理租船订舱事宜。

在办理订舱手续时，进口方或其代理应按照要求正确填写“进口订舱联系单”，作为订舱的依据。船公司或其代理在安排好船只并落实舱位后，即将具体情况通知进口商或其代理。

值得注意的是，有时由于各种原因，进口方会委托出口方代为租船订舱，此时，进出口双方的关系是委托代理关系，只要求出口方按照进口方的指示行事，出口方不承担由此产生的任何责任。

(二)通知出口方

船舱订妥之后，进口方应在规定的期限内，将船名、船期、航次和预计到达装运港日期等情况告知国外出口方，以便于对方做好装船前的准备工作。

(三)必要时的催装

在船舶或者舱位订妥后，进口方应做好催装工作。在贸易实践中，有时出口方会因生产成本上涨、商品价格上扬等原因而不愿或不能按期交货。为了防止此类情况的发生，保证进口方能够如期收到合理的货物，进口方应密切关注出口方备货的进度和船舶动态，在交货期前的一定时间，应发出“催装通知”，督促对方按时装船出运货物。对于数量多、金额大或重要、急需物资的进口，进口方还可委托我方驻外机构就近了解备货情况，敦促出口方按照合同的规定履行交货义务。此外，也可以派专人前往装运地点督促装运。

二、办理保险

在常用的六种贸易术语 FOB、CFR、CIF、FCA、CPT 和 CIP 中，除 CIF 和 CIP 以外，其余四种要进口方自己办理保险。进口公司在收到国外装船通知后，要将船名、提单号、开船日期、商品名称、数量、装运港、目的港等内容及时通知保险公司，及时办理投保手续。进口方在向保险公司办理进口货物运输保险时，有两种方法：一是逐笔投保方式，二是预约保险方式。

(一)逐笔投保方式

逐笔投保方式是进口方在收到国外出口方发出的装船通知后直接向保险公司提出投保申请，填写“投保单”，投保单上应详细列明货物名称、数量、保险金额、投保险别、船名、起运日期、估计到达日期、装运港、目的港等所有相关内容，然后将起运通知书送交保险公司。保险公司接受承保后，即在起运通知书上签章，进口方支付保险后，保险公司出具保险单。

(二)预约保险方式

预约保险方式是进口方或收货人同保险公司签订预约保险合同，其中对各种货物应投保的险别作了具体规定，故投保手续比较简单。按照预约保险合同的规定，所有预约保险合同项下的按 FOB 和 CFR 条件进口货物的保险，都由该保险公司承保。因此，每批进口货物，在收到国外装船通知后，即直接将装船通知寄到保险公司或填制国际运输预约保险起运通知书，将船名、提单号、开船日期、商品名称、数量、装运港、目的港等项内容通知保险公司，即算作已办妥保险手续，保险公司则对该批货物负自动承保责任，一旦发生承保范围内的损失，由保险公司负责赔偿。

对于以上两种办理货物运输保险的方式，进口方支付保险费的方式是不一样的。对于逐笔投保方式，进口方逐笔支付保险费；对于预约保险方式，进口方每月向保险公司支付一次保险费。保险公司对海运货物的责任期限，一般是从货物在装运港装上海轮起生效，到卸货港转运单据载明的国内目的地收货人仓库为止。保险公司对货物在卸货港的责任，以货物卸离海轮后 60 天为限。

四、审单付汇

一般情况下，信用证业务下的进口付汇需要经过审单和付汇两个环节。

(一)审单

货物装船后，出口方要按照信用证的规定制作单据，并将单据提交议付行议付。议付行对单证审核后，如果认为单证相符，就进行议付，然后将单据寄回开证行进行索偿。如果是在托收业务中，只需进口方对单据进行审核即可。但是在信用证方式下，开证行和进口方将会对全套单据共同进行审核。在单据符合信用证规定的条件下，开证行和进口方才会履行付款义务。审单的主要内容包括：单据是否齐全；单据的名称、份数、内容等与信用证是否一致；各单据之间是否有矛盾；各种单据签发的日期之间是否存在矛盾(比如装运期早于货物检验日期等)等。在信用证业务下的进口付汇审单过程需要注意两个方面，一是开证行审单，二是进口方审单。

1.开证行审单

在信用证支付方式下，开证行承担着首要的付款责任，开证行在接到议付行寄来的全套单证以后，应于次日起的 5 个工作日内，审核并决定接受或者拒绝接受单据，并通知对方。开证行审核应当根据“单证一致”“单单相符”“单据必须满足其功能”的原则，对照信用证条款，对议付行寄来的单据进行审核。审核的内容包括：单据的种类、份数和信用证要求以及议付行寄单回函所列是否完整；汇票、发票上的金额是否一致，与信用证规定的最高金额相比是否超额，与议付行寄单回函所列金额是否一致；单据中对货名、规格、数量、包装等描述是否与信用证要求相符；货运单据的出单日期以及内容是否与信用证相符；货运单据以及保险单据等其他单据的背书是否有效等。

如果单据正确无误，开证行即可将单据交进口方进行复审，如果发现单据与信用证的规定有不符之处，开证行可直接拒付。

2.进口方审单

进口方在收到开证行交来的全套货物单据之后，在 3 个工作日内应完成单据的审核工作。审核各种单据的内容是否符合信用证要求、单据的种类和份数是否齐全。其审核的目的是先从单据上确定出口方是否履行了合同义务，决定是否应该对该单据下的货物付款。我国进口业务审单主要审核国外出口方提交的汇票、发票、提单等。

如果审单中发现不符单据，出口方应根据 UCP600 对不符点作出合适的处理：

(1)如果不符比较严重，即受益人所提交的单据份数或种类与信用证规定不符，货款金额大于信用证金额，单据中重要项目的内容与信用证规定不符，或单据之间相同项目的填写不一致，我方可拒绝接受单据并拒付全部货款。

(2)如果不符不是特别严重可按照下列方法处理：①部分付款、部分拒付。如果出口方提供单据不符性质不太严重，进口方一般不宜全部拒付，此时可采取部分付款、部分拒付办法解决这种问题。②货到检验合格付款。即进口方向银行提出货到后如经检验货物符合合同规定，再接受单据，支付货款。③凭担保付款。即要求出口方或议付行出具货物与合同相符的担保，然后凭此担保付款。④如果单据存在打印错误，且时间允许，可在出口方更改单据后付款。

（二）付汇

在开证行审单无误后，应当通知进口商付款赎单。进口方在收到开证行的通知后，应当按照规定如实填写“进口付汇核销单”，同时填写“购汇申请书”，要求银行将本公司账户中的人民币兑换为对外支付的币种，并向出口方支付。

属于货到付款的，还应填写有关“进口货物报关单”编号和报关币种金额，将核销单、IC 卡连同其他付汇单证一并送外汇指定银行审核，审核无误后付汇银行。进口方向开证行办理付款赎单的手续如下：

1.即期信用证付汇。当进口合同规定采用不可撤销即期信用证进行支付时，进口方接受单据后，填好购汇申请书、付汇核销单、单据承付（承兑）通知书、进口许可证明等，经有权签字人签字，盖公章或加盖财务专用章，提前通知财务付款时间并准备资金，对开证行作出承付。

2.远期信用证付汇。开证行要求进口方进行承兑，然后凭信托收据领取进口单据提货。此时，开证行一般会要求进口方提供货物抵押、缴纳保证金等。

此外，在采用托收方式结算货款时，银行要求进口方接受单据的同时，在“托收付款通知书”上签字、盖章，通过银行对外支付货款。D/P 或 D/A，则在进口方收到货款后对银行做承付或承兑。

第三节　进口报检、报关纳税、提货

案例导入 39

2011 年我国 H 公司与澳大利亚商人签订大豆进口合同 100 万吨，交货期为 2013 年的 5 月份，但澳大利亚在交货期年度发生旱灾，不少大豆产区歉收 25%，而当年由于另外一个国家严重缺乏粮食，因此从美国购买了大量的大豆，导致国际上大豆价格上涨，于是澳商提出推迟到下一年度履行合同。

请问：H 公司是否要同意澳商的提议呢？

一、进口报检

我国实行的是“先报检，再报关，后检验”的口岸管理模式。货物到港后，进口方或其代理人向海关办理报关业务。若属于法检商品，还需要在报关前办理报检业务。

进口方在海关办理商品登记后，首先判定货物是否属于法定检验的货物，若该货物不属于法检商品，为了防止超过时效，失去对外索赔权，凡合同中写明需要在卸货港检验的，货到检验合格后付款的，合同规定的索赔期限较短，以及卸离海轮时已发现残损或有异状或提货不着等情况，和其他按照规定应在卸货港检验的货物，均须在卸货港口向检验机构报验。不属于上述情况的，用货单位又不在港口的，可以将货物转运至用货单位所在地，由其自行验收，发现问题时，就近向商检机构或有关机构申请检验，但必须注意在对外索赔有效期内检验完毕；若该货物属于法检商品，需要填写“入境货物通关单”，备齐进口合同、发票、装箱单和提单等必要凭证和相关批准文件，到入境报关地出入境商品检验检疫局办理报检，商检机构接到报检后一般会做如下处理：一方面，出具“入境货物通关单”供报检人办理报关手续；另一方面，商检人员对所提供的书面材料进行审核，根据书面资料对货物的描述，来判定是否需要对货物进行场地检验。如果不需要场地检验，在报关时不需要出具“入境货物通关单”；如果需要场地检验，在海关放行后，还需要将货物托运到商检局指定的场地做场地商检，只有货物没有被检验出问题，才被允许运到目的地。

为了追求效率，方便进口商，许多海关都在大厅内设立三检大厅，对法定商品办理三检。货物入关后，进口方向三检大厅内的代理报检机构提供箱单、发票、合同、报关单等单据，由他们代理报检。报检后，可在大厅内统一窗口交费，如果货物没有出现问题，在白色提货单上盖三检放行章；如果商品经检验不符合法律、行政法规规定的强制性标准或者其他必须执行的检验标准，必须在商检机构的监督下进行技术处理，经重新检验合格后，方可销售或者使用；经技术处理后重新检验仍不合格的，由商检机构责令收货人退货或者销毁。

二、报关纳税

进口报关是指进口货物的收货人或者其他代理人按照海关法令和规定的手续向海关申报验放的过程。进口报关必须由海关准予注册登记的报关企业或者有权经营进口业务的企业负责办理，报关人员须经海关培训考核认可。在报关时，进口企业要根据进口单据（发票、提单等）填具进口货物报关单，另外，要交验有关单证。报关清关的基本程序为：审核单据—查验货物—办理征税—结关放行四个步骤。根据我国《海关法》的规定，向海关申报时限为自运输工具申报进境之日起 14 日内；超过 14 日期限未向海关申报的，由海关按日征收进口货物 CIF 价格 0.05％的滞报金；超过 3 个月未向海关申报的，由海关依法提取变卖。海关接受申报后，对进口货物进行查验，以核对与进口货物报关单及其他单据文件上所列是否一致，查验货、证无误后才能放行。对违反国家法律、行政法规的进口货物，海关不予放行。对准许进口的货物，除另有规定者外，由海关根据《海关法》的规定，进口方在海关签发税款缴款书的次日起 7 日内（星期日和法定的节假日除外）向指定的银行缴纳税款。向海关申报时，应提交“进口货物报关单”，交验进口许可证和国家规定的其他批准文件、发票、提单、装箱单、减免税或免验的证明、报检单或检验证书、保险单、产证地，以及其他海关认为有必要提供的文件。海关获得单据后，对进口货物进行查验核对实际进口货物是否与相关单证一致。查验通常在海关监管区域内的仓库、场所进行，对散装货物、大宗货物和危险品等，结合装卸环节可在船边等现场查验。对于在海关规定到期查验有困难的情况，经报关人申请，海关可派人员到监管区域以外的地点查验放行。

进口货物接受查验后，应按照《中华人民共和国海关进出口税则》（以下简称《进出口税则》）向进口商征收进口关税或者免税放行。我国进口税率栏为复式税则制，即有最惠国税率和普通税率两栏。需要征税费的货物，自接受申报 1 日内开出税单，并于缴核税单两个小时内办结通关手续。海关依法对单证和货物进行查验，并按章征、免税放行。

海关确认报关人已缴讫关税和海关规定在海关监管区外查验所收取的费用，相关单证已核销，经办人才在报关单及提单上签章放行，报关人凭其到海关监管仓库或场所提货。

海关按照进出口税则的规定，对进口货物计征进口税。货物在进口环节由海关征收(包括代征)的税种有：关税、增值税、消费税、进口调节税等。它们的计算方法如下：

(1)关税。进口关税是货物在进口环节由海关征收的一个基本税种。进口关税的计算是以 CIF 价为基数计算。如果是 FOB 价格进口，应加上国外运费和保险费。其公式为：

进口关税税额＝CIF 价格×关税税率

(2)增值税和消费税。增值税是指以企业生产的产品中新增加的价值额或者劳务中的增值额为课税对象征收的一种税。消费税是指以消费品或者消费行为的流转额为课税对象的税种。消费税的计算公式为：

消费税＝(进口商品完税价格＋关税)×消费税税率/(1－消费税税率)

对于不征消费税的商品，增值税的计算公式为：

增值税＝(进口商品完税价格＋关税)×增值税税率

对于征收消费税的商品，增值税的计算公式为：

增值税＝(进口商品完税价格＋关税＋消费税)×增值税税率

五、提货

海关放行后，进口方凭提单向船公司换取提货单提货。在卸货时港方应该对货物进行检查，如发现短缺，及时填写“短缺报告”交船方签字，并根据短缺情况向船方提出保留索赔权的书面声明。卸货发现残损，应将货物存放在海关指定仓库，待保险公司会同商检机构检验后做出处理。对于法定检验的进口货物，必须向卸载地或到达地的商检机构报验，未经检验的货物不准投产、销售和使用。如进口货物经商检机构检验，发现有残损短缺，应凭商检机构出具的证书对外索赔。对于合同规定的卸货港检验的货物，或已发现残损短缺有异状的货物，或合同规定的索赔期将届满的货物等，都需要在港口进行检验。

一旦发生索赔，有关的单证，如国外发票、装箱单、重量明细单、品质证明书、使用说明书、产品图纸等技术材料、理货残损单、溢短单、商务记录等都可以作为重要的参考依据。

货物经商检、报关后，由外贸经营单位委托外运公司提取货物并拨交给订货单位。外运公司以“进口货物代运发货通知书”通知订货单位在目的地办理收货手续。同时，通知外贸经营单位代运手续已办理完毕。如果订货单位不在港口，所有关税及运往内地运费及其他费用由外运公司向外贸经营单位索取，再由外贸经营单位向订货单位结算。

第四节　进口货物检验与进口索赔

案例导入 40

我国深圳某公司从巴西进口一批咖啡一共 1000 箱，每箱 20 千克，采用即期信用证付汇的支付方式。货物从巴西某港口装运后，出口方凭借已装船清洁提单和投保一切险的保险单，向银行议付货款。货到深圳某港口后，经过进口方公司复验后发现下列情况：①由于天气原因导致有 5 箱咖啡进水后经水浸泡无法继续使用。②收货人实际收到 992 箱，短缺 8 箱。③收到的货物中有 6 箱外表情况良好，但经检验后这 6 箱咖啡每箱都有短缺，一共短缺 26 千克。

请问：针对上述损失，进口方应如何进行索赔？

一、进口货物检验

对进口商品进行检验是进口方的权利，一般在买卖合同里对此有明确的规定。检验合格，并符合合同中的规定，进口方就应接受货物；否则，进口方有权拒收货物并要求损害赔偿。对进口商品进行检验不仅是为了让进口方行使合同规定其应享受的权利，而且也是国家对部分进口商品必须进行检验的法律规定。对于法定检验（列入《必须实施检验的进口商品目录》）的进口商品，必须由国家检验机构进行检验。未经检验的，或检验不合格的，一律不准销售和使用。除非是经收货人、发货人申请，国家商检部门审查批准，方可免于检验。

对于列入《必须实施检验的进口商品目录》以外的进口商品的收货人，发现进口商品质量不合格或者残损短缺，需要由商检机构出证索赔的，应当由商检机构申请检验出证。

二、进口索赔

（一）进口索赔的对象

进口商品常因品质、规格、数量、包装等方面不符合合同规定或发生残损等情况，需要向有关责任方提出索赔。进口索赔的对象主要有卖方、承运人（船公司）和保险公司三个方面。

1.向卖方索赔。凡属于下列情况之一者，均应向卖方索赔：①原装数量不足；②货物品质、规格与合同规定不符；③包装不良致使货物受损；④未按期交货或拒不交货。

索赔时，应备齐索赔单证，包括索赔函件、商检证明书、发票、装箱单、提单副本等。在索赔函件中应提出充足的理由和索赔的具体要求，要做到有理有据，还必须在合同规定的索赔有效期内提出，过期无效。

2.向承运人（船公司）索赔。凡属于下列情况之一者，均应向承运人（船公司）索赔：①交货数量少于提单所载数量；②提单是清洁提单，但货物却有残损、破裂情况，并且是船公司方责任造成的；③货物所受损失，根据提单或租船合同的有关条款应由船方负责的。

向承运人（船公司）索赔时，收货人必须提交由港务局签发的理货报告及船长或大副签证的短缺或残损证明。按照《海牙规则》（Hague Rules）即《统一提单若干法律规定的国际公约》（International Convention for the Unification of Certain Rules of Law Relating to Bill of Lading ）和中国远洋运输公司的规定，向船公司索赔的有效期，应在货物到达目的港交货后一年之内提出索赔，逾期无效。索赔金额要按照特定的方法计算。

3.向保险公司索赔。凡属于下列情况之一者，均可向保险公司索赔：①由于自然灾害、意外事故或运输途中其他事故致货物受损并且属于承保险别范围以内者；②有关损失既在承保险别范围之内，又属于船公司的责任，但船公司赔偿金额不足抵偿损失者。

向保险公司提出索赔时，除了要提供索赔清单、发票、装箱单、提单副本以外，还需要提交保险单、保险公司或其代理人的检验报告等证件。

至于向保险公司提出索赔的期限，一般规定应在保险货物在卸货港全部卸离运输工具后两年内提出索赔。被保险人或保险单受益人在向保险公司索赔时，必须是对受损货物享有保险权益者，保险公司才会给予赔偿。

保险索赔的时效一般为两年。

（二）办理对外索赔应注意的问题

在进口业务中，办理对外索赔，一般应当注意以下问题。

1.正确地确定索赔对象

确定正确的索赔对象是索赔成功的前提。进口方在对外索赔时，应当对损失进行仔细的调查，找出招致损失的原因，确定责任人。如果属于船方和保险公司的责任，进口商应向船方或保险公司索赔；如果属于卖方的责任，买方应直接向卖方要求赔偿，防止卖方制造借口来推卸理赔责任。

2.提供充分的索赔证据

进口方在对外索赔时，应提供充分的证据。应按照所遭的损失，提供索赔清单，还要随附商品检验证书、商业发票、提单副本、装箱单等必要的索赔单据。要根据不同的情况，提供有充分证明力的证据材料，如交易双方签订的是 FOB 或 CFR 合同，须随附保险单一份；向轮船公司索赔时，须另附由船长及港务局理货员签字的理货报告和船长签字的短卸或残损证明；向保险公司索赔时，须附保险公司与买方的联合检验报告等。在索赔时，进口方应与有关单位密切协作，要做到结果正确，证据确凿，理由充分，赔偿责任明确，及时地向有关责任方提出，以挽回货物所受到的损失。

3.合理地计算索赔金额

如果合同有约定的损害赔偿金额或计算方法，通常应按约定的金额或根据约定的计算方法计算出的赔偿金额提出索赔。如果合同未作具体的规定，确定损害赔偿金额的基本原则为：

（1）赔偿金额应与违约所遭受的包括利润在内的损失额相等。

（2）赔偿金额应以违约方在订立合同时可预料到的合理损失为限。

（3）由于受损害的一方未采取合理措施导致的有可能减轻而未减轻的损失，应在赔偿金额中扣除。

一般来讲，索赔金额的高低与索赔的内容有直接关系。受损商品的实际价值是索赔金额的主要组成部分，此外，有关的费用，如商品检验费、装卸费、货物运输差价、银行手续费、仓库租赁费、利息及市场差额等，都可包括在索赔金额内。至于应包括哪几项索赔金额，还需实事求是地根据具体的案情确定。

4.遵守既定的索赔期限

对外索赔必须在合同规定的索赔有效期限内提出，过期无效。如果在索赔期限内未完成货到后的商检工作，买方可向对方要求延长索赔期限，或向对方声明保留索赔权。如果合同中未规定索赔期限，按照《联合国国际货物销售合同公约》的规定，进口方向出口方声称货物不符合合同的时限，是自进口方实际收到货物之日起两年。按照《海牙规则》的规定，向船公司索赔期限是货物到达目的港交货后一年。按照中国人民保险公司《海洋运输货物保险条款》的规定，向保险公司索赔的期限，则为货物在卸货港全部卸离海轮后两年。

目前，我国进口索赔工作中，属于船方和保险公司责任的一般由货运代理，即外贸运输公司代办；属于出口方责任的则由进出口公司直接办理。为了做好索赔工作，要求进出口公司、外运公司、订货部门、商检局等各有关单位密切配合，要做到检验结果正确，证据属实，理由充分，明确事故责任方，并要及时向有关责任方提出，根据具体情况实事求是地确定索赔金额，并在约定的索赔期限内向责任方提出索赔，力争挽回损失。

主要参考文献

(1)吕杜,柳哲.国际贸易实务[M].北京:人民邮电出版社,2015.

(2)余世明.国际贸易实务与案例分析[M].广州:暨南大学出版社,2015.

(3)韩常青.国际贸易实务[M].北京:清华大学出版社,2015.

(4)黎孝先,石玉川.国际贸易实务[M].北京:对外经贸大学出版社,2015.

(5)李晓静.国际贸易实务[M].北京:人民邮电出版社,2014.

(6)马祯、武汉生.国际贸易实务[M].北京:对外经贸大学出版社,2014.

(7)杨素娟.国际贸易实务[M].北京:清华出版社,2012.

(8)陈伟,谢晓丰.国际贸易实务[M].北京:清华大学出版社,2012.

(9)李湘滇,刘亚玲.国际贸易实务[M].北京:北京大学出版社,2011.

(10)王言炉,卢颖君.国际贸易实务操作[M].北京:北京大学出版社,2011.

(11)国际商会,2010年国际贸易术语解释通则.

(12)陈国武.解读《跟单信用证统一惯例》(2007修订本)第600号出版物[M].天津:天津大学出版社,2007.

(13)郭建军.国际货物贸易实务教程[M].北京:科学出版社,2009.

(14)周蔚,赵萌.国际贸易实务[M].浙江:浙江大学出版社,2008.

(15)田运银.国际贸易实务精讲[M].北京:中国海关出版社,2007.